丝
路
百
城
传

丝路百城传

"丝路百城传"丛书编委会和编辑部

编委会

主　任：杜占元

常务副主任：陆彩荣

副主任：刘传铭

委　员：（按姓氏笔画排序）

丁　方　万俊人　马汝军　王卫民　王子今

王邦维　王守常　吕章申　邬书林　刘文飞

齐东方　李敬泽　连　辑　邱运华　辛　峰

张　帆　张　炜　陈德海　胡开敏　徐天进

徐贵祥　诺罗夫（乌）　黄　卫　龚鹏程

阎晓宏　彭明哲　葛剑雄　谢　刚

编辑部

主　任：马汝军　胡开敏

副主任：邹懿男　文　芳

委　员：简以宁　蔡莉莉　陈丝纶

THE BIOGRAPHY Of WUHAN

江汉交汇的大都市

武汉传

李鲁平 著

出版说明

2013年，中国国家主席习近平向世界提出共建"一带一路"的倡议。自提出以来，"一带一路"倡议深刻影响世界，逐渐从理念转化为行动，从愿景转变为现实，建设成果丰硕，得到国际社会热烈响应。

古丝绸之路打开了各国各民族交往的窗口，书写了人类文明进步的历史篇章。新时代共建"一带一路"的实践，为沿线国家和地区相向而行、互学互鉴提供了平台，促进了不同国家和地区、不同民族、不同文化、不同文明的深入交流。

城市是人类文明的结晶。"一带一路"沿线的城市中，蕴藏着人类千年的历史、多元的文化和无尽的动人故事。我们希望通过出版"丝路百城传"，展现每座城市独一无二的历史和性格，汇聚出丰富多彩、生动可感的"一带一路"大格局，增进文化交流和文明互鉴。

这是一次前所未有的出版探索，我们虽竭尽全力，也深知有诸多不足。期待这套丛书能够得到读者的喜欢，也期待更多的读者、作者、专家、学者等各界朋友们对我们的出版工作给予指正。

"丝路百城传"丛书编辑部

第一章　武汉在哪里 / 1

第二章　一江两岸
　　长江文明的重镇 / 15
　　高山流水的江北 / 26
　　白云黄鹤的江南 / 41

第三章　江汉交流
　　汉水的新河道 / 57
　　大盐仓 / 65
　　毛板船 / 85
　　南市与沙洲 / 101

第四章　江城新格局
　　长堤穿过后湖 / 117
　　东方茶港 / 124
　　汉阳的烟囱 / 143
　　里份里 / 156
　　武昌的山 / 173

WUHAN
武汉传

李鲁平

第五章　极目楚天

血与火的记忆 / 197

桥的世界 / 215

火车开往欧洲 / 228

光谷往事 / 238

大江大湖大武汉 / 253

大事记 / 279

后　记 / 282

The
Biography
of
Wuhan

武汉传

第一章 武汉在哪里

武汉在哪里？在地球上，它的坐标是北纬29°58′—31°22′，东经113°41′—115°05′。最东端是新洲区徐古街的将军山，最西端是蔡甸区侏儒街的国光村，最南端是江夏区湖泗街的均堡村，最北端是黄陂区蔡店街李冲村。东西最宽约134公里，南北最长约155公里，版图面积约8569.15平方公里。

长江呈西南—东北走向流过武汉，境内流程约150.5公里。上游起点位于湖北洪湖市与武汉市汉南区交界处的新滩口，新滩口是横贯江汉平原的东荆河入江口。长江在新洲区与黄冈市团风县交界的李家湾出武汉，举水从李家湾注入长江。汉江大致呈东西向流过武汉，它先是从蔡甸区与东西湖区之间穿过，后进入硚口区与汉阳区之间，最后从江汉区龙王庙注入长江，汉江武汉段从蔡甸张湾街的谢八家到入江口约62公里。长江把武汉分为江北、江南，汉江把长江以北的武汉又分成两部分。长江以北有汉南区、蔡甸区、东西湖区、汉阳区、江汉区、江岸区、黄陂区、新洲区，长江以南有江夏区、洪山区、武昌区、青山区、东湖高新技术开发区。汉江的滨江边，蔡甸区、汉阳区在右岸，东西湖、硚口、江汉三个区在左岸。

有一种形象的说法，武汉市的版图形如一只蝴蝶，从西北向东南看，临空港经济开发区是"蝴蝶"头，东湖高新技术开发区是"蝴蝶"尾，江岸、江汉、硚口、汉阳、武昌、洪山、青山组成"蝴蝶"纺锤状的身体。正北的黄陂是"蝴蝶"的四个翅片之一，蔡店街道在翅片的尖上；东北的新洲是一个翅片，将军山在翅尖上；另一侧，蔡甸与汉南是一个翅片，湘口在翅尖上；江夏是一个翅片，湖泗在翅尖上。

如果以汉江的入江口龙王庙为原点，发射出一条条线，这些线可以随着武汉市版图边界的凸凹而伸缩，每条线的终点都落在版图的边界上，我们就可以像雷达的指针一样，扫描这只"蝴蝶"，获得一个"边界印象"。沿长江，向左，第一个点，长江出武汉市新洲区的李家湾，射线将会先经过双柳航空航天产业基地，涨渡湖湿地，然后抵达新洲区与团风县交界的李家湾。第二个点，洞门嘴，从这里开始新洲与黄冈的麻城市接壤。射线附近有旧街镇、道观河、将军山。旧街的问津书院，得名于孔子派子贡去问路的故事。旧街的花朝节，起源于南宋淳熙年间，每年农历二月十五这里都要举行大别山地区盛大的庙会。道观河并无道观，但有新洲人、禅门泰斗临济宗第44代传人本焕法师筹资修建的报恩寺。将军山号称武汉最高峰，海拔675米，山顶有"蕲黄四十八寨"之一的"金盆寨"。第三个点，京九铁路附近的潘塘镇大陈玉湾。射线附近有阳逻、邾城、徐古，阳逻是深水良港，邾城就是历史上新洲的县城，战国时期邾国被灭后，邾国王室成员和贵族迁居到这里。徐古镇在大别山下，这里是清代进士洪良品的家乡，洪良品一生花了很大精力研究《尚书》的真伪，在一边倒对古文《尚书》表示怀疑的氛围中，他竭力证明古文《尚书》的真实性，而这一努力的动机并不在于对文献真伪的追求，更多的是出于维护《尚书》于世道人心的重要性。最后一个点，国道G230附近的大彭湾。射线的两边有武湖、仓埠、李集、凤凰，武湖北接纳从黄陂流来的滠水，向南从阳逻入长江。这个湖曾经200多平方公里，如今只剩20多平方公里。三国时，黄祖曾在此训练水军，因此叫武湖，传说崔颢诗"烟波江上使人愁"的烟波即武湖的烟波。仓埠古镇名人众多，20世纪30年代电影《青春之火》《春宵曲》《孽海鸳鸯》的主演叶秋心就是仓埠人。1923年2月4日，京汉铁路总工会江岸分会举行大罢工，拉响汽笛的江岸机厂锅炉工黄正兴也

新洲孔子河畔的问津书院（冯伟华 摄）

是仓埠人，下令包围并镇压罢工的湖北督军萧耀南还是仓埠人。

再向左，就是黄陂。黄陂的版图东西窄、南北宽，第一条射线穿过横店、前川、王家河、夏家寺水库抵达叶家田。北宋哲学家程颢和程颐出生在前川，地名来自程颢《春日偶成》的名句"云淡风轻近午天，傍花随柳过前川"。线的两侧还有木兰山、木兰湖，尽管《木兰辞》中"昨夜见军帖，可汗大点兵""旦辞黄河去，暮至黑山头"明确指出故事发生在北方大漠，但木兰传说还是在此生根发芽。第二个点，射线大致与武大高速平行，从盘龙城穿过长轩岭、姚家集，抵达牛脊岭。线左侧的双峰山，最高海拔872.5米，这才是武汉市地形真正的最高点。府河从盘龙城绕过，向东注入长江，盘龙城有距今约3500年到3200年的城邑遗址。再向左，射线穿过天河机场、云雾山、双峰山、蔡店，贴着黄陂的边界，抵达茅屋冲。这条线基本与京港高速铁路平行，线的左侧与孝感接壤。

武汉的版图边缘线从黄陂的董家湖折向东西湖区，东西湖的北面、西面都是孝感市。第一条射线穿过金银湖，从茅草集、睡虎山抵达柏泉街的府河边。柏泉因一口井、一棵树而得名，传说大禹治水时在长江边的龟山种下这棵柏树，其根绵延到了20多里外柏泉的这口井下。在景德寺旁边的荷塘里，如果运气好，仍可以看见井底的树根。更奇的是，这口井的水比荷塘的水始终高出一米左右。现代著名哲学家张世英出生在柏泉，他在《我的故乡柏泉》中说柏泉古井和荷塘是"我民族'灵魂'的一个小小标志"。在西南联大，他曾向写过《荷塘月色》的朱自清先生坦言柏泉"荷塘"对自己的影响。清末民初著名地产商人刘歆生就出生在柏泉，并在柏泉的天主堂里学会了拉丁语、英语、法语，为日后事业奠定了基础，张之洞修建张公堤之后，刘歆生大量购买中山大道与张公堤之间的后湖湿地，建造了包括今天江汉路、江汉一路、江汉二路、江汉三路、江汉四路、民意路等十多条街道和大批房屋。第二条线大致与硚孝高速平行，穿过泾河公园，抵达东山街道的府河边。第三条线穿过慈惠、走马岭、新沟，抵达辛安渡的府河边，辛安渡是府河与汉北河上的古渡口，新沟是汉江与汉北河上的渡口，这条线的左边就是汉江。

从东西湖新沟过汉江就是蔡甸区的张湾。从龙王庙沿汉江发射出一条线，经蔡甸直抵张湾街的谢八家，线的一侧，汉江边有古临嶂城，临嶂城曾经是西晋沌阳县的县城，公元312年荆州刺史陶侃曾驻扎于此。右侧的马鞍山是知音传说中琴师钟子期的故乡。第二条线穿过大集、永安直抵沙咀，从张湾到这里，边界线的外侧为湖北汉川市。汉口著名小吃"老通城豆皮"的店主曾厚诚便是永安人。线的北侧有江汉平原著名道教圣地九真山，自公元867年起，这里陆续修建了20多座寺庙道观。著名红军将领陈昌浩出生在山下的代家庄屋。第三条射线大致与长江走向一致，射线穿过的沉湖湿地、消泗乡都与湖北仙桃接壤，这一带是典型的湖泽平原，江汉平原四湖流域的水都向这个方向汇集，从长江边选择多个口门注入长江。

长江以南的武汉版图边界，以黄鹤楼为原点，也可以发出一条条射线，扫描一遍。

第一条线，黄家湖、郑店、鲁湖，抵达斧头湖边。线的一侧，靠长江边的金口也叫涂口，发源于幕阜山脉的金水河即涂水从这里注入长江。传说大禹治水在此遇到了涂山氏，后人为纪念大禹，把这条河改叫涂水。涂山氏在安徽怀远、河南嵩

柏泉古井，自宋朝开始，地方志均记载有柏泉古井。本书提及的汉口著名商人刘歆生、哲学家张世英等，都出生在古井边的村庄。（李鲁平 摄）

县、安徽寿县、安徽当涂、浙江绍兴、重庆南岸区、四川北川等地都出现过，这并不矛盾，一个神仙，在人们有需要的时刻，立刻现身满足百姓的愿望，这才是真诚的神仙。但大禹的确有可能来过金口，1935年修建的金水闸就位于禹观山。金口还曾经做过县城，公元前350年楚国的沙羡，公元前201年西汉的沙羡县都治涂口。公元401年，陶渊明也来到金口，并写下《辛丑岁七月赴假还江陵夜行涂口》："叩枻新秋月，临流别友生。凉风起将夕，夜景湛虚明。昭昭天宇阔，皛皛川上平。怀役不遑寐，中宵尚孤征。"此时，陶渊明根本没有想到他的曾祖父陶侃曾在这一带围剿山贼江匪，他看到的只有金口澄净空旷的夜色和自我的孤独。孙权的时代，

7

金口是军港,到北魏时金口已经是商船云集的贸易码头。从金水河通过鲁湖、斧头湖、梁子湖等湖泊,商船可以下达鄂城,走这条水路比走长江更加安全。金口向来为水路交通要道,1522年为确保航行安全,明朝政府下令在金口长江边修建了永久性航运建筑"槐山矶驳岸",驳岸高7米到9米,长达247米,设有方便纤夫行走、船只系揽、船工撑篙的石眼、石洞、石桩。1938年10月武汉会战中,中国海军中山舰曾在金口迎战日军飞机,在激战中因舰身起火,沉入金口的龙床矶,今天的金口老街上还保留着当年收留中山舰受伤士兵的房屋。

第二条线,从黄家湖之间穿过,经汤逊湖、纸坊、安山、山坡,抵达江夏与咸宁贺胜桥的交界处。明朝著名军事家熊廷弼是纸坊人。他建功立业的地方主要在东北,但对家乡的事业也颇有贡献,公元1614年,免职在家的熊廷弼牵头筑堤、修闸、架桥,深得家乡人称颂。线的一侧还有大片的陶瓷遗址,从晚唐、五代,至宋元、明代,近200座大型瓷窑遗址散布在湖泊的周围,从湖泊之间的丘陵小道穿过,随处可见杂草和黄土间裸露的残砖断瓦。

第三条线穿过南湖、佛祖岭、龙泉山,落在牛山湖边。佛祖岭所在的地方过去叫豹澥,2011年后改为佛祖岭街道,京剧史上第一个老生流派"谭派"创始人谭鑫培的家乡即佛祖岭的谭左湾。龙泉山是一块风水宝地,首先发现这块宝地的是朱桢。朱元璋第六个儿子朱桢被分封为楚王后,每年都到龙泉山避暑,生前他就认定龙泉山"若为阴宅极佳"。理所当然,他的愿望被满足了,为了埋他还迁移了附近的樊哙墓,此后其他八位楚藩王顺理成章也埋在了龙泉山。

第四条线穿过东湖、严西湖、北湖,抵达长江边。沙湖、东湖、北湖、严西湖曾经是水体相连的东湖水系。这个庞大的湖系与长江之间有小河沟通,从沙湖、东湖至少有四条水道通向长江,经过今天的青山公

金口的标志之一，全国重点文物保护单位，槐山矶驳岸。图中的大桥为军山长江大桥。（舒运平 摄）

园之前它们叫武丰河，从杨春湖流向长江的叫楠姆河，武丰河与楠姆河在青山公园附近汇合。这一带是著名的冶金工业基地，曾有十万之众的武汉钢铁公司占据了这片土地的大部分。这里的道路和地名多带有工业的特征。

工业四路附近的北洋桥，最早建于唐代，明万历三十年（1602）重修，这座单孔拱顶，长50米、宽7.76米的石拱桥，是武汉历史最久的石拱桥。楠姆河进入长江之前要通过武丰闸，1899年，张之洞在修筑武青堤之后，命人修建了这座闸，目的是把东湖与长江分开，并把堤内东湖、沙湖的大水排出去。1913年，黎元洪把冲毁的武丰闸从江边后移几百米，重建了武丰闸。从湖泗到武汉高新区，武汉的边界线外侧是鄂州市的梁子湖区和华容区。

把武汉长江以北的边缘线通过李家湾、洞门嘴、大陈玉湾、大彭湾、叶家田、牛脊岭、茅屋冲、柏泉、东山、辛安渡、张湾、沙咀、消泗、邓

9

南连起来；把长江以南的边缘线金口、法泗、斧头湖边、湖泗、牛山湖、龙泉山、严家湖等一系列点连起来；再把南北两条线跨江连起来。这只"蝴蝶"的边缘据说长达977.28公里（绕武汉一圈的市域境界长度）。时速300公里的高铁，需要三个小时跑完全程。显然，如此快的速度看"蝴蝶"，得到的印象只能叫"武汉边界一瞥"。

"武汉"并非一开始就是这座城市的名字，在相当长的时间里，只有长江以北的"汉阳"，长江以南的"武昌（江夏）"，而且，"汉阳"与"武昌（江夏）"并不互相管辖，一边是汉阳府，一边是武昌府。

今天长江以北的汉南、汉阳、东西湖、汉口，过去都属于汉阳县管辖范围，而汉口以北的黄陂、汉口以东的新洲则是黄州府的辖区。汉南区所在的河流冲积平原，曾经是汉阳县下的邓南公社、邓南区，农垦系统的东城垸农场，1978年划归武汉市管辖，1984年成立武汉市汉南区。东西湖是云梦泽解体后遗留下的湖积平原，大部分属汉阳县管辖，少数村落和土地分属孝感、黄陂、汉川管辖，1957年，东西湖围垦之后成立了"武汉市国营农场管理局"，1958年，武汉市增设了东西湖区行政建制。

尽管汉口在明清时闻名遐迩，被视为四大名镇之一，但在张之洞任湖广总督之前，它一直是汉阳县管辖的一块地方，从1546年《汉阳府志图》、1747年《汉阳府志图》上看，汉口所在地为汉阳县的凤栖乡。光绪二十四年（1898）三月，张之洞本来准备去北京汇报"枪炮局添设无烟药厂""购买快炮架弹机器"等事宜时，突然接到北京的电报，告诉他沙市发生了焚烧洋房事件，政府担心湘鄂匪徒勾结滋事，令他回湖北"折回本任"，待长江一带清静了再去北京。张之洞四月初一从上海启程，初八到了武昌，回到湖广总督岗位。从4月到12月，张之洞办理了很多事，其中几件事都直接促使他决定将汉口这个大集镇单列出来管理，卢汉铁路向比利时借款、中德汉口租界条款、汉口日本租界条款、汉口商务局，等等，这些都是汉口通商之前地方政府没有处理过的事务，也是成立"汉口厅"的重要理由。1898年12月初八，张之洞在《汉口请设专官折》中说，汉口通商后"华洋杂处，事益纷烦"，"日奉旨开办卢汉、粤汉两铁路，……纷杂万端"，但汉阳与汉口之间隔着汉水，官员从汉阳到汉口处理政务颇费时间和周折。一句话，就是汉口既有涉外事务，又有地方上商务、治安、诉讼等需要及时处理的政务，汉阳顾不了汉口，把汉阳县迁到汉口，又顾不了汉阳，而增设一个县更加复杂，因此，张之洞建议将"汉口同知"改为"夏口抚民同知"，将汉水以北，北到滠口，西至涢口，横约120余里（以今天的标准约70公里）、宽约三四十里的土地（相当于今天的20多公里），拨归汉口抚民同知管辖。同知是知府的副职，而抚民同知为直隶厅的行政长官，显然夏口抚民同知的设置意味着汉口的行政管辖从汉阳县独立出来了。涢口就在今天东西湖区的新沟附近，1840年前涢水从涢口入汉江，后改道从今天的新沟注入汉江。滠口在滠水与汉口北大道的交界处，在这两个点画一条直线，可以发现张之洞的夏口版图远远超出了今天武汉市的三环线，这是一个富有远见的规划。当初张之洞认为新设一个县很复杂，到了1912年这个新的县变成了现实，这一年民国政府废弃汉阳府，保留汉阳县，同时将夏口厅改为夏口县。

武汉长江以南的版图过去都属于江夏。历史上的江夏县1912年才改名武昌县，1949年之后曾划归孝感行署、大冶行署，并一度划归咸宁行署管辖，1960年武昌县政府搬迁到今天的纸坊镇，与武昌城分开，1995年武昌县改为江夏区。

1926年10月，国民革命军攻克武汉后，再次对行政区划进行了调整，在夏口县城区设汉口市（并辖汉阳县城），1927年1月1日，宣布国民政府在武汉办公，并决定划武昌市、汉口市、汉阳城区为京兆区，定名"武汉"，但此"武汉"并非完全行政区划上的"武汉"。1949年5月新生的人民政府将武昌市、汉口市和汉阳县合并为一个行政单位即武汉市，汉阳、武昌、硚口、江岸行政区相继成立，至此，"武汉"才变成了行政区划意义上的"武汉"，当然，版图并不是今天的武汉版图，比如，1975年江夏（武昌县）才由咸宁重新划回武汉，1983年黄陂、新洲才最终划归武汉。

The
Biography
of
Wuhan

武汉传

第二章

一江两岸

长江文明的重镇

一座城市的根,当然需要看考古发现,但不是简单看哪个地方挖出来的东西最久远,而是找到一座城市地理版图上最早的城池。历史上,长江以南江夏的金口、武昌的蛇山,长江以北的沌口、蔡甸,汉阳的龟山,汉水以北的汉口,都有古城。

金口(涂口),是古沙羡县的县治。作为地名,"沙羡"出现在《荀子·强国》中,"今秦南乃有沙羡与俱,是乃江南也"。荀子说的是,秦国的地域广阔,有天下的意思了。1998年在金口发现了两座战国楚墓,出土的文物有仿铜陶器,以及戈、剑等兵器,恰好验证了荀子的话。公元前246年,秦始皇分天下为36郡,沙羡属南郡。公元前201年,汉高祖置沙羡县,治涂口。1991年金口一个砖瓦厂在取土时发现了几座砖石墓,从中发掘出西汉时期的陶罐、鼎、壶,东汉时期的多乳禽鸟纹镜(镜背饰有禽鸟纹饰的铜镜),西晋时期的四系罐(直口、丰肩、鼓腹、平底,肩部对称置四个双股泥条制成的系),东晋时期的鸡首壶(壶嘴作鸡首状的瓷壶)。经过考古专家鉴定,这些文物的年代早为西汉时期,晚至东晋初、中期,考古发现证实了关于沙羡的各种记载。公元229年,东吴孙权在金口筑沙羡城。五胡乱华以及十六国时期,北方战乱滋生出大量流民,颖川、襄城、汝南、南阳、河南的流民数万家,这些流民带来大量社会问题,主要是粮食和治安问题。为预防流民引起更大的动荡,地方政府不得不采取措施将流民集体安置。长江边的涂口被选为安置颍川汝南流民的地点。公元326年,以集中安置颖州汝南流民的涂口被当作新成立的汝南县县治。

  龟山因为扼守长江、汉江两条河流,自古即成为战争双方攻守的重要目标。在东汉末年的政治格局中,对刘表集团来说,守住武汉,就得到了荆州乃至襄阳,对孙权集团来说,守住武汉,就保住了江东。公元196年刘表派江夏太守黄祖驻守夏口,阻挡东吴势力向武汉上游扩张,黄祖将江夏郡治从涂口(金口)迁移到汉水边的却月城。却月城周长180步,高6尺,形如却月,也叫偃月垒。以今天的尺寸,180步大约90米,6尺大约2米,可见这个城并不大,准确地说,它是一个军事堡垒。却月城在汉水进入长江的口子左边。《水经注》说,沔左有却月城,亦曰偃月垒,戴监军筑,它是故曲陵县以及后来的沙羡县的县治。需要说明的是,此时的汉水不是今天汉水的走向,汉水从赫山附近向东南绕过龟山以及汉阳府城,进入长江,它入江的口子对着鹦鹉洲,龟山在汉水的北面,即古人说的"沔左"。却月城的具体位置在龟山北麓的山脚下,却月城的西边是马骑城和萧公城。萧公城在赫山之北,传说为梁武帝萧衍屯兵之处,马骑城在梅子山附近,史籍只是记载了它的名字,省略了其他信息。

  黄祖据守龟山,与东吴集团多次激战。公元199年孙策进攻却月城,此战孙策大胜,黄祖所部死伤几万人,但孙策此战并未完全打败黄祖。公元203年、公元207年,孙权又组织了两次战役攻打却月城,黄祖守住了却月城。公元208年春,孙权再次发起攻击,这一次黄祖没能守住,黄祖以及数万百姓成为俘虏,却月城因此成为废墟。郦道元说,却月城也是黄祖杀害著名文人祢衡的地方,但更多的传说却是祢衡与黄祖在船上发生争执，因此被杀。不过，这个已不重要，重要的是刘表的儿子刘琦接任了黄祖的位置，并在龟山南边的凤凰山南修筑江夏城，两年后，东吴陆涣夺取了龟山，孙权任命陆涣为江夏郡太守。

随着战争局势的变化，东吴在长江以北不再占有优势，陆涣没有守住江夏城。公元223年，孙权选择江南的蛇山再次修筑城堡，即夏口城。据说夏口城是一座周长只有二三里的土城，孙权修这个城的主要目的是为了确保武昌下游鄂城的安全，当时的鄂城是东吴的都城。也是这个时候，也是为了军事需要，孙权修筑了早期用于军事目的的黄鹤楼。郦道元说黄鹄山东北角正对着夏口城，按这个描述，夏口城大约在今天蛇山下汉阳门方向。公元454年南朝刘宋设置郢州，将孙权的夏口城扩建，作为州治，人们把这个城叫郢州城。

沌口的古城与蔡甸的古城其实都做过沌阳县的县城。《水经注》卷三十五说："沌水上承沌阳县之太白湖，东南流为沌水，迳沌阳县南，注于江，谓之沌口，有沌阳都尉治。晋永嘉六年，王敦以陶侃为荆州，镇此，明年徙林鄣。""沌阳都尉治"即沌阳县县治，公元25年，汉光武帝置沌阳县于楮山南，不过后来的人都叫它"诸葛城"。林鄣即是今天蔡甸区汉江边的临漳古城垣。晋永嘉六年，即公元312年，陶侃驻扎在沌口，公元313年迁到汉江边城头山上的临漳城。穿过江汉平原的东荆河、通顺河，一路携带无数湖泊的水，向东偏南，在楮山附近注入长江，这个入江口就是今天的沌口。今天的地图上，在沌口开发区的"砵山路"与"朱山三路"之间仍然可以看见"朱山"，砵山路附近有一个湖泊"朱山湖"，朱山三路附近有"株山村"。显然，人们对到底是用"砵""朱"还是"株""楮"经常摇摆不定。"诸葛城"遗址与楮山之间隔着武汉经济开发区三中，长河即通顺河从它的南边流过，可以想象当年的楮山比现在大很多，在近两千年人类的活动中，这座山没有完全消失，不能不说是一种万幸。楮山下的沌阳城并非陶侃修筑，公元312年陶侃来到楮山时，沌阳城已经诞生很久了，陶侃移师临嶂之前，公元305年晋怀帝就把沌阳县的县治移到了临嶂城。

这些古城中最早的是公元前201年的沙羡县治涂口。据文物工作者多年的发掘和研究，涂口（金口）、诸葛城、临嶂古城出土的文物都属于战国时期的器物。尽管诸葛城遗址有与屈家岭文化同期的陶片，但它只是说明，新石器时代这里有人类的活动，有人类的活动不能等同于有人类群居的高级形式的城。

奇迹往往都以偶然的方式出现。1954年，长江流域发生特大洪水，7月18日，武汉洪水超出1931年的最高水位28.28米。8月18日，水位突破历史纪录，达到29.73米，比1931年的水位还要高出1.45米，高出汉口平均地面4米以上。7月31日，武汉市发布了《武汉市人民政府命令》，内容包括准备撤离转移市民。在这场史无前例的抗洪中，抗洪总指挥部在武汉三镇成立了七个分指挥部和采土、采石、水上指挥部，动员了武汉30万防汛大军，31万后勤保障人员。

防汛抗洪最基本的物质是泥土。1954年武汉抗洪期间，采土指挥部组织采土人员在汉阳的赫山、梅子山、东西湖的陈家山，武昌的梅家山、姚家岭、何家垴等20多处采土场挖掘泥土，总共采土320多万立方米。这些泥土如果堆成高一米宽一米的土墙，据说可以达到1000多公里。这一次大规模的采土无疑也塑造了今天人们看见的山的样子，许多岭平坦了，许多山矮了，许多山小了。甚至有的整座山消失了，比如，东西湖新沟附近的陈家山就被挖平了，今天东西湖东方红中学旁边的陈家山已经改名陈家台。

泥土供应最紧张的关头，指挥部在黄陂的滠口成立了一个采土指挥部，负责从黄陂取土。盘龙湖边有多处丘陵，这里也是一个采土场。盘龙湖的南边是府河，府河从孝感经东西湖流经黄陂，它在滠口附近分为两支，一支从江岸的堤角入长江，一支与滠水汇合后从谌家矶入长江。府河南边是著名的张公堤，在这里采土，泥土可以用船经府河直接运到抗洪前线。盘龙湖采土场上人声鼎沸、府河上运泥船往来穿梭的时候，武汉市年轻的文物工作者蓝蔚正在市防汛指挥部忙于通讯报道，他是几十万抗洪大军中的一员。来自抗洪一线值得宣传报道的线索应接不暇，但他还是在不断传来的线索中注意到了一个他人不太留心的信息，盘龙湖采土场挖出了文物。但紧张的抗洪斗争容不得任何人有丝毫懈怠，他只好暂时把这个信息记在心里。

1954年10月3日，历时100天的武汉抗洪取得了最终胜利，武汉人民沉浸在战胜特大洪水的喜悦里，而蓝蔚大脑里那个盘龙湖挖出文物的信息迫不及待地蹦了出来。他决定去当时的采土现场，但他并不知道他将遇见奇迹，一个注定将写入中国考古历史的奇迹。1899年秋王懿荣从买回来的中药里发现刻有符号的甲骨时，他也没意识到那些甲骨将掀开历史神秘的面纱。他只是觉得奇怪，为什么要在甲骨上雕刻符号。骑自行车、步行、坐船，经过半天的跋涉，蓝蔚到了盘龙湖边的杨家湾。呈现在他眼前的是大面积挖开的土层、残缺不全的城墙、不同器形的陶片。他明白了，原来这个采土场正是一座古城。蓝蔚曾经在郑州二里岗遗址发掘工地实习，盘龙湖现场收集的陶片的纹饰、颜色、器型，与他在二里岗遗址所见的似曾相识，手制或轮制的陶器，或红、或褐、或灰的颜色，绳纹、方格纹、印纹的纹饰。蓝蔚的发现引起了考古学界的关注，随后的调查中，从当地农民口中，蓝蔚了解到盘龙湖有流落江湖的青铜器，过去这里也出土过铜斝、铜爵、铜镞，农民还上交过六件青铜器。一切迹象表明，盘龙湖的文物并非从中原而来，它们就来自盘龙湖本地。文物工作者打开了一扇窗，人们开始重新认识盘龙湖及其周围这块土地。

此前，文物工作者以"杨家湾""盘土城"等不同地名报道过遗址的发掘工作。尽管作为地名，"盘龙城"在明朝、清朝的《黄陂县志》中出现过，居住于盘龙湖周围的个别姓氏的族谱也出现过，但显然，许多地图绘制者对此并未引起足够的重视，蓝蔚第一次去盘龙城之前，在一份军用地图上看见的就是"盘土城"，而不是"盘龙城"。从1949年开始，盘龙城所在的地域，或者为滠口区管辖，或者为横店区管辖，在人民公社时代或为刘集公社管辖，或为叶店公社管辖。1986年实行乡镇领导村的管理体制之后，盘龙城周围的叶店村、下集村以及自然湾都由滠口镇管辖。因此，在行政管理的视野里，"盘龙城"这块地方，只有村庄和自然湾的名字。不同时期的地图形象地验证了这一点，1952年的《武汉市区全图》，从后湖向南，标明了汪冯咀、桑树咀、下集、董家湾、盘龙湖、郑家咀。1960年的《武汉市地形图》上，今天盘龙城一带，只是在后湖的南面标明了"下新集"（即下集）。1982年的《黄陂县政区图》在后湖往南今天盘龙湖地域只标明了"滠口公社林场"和"叶店"。这一疏忽或遗漏，把大写特写"盘龙城"名字的任务留给了考古学家。

蓝蔚以及同行关于杨家湾古遗址的介绍、报道逐渐引起了重视，从1960年代开始，因为农田水利建设以及农民劳动生产不断发现文物，有关部门对盘龙湖先后组织了多次考古发掘。1963年，湖北省博物馆组织对楼子湾遗址进行了发掘。这一次发掘对盘龙城的命名有着至关重要的意义。楼子湾的墓葬结构、墓葬品配置与中原基本相同，斝、爵、觚以及陶鬲的特征与郑州二里岗相似，而不同于殷墟和西周的同类青铜器。主持发掘的专家认定楼子湾是一处商代遗址，这一结论在考古界引起震动，这是第一次正式在学术界把遗址命名为"盘龙城商代遗址"，也是第一次宣布商人曾经涉足长江流域。

1974年北京大学和湖北省博物馆合作，对李家嘴岗地进行发掘，发现了两座大型宫殿建筑的基址，清理出了三座墓葬并发现了北城垣。1975年学者们根据已有的考古发现，提出了一个让武汉也让中国震惊的结论，盘龙城是长江流域进入文明时代最早的城市。1976年北京大学考古系学生来盘龙城实习，他们找到了盘龙城的南城垣，并发掘了二号宫殿基址。这群实习的学生中有一个叫张承志，他后来成为中国新时期文学中的领军人物。今天的盘龙城遗址博物馆里保存着1976年北京大学考古专业学生的工作笔记，关于盘龙城的实习生活，张承志写道："盘龙城是我参加过的实习中时间最长的一次。那次发掘后来那样激动人心，可是，在发掘过程中充满了无数怀疑。到了柱础出来那天，大家都要疯了，发现柱础排列方向是笔直的，间距是两米五。那天天已经黑透了，可是同学们谁也不下工地，那种兴奋外行不能想象。测绳一拉，提起探铲，隔两米五打下土，当当当下面是一块石头，当当当又是一块石头，一揭表土，掀开就清楚了，一座二里岗宫殿出来了。说实话，挖的时候我一直是个怀疑派，觉得用肉眼观察，用小铲对付地层不科学，可自从那一次，我信服了，从心里承认了考古学。"盘龙城对张承志的意义，是他从此相信了考古学。

1979年到1989年，在盘龙城考古工作站的主持下，考古工作者对南城垣与西城垣、王家嘴、杨家嘴、李家嘴、董家嘴等遗址开展大范围的系列发掘。把盘龙城的考古发掘、资料整理与学术研究推上了一个新的阶段。盘龙城商代遗址也成为考古学界、历史学界的重要研究领域，不断公布或发表的成果，把盘龙城的名字擦拭得金光闪闪。1988年盘龙城遗址被列入第三批全国重点文物保护单位，2001年，盘龙城遗址被列入中国20世纪100项考古大发现。

通过60多年的工作，考古工作们在盘龙城发掘面积近16000平方米，从遗址出土文物3000多件，其中青铜器500余件、玉石器400余件、陶器2000余件。他们对盘龙城的遗址、城壕、手工作坊区、墓葬区等格局、布置、规模越来越清晰。现在，他们可以向世界重新勾画出这座距今3500年前的古城。

情形大致是这样的，"挞彼殷武，奋伐荆楚"，在商王的南征中，商王的军队在盘龙城修筑了这座南方的行都。府河北面的盘龙湖岗地有多个锯齿一样伸入湖水中的半岛或尖嘴，从南向北，湖西依次是王家嘴、杨家嘴、杨家湾、小王家嘴，湖北边是董家嘴，湖东边是小杨家嘴、万家汊。盘龙湖西边是滩湖，滩湖与李家嘴、杨家嘴、董家湾之间夹杂着一片陆地，陆地上是楼子湾、杨家湾、江家湾、大邓家湾以及滩湖边的小嘴、文家嘴、车轮嘴。当然，与60年前相比，今天滩湖与盘龙湖之间、府河与盘龙湖之间，发生了很大变化，最大的变化是湖泊的沼泽化或湿地化、陆地化，比如1954年时，文家嘴是湖水中一个尖刀样的半岛，今天已经成为陆地，而且文家嘴旁边还修了一条路，古城宫殿南的王家嘴也是如此，从王家嘴向东经过盘龙湖、小盘龙湖、长湖的一条大堤，隔断了水体之间的联系，淤积出的陆地彻底改变了宫殿南的地貌。这一带的海拔高度在40到48米之间，这个高度比江汉关洪水警戒水位25米高出许多。从防洪的角度看，盘龙城附近非常安全。盘龙城发掘的古墓，许多浸泡在水中，由此可以猜测，商人居住在此的时候，墓葬区的水位比今天要低很多。选择在此筑城，既兼顾了水上交通的便利，又能避开洪水的威胁。

盘龙城是一个功能完备的城，宫殿、城垣、作坊、城壕、墓葬等各部分分布在宫殿周围。宫殿位于王家嘴、李家嘴、杨家嘴、杨家湾、楼子湾包围的陆地中。古城城垣南北约290米，东西约260米，周长1100米，城内面积约75400平方米，外城总面积2.5平方千米。城垣高出地面7—8米，残存的西墙及南墙东段高出地面1—3米。古城内有三座大型夯土建筑基址。三座建筑朝向一致，均为南偏西方向，分前、中、后平行排列在台基上。已清理的第一座建筑东西长39.8米，南北宽12.3米，分为四室，周有回廊。四室均在南侧设门，中间的两室在北侧设门。这个宫殿即典型的"四阿重屋"式建筑，与南面的第二座建筑构成"前朝后寝"的格局。第二座建筑基址两侧台基边缘，设有南北向的陶水管，用于排水。1976年盘龙城宫殿建筑的复原图被郭沫若主编的《中国史稿》作为插图，用来说明商朝已经使用木骨架结构建筑房屋。除了宫殿，盘龙城还有冶炼作坊以及制陶、酿酒作坊。2015年考古工作者在盘龙城宫城区以西的小嘴发掘出1000平方米的大型灰烬土遗迹，灰烬土中包含铜渣颗粒、疑似陶范等冶铸类遗物。盘龙城的贵族墓主要分布在宫殿以东的李家嘴，中小型墓葬则分布在楼子湾、杨家嘴、杨家湾等地，均为长方形竖穴土坑墓，目前已发现50余座。

当然，对盘龙城还有诸多猜测，比如，有人认为它是商朝的封国，有人认为它是荆楚地区土著方国，甚至有人认为它是汤商的都城。无论它是军事据点，还是非军事据点的国，以城的历史和年龄，盘龙城无疑是武汉的城市之根。

而以青铜器的冶炼历史来看，盘龙城是长江中下游青铜时代的早期城址。盘龙城遗址出土的文物种类繁多，工具、兵器有锛、斨、斧、镞、凿、锯、钺、戈、矛、刀、镞；礼器有鼎、鬲、簋、斝、爵、觚、盉、罍、卣、盘等，这些文物不但造型精致，纹饰精美，而且既有中原夏商文化元素，也有江南地区的文化元素，独具特色，耐人寻味。如盘龙城出土的斝，其足为三尖锥足，锥足上部是中空的二棱扁圆形。这就与中原的斝不同。又如，大多商代的饮酒器铜觚呈喇叭形、束颈、鼓腹、高圈足，颈部凸起两道弦纹，腹部饰一周联珠纹，主体装饰为变形的饕餮纹，铜觚下部纹饰分为宽窄均等的三列，多以云纹勾成，而盘龙城出土的口径12.6厘米、通高16.8厘米的铜觚则很独特，它不是典型的喇叭形，而是椭圆形，不束腰，不鼓腹，也没高圈足。它的纹饰也极具个性，腹部是三道线，从腹部到足底三列纹饰第一列与饕餮纹相似，第二列却是大致上很规则的菱形，第三列的纹饰仿佛是夔纹的拉长和压扁，又类似起伏的波浪。而另一件铜器，大型兽面纹铜片，夸张的眼珠上有两把刀刃向外的弯刀，面具两侧的边缘各向内折弯出一个钩，弯刀与弯钩之间留出一块空白，这样的器形、纹饰构图，在过去二里岗文化时期的器物中没有出现过。出土的玉器中，有一柄长94厘米、宽11厘米、厚0.5厘米的大玉戈，它的尺寸在目前全国出土的玉戈中是最大的，玉戈象征军事统帅的权力，说明当时持有它的军官，地位非同一般。大玉戈2002年被国家文物局列入首批64件禁止出国（境）展览文物。

　　1996年我曾有机会来到盘龙城考古工作站参观，工作站在盘龙城遗址对面的杨家湾岗地上，一个大院子，门前挂了一个木牌子，院子里三面各有一排平房。这之前，我对盘龙城一无所知，并不觉得眼前这个院子里的人所做的事有什么特殊意义，也不知道附近盘龙湖湿地上到底发生过什么。2021年我再次来到这个院子时，门前多了一块盘龙城考古博物院的牌子。在这里负责的考古学家陈贤一告诉我，为了盘龙城的保护与展示，已将遗址周围6.55平方公里范围列为保护区，保护区内1029户、2292人都搬迁出去了，而新建的盘龙城博物馆已经开始接待游客。在他的带领下，我在博物馆的展示柜里，隔着玻璃读到了蓝蔚先生的日记：

1954年11月16日

　　清理何家垅、周家大湾古墓的工作已基本结束，终于有时间去看看那个叫盘土城的地方。今日一大早，我和游少奇同志骑着自行车，按着地图的位置，途径岱家山后转到叶店，在叶店询问去盘土城的路线，路上遇到两个打野兔的猎人，经他们指明方向地点路线，盘土城所处的环境虽然荒芜，但问起来叶店人大都知道，经过指明方向路线之后，我们便从小路推车前行，直接从城址的东侧登上了土城的高地……

令人兴奋的是出现在我们眼前的确实是一座城，城墙的东、西、北三面的城墙已从地面起全部被挖掉，挖的很平、没有坑洼现象。值得庆幸的是南城墙被完整保留了下来，也许是来此取土的防汛人员也意识到这是一座城、不忍刨毁……

我省略的部分，包括蓝蔚先生到附近一间草屋向一位婆婆买了几个生苕当午饭以及他们在盘龙城测绘的过程。他无比激动，说收获巨大。这位发现盘龙城的第一人，1949年跟随第四野战军来到武汉，在东北他本来学的是舞台美术，来到武汉后不久被安排参加新中国第二期考古工作训练班学习，1954年武汉全市迎战大洪水时，他刚刚从考古训练班毕业回到武汉。历史就这样把发现长江文明重镇盘龙城的使命赋予了他。

高山流水的江北

武汉不是山城，因此，大多数情形下人们谈论武汉的自然地貌，说的是水，而不是山。在长江中下游的版图上，桐柏山—大别山由西北向东南延伸到长江边，幕阜山脉从东南方向铺展到长江边，长江正是经过武汉再从这两大山脉的夹缝中突围出去抵达江西湖口，完成中游的行程。在平原的北部，武当山—荆山、大洪山两大山系大致从北向南排列，汉江从两大山系穿过向南进入平原并最终从武汉汇入长江。

武汉就处于这幅图画的东部边缘，它的北面、东北、东面、南面都有大山，但武汉境内没有大山、高山，海拔最高的山也不过800多米，按山的标准，它属于低山。城市的核心区，汉江两岸、长江两岸的河流冲积平原，海拔不超过26米；城市的边缘如黄陂、新洲、江夏等地，多见褶皱地形剥蚀后的丘陵岗地，在武昌、汉阳的城区也点缀着众多波状起伏的低山残丘，岗地丘陵大部分海拔在50米以下。

在长江的北岸，尤其在汉阳的版图上，点缀着众多的山丘。龟山、凤栖山、赫山、米粮山、锅顶山、仙女山、扁担山、玉笋山、梅山、小军山、大军山、九真山、嵩阳山、土茧山、马头滩山、文寺山、柏泉山、吴家山，等等。这些山大都在长江与汉江之间，它们的周围则是众多的湖泊与河流。这些河流有三条是注入汉江的，其中的一条今天仍然流淌在这块土地上，这便是索子长河（当地人也称之为襄河）。它既是湖泊也是河流，从平原南部的西湖到汉江，连通丨几个湖泊，绕嵩阳山、白马山、金牛山，到汉阳闸，注入汉水，长达30公里。另两条河流，在古代都叫沌水。其中一条的北道，绕桐湖附近的香炉山、南湖港的裴家山、经九真山再到城头山脚下入汉江，它流入汉江的入水口也叫沌口。而它的南道则从太白湖向东绕朱山，由今天的马影河或沌口入江。江水盛大时，沌水则北注，汉水盛大时，沌水则南行。另一条河流把南湖、墨水湖、后官湖、什湖，与汉江连在一起。在1747年的《汉阳府志图》上，这条河流与汉江的交汇处都标在今天东西湖区舵落口的对面，并且它向南从小军山连通长江。城头山，也叫临嶂山，就在蔡甸城附近的汉江边，它其实是很普通的一个山丘，海拔不高，只有71米。从汉江北岸看，城头山更像一个河流上常见的矶头，山体延伸到江中，将汉江水挑向江北的东西湖。江水退下去的秋冬时节，城头山突入河道的峭壁便显露出来。沿着峭壁爬上城头山，可以看见山腰处有一个平台，周边的村民曾经在平台上种菜，这便是临璋古城垣，城垣长约50米，宽1到3米，高1到2米。当地人说，过去这个平台上还有一个破庙，如今只有残砖断瓦。在列为文物保护遗址之前，这座山曾经是一处采石场，无疑，多年的开采挖掘，削掉了这座古城过去的雄风。

但城头山却是蔡甸历史上一个重要的山丘，也是长江以北具有里程碑意义的一个山丘。传说战国时期，楚国著名的砍柴人钟子期在城头山被楚怀王杀死。钟子期是汉阳集贤村人，这个村庄在城头山以南的马鞍山附近，从集贤村到汉江边的城头山大约7公里左右。公元前299年，秦昭王嬴稷约楚怀王熊槐到陕西丹凤县武关河北岸见面，商量结盟事宜。此前，齐、韩、魏、秦四国联合攻打楚国，夺去了中原大片土地，公元前300

这个茂密树林遮掩的山丘就是临漳古城遗址，遗址前的河流即汉江。（范凌峰 摄）

年，秦国又夺去了八座城池。此时接到秦王的邀请，楚怀王的心情十分矛盾：拒绝，可能激怒秦王，后果不可想象；赴约，极有可能上当受骗。屈原等人苦口婆心，晓以利害，却遭坚决反对，楚怀王还是登上船，踏上了去武关的冒险之旅。

据说这艘船在汉阳城头山下做了短暂停留。钟子期就在此时，登船向楚怀王再次劝谏，大约此时的楚怀王已经心烦意乱，一气之下，命人杀死了钟子期。因为劝谏的人实在太多，如果越来越多的人不停地劝谏，他的武关之行注定会半途而废。屈原的话，他都能拒绝，还有谁的话能够让他终止当下的冒险呢？显然，钟子期高估了一个隐士的说话分量。这就是悲剧。

但在另外的传说中，钟子期的死却是一首美丽而忧伤的千古名曲。楚国著名音乐家伯牙在今天汉阳琴断口附近遇见了钟子期。他的船当时就停在平塘口，此处正是汉江一股支流分流到平原的穴口，这条分支的小河连通钟子期家附近的南湖以及墨水湖等众多湖泊。此时的两个人一个在船上，一个在岸上。伯牙鼓琴，子期倾听。伯牙抒发对高山的感受，钟子期便说这琴声"峨峨兮若泰山"，伯牙弹出流水之韵，钟子期便说这琴声"洋洋兮若江河"。每一次都说到了对方的心灵深处，两个息息相通的楚国人因此成为知音，并约定来年再见。但第二年中秋，伯牙来到马鞍山与钟子期见面，钟子期已因病离开人世。伯牙觉得这世界上再无人能听懂自己的琴声，于是摔琴断弦，发誓从此不再弹琴。

这个高山流水遇知音的故事有很多版本。早期的文献都很短，大同小异，无非是伯牙琴艺的高超和子期欣赏水平的不凡。但到了明朝，这个简单的故事遇到了著名作家冯梦龙。冯梦龙为了写这个故事，专门来到马鞍山钟子期的家乡采访，并把这个故事改编成了话本小说，作为他"三言"系列作品《警世通言》的第一篇，题目就叫《俞伯牙摔琴谢知音》。经过采访、改编、创作，冯梦龙把上古文献中的寥寥数语，扩充成一个完整的小说，而且提炼出"知音""高山流水"的内涵，这个主题影响深远，以至于成为今天向世界推介蔡甸的口号。

在冯梦龙的小说中，明确了钟子期汉阳樵夫的身份，并且给伯牙增加了一个姓氏"俞"。人们挖掘、演奏、传播"高山流水"的古曲，男人感叹"士为知己者死"的情怀，女人吟唱"女为悦己者容"的信念，在讲述伯牙子期千古知音的友谊时，人们往往不忘加上"相传"两个字。但真有伯牙、钟子期其人吗？钟子期真的就是乡间樵夫吗？一个樵夫的音乐审美素养是怎么来的？一个樵夫怎么有机会与楚王对话？这些疑问一直伴随着故事的传播与讲述。当代历史学家张正明、皮明庥对伯牙、钟子期都有考证，他们认为伯牙极有可能是《左传》中被楚灵王杀害的伯州犁的家族成员，而司马迁《史记·魏世家》中有秦昭王问政左右，中旗冯琴而对的记载，他们认为"中旗"就是钟子期，他在楚国担任过"乐尹"。如此，一切疑问迎刃而解。

钟子期的墓在马鞍山下。这个墓过去就有，20世纪60年代被毁坏。20世纪80年代，文物部门多次整修，并在整修时发现了清光绪十五年（1889）汉阳知县立的碑，断碑残留的字为"十五年岁次乙丑仲春月吉日贤钟期字子期墓"。修葺后的墓碑则刻字为"楚隐贤钟子期之墓"，可见"隐贤"二字才是对历史的准确理解，也是钟子期真正的身份。2021年夏天，当我在蔡甸博物馆见到这块残碑时，我明白了，古人从未把钟子期的故事当传说，在他们的心里，钟子期一直是汉阳马鞍山真实的存在，从来就不是虚构。

城头山的独特还在于，山上的临漳城很早就是行政管理意义上的城池。公元313年，荆州刺史陶侃曾在临漳城驻扎。陶侃的前一任王澄，极其聪明，说话做事往往不按套路出牌，而且嗜酒如命。这样的风格显然会给治理荆州带来严重的后果。巴蜀流民就在此时纷纷涌入长江中游洞庭湖南北，流民首领杜弢率领的队伍迅速壮大，纵横荆湘大地。司马睿只好派遣周𫖮接任王澄，公元313年8月周𫖮在与杜弢的作战中失败，并被围困于湖北黄梅，身为武昌太守的陶侃一面派人解救周𫖮，一面在武昌设下埋伏，预防杜弢率部在撤退中攻打武昌，事情果如陶侃所料，杜弢所部在进攻武昌途中大败。此役结束后，陶侃接任了荆州刺史，此时，在汉江上游还活跃着王贡、王冲等几路叛军，陶侃见汉江边的临漳城可进可退，于是率军驻扎在临漳城。陶侃在临漳城待的时间并不长，《晋书·怀帝纪》载，建兴二年三月，"杜弢别帅王真袭荆州刺史陶侃于林鄣，侃奔溳中"。临漳城之败，陶侃也因此被免去荆州刺史的职务。

公元589年，隋朝设置沌阳县，将临漳城作为县治，公元597年将沌阳县改名汉津县，仍然以城头山的临漳城为县治。公元606年，再次改汉津县为汉阳县，县治所在地不变，"汉阳"一词从此成为指称武汉长江以北广大地区的地名。公元1271年，在忽必烈的强大攻势下，南宋政权将德安府迁到了临漳城，直到1276年才迁回安陆。这个小小的山头，又记录了一段政权漂泊史。这些历史都有印迹，比如春秋战国时期的青铜器、瓷器、玉器、筒瓦、板瓦，比如明太祖之子朱权编纂的古琴谱集《神奇秘谱》中的《高山》《流水》，以及马鞍山脚下刻有"高山流水"的清代麻条石。如今，在灌木丛生的城头山下还隐藏着一个村庄，村名上湾村，村民大多已经搬迁出去，但居民的房子仍然保留在江边，错落、盘绕如迷宫，居民的房前屋后以及台阶、院墙上，随处可见厚厚的青砖，这些青砖都是倾圮、散落的临漳城符号，许多长满青苔的房子上还保留着20世纪70年代的标语。

从蔡甸城沿汉江往下游走，十多里后，汉江在这里拐弯向东北，然后紧急折向东南经过郭茨口，在这里分出一条琴断口小河，小河向南穿过这块扇形平原，平原上从汉江边向南点缀着米粮山、仙女山、锅顶山。当然，这一带远不止三座山，在1912年湖北陆军测量局绘制的《江夏、汉阳图》上，清晰地标注着从汉江边的美娘山开始，由西北向东南，依次排列着仙女山、扁担山、锅顶山、磨子山。仙女山、扁担山、锅顶山三座山绵延一体，龙王湖从扁担山脚下绕过磨子山一直到十里铺。龙王湖显然就是今天的龙阳湖。美娘山就是今天的米粮山。

海拔89米的米粮山，如今不见当年的风貌，但历史上，这座山上诞生过一个美丽的传说，故事的主人公是楚怀王的儿子熊横。虽贵为王子，熊横的人生并不如意，公元前303年齐国、韩国、魏国联合攻打楚国，楚王为了让秦国出兵，把熊横送到秦国做人质。公元前302年，熊横从秦国逃回了楚国，但仅过了一年，公元前300年，熊横又被送到齐国做人质求和。公元前299年，楚怀王去武关与秦王见面的时候，熊横还在齐国。楚怀王被扣留在秦国后，熊横被齐王释放回楚国继承王位，他便是宋玉在

汉江湾，汉江著名的大弯道，依稀可见远处的山影。(何小白 摄)

《高唐赋》《神女赋》中写到的楚顷襄王（即楚襄王），"巫山云雨"的主角。

许多人以为"巫山云雨"的故事发生在三峡里的巫山，然而，这个故事的真实发生地却在汉阳。这两个地方一个在长江的上游，一个在长江中游，相距有千里之遥。宋玉的《高唐赋》第一句话便是"昔者楚襄王与宋玉游于云梦之台，望高唐之观"，楚襄王与宋玉在云梦之台上眺望高唐观，宋玉向他讲述了楚怀王与巫山之女相遇的故事。《神女赋》的第一句是"楚襄王与宋玉游于云梦之浦，使玉赋高唐之事。"在"云梦之浦"，宋玉做了一个梦，并向楚王转述了梦的过程，以及神女世所未见的美貌。"云梦之台""云梦之浦"都不可能在三峡的悬崖峭壁里，宋玉向楚襄王描述巫山云雨和神女的地点当然也不会是三峡的巫山。

云梦泽是汉江和长江之间，西自江陵、东抵武汉的大片湖泽地区，大致与江汉平原的范围重叠。从江陵开始，随着长江、汉江泥沙的淤积，云梦泽被挤压为以今天监利、洪湖、仙桃为中心的湖泽地带，直至最后解体

为大大小小的湖泊。这片地区正是楚王的狩猎区。楚襄王与宋玉游览云梦泽时，云梦泽已萎缩到汉江以南、长江以北，西自潜江、监利，东抵洪湖新滩口的狭小范围，这一带是云梦泽海拔最低的地方，平原上的水都朝洪湖汇集。汉江与长江之间，大大小小的湖泊互相贯通，通过水路，狩猎的贵族从楚国都城江陵可以抵达云梦泽的任何一个地方。

在这样一幅战国时代江汉平原的地貌图上，云梦泽边缘的美娘山就显得特别突出。美娘山与传说中楚怀王一气之下杀死钟子期的城头山相距不远，下临漳城，登船，沿汉江顺流而下，十里路左右，就能看见耸立于汉江南岸的美娘山。美娘山就在汉江从东北向南的拐角上，它的西南是云梦泽的中心洪湖；向东、东北远眺，是大别山延伸到长江边的余脉。

宋玉就在这里给楚襄王讲故事。根据宋玉后来写的《高唐赋》，他讲的故事发生在楚怀王身上。宋玉告诉楚襄王，巫山之女既漂亮又神秘，朝云暮雨，来去无踪，而且她大胆热烈，主动向楚王表白"愿荐枕席"。宋玉为什么要把楚怀王做的艳梦透露给楚怀王的儿子，令人不解。也许他觉得这个故事并不损害楚怀王的形象，也不会影响楚襄王对父亲的看法。再说，宋玉只不过站在云梦高台上，转述了一遍楚怀王的梦境。结果正是如此，楚襄王知道了父王的艳梦，并没有什么不悦，只说了一句，"试为寡人赋之"，原来他更想看的是宋玉写赋的才华。《神女赋》讲的还是巫山之女。这一回，是宋玉自己梦见了神女。宋玉向楚襄王描述了梦中与神女见面的过程，楚襄王听完宋玉精彩的讲述后，还是那句话，"试为寡人赋之"。

宋玉的两个赋，让人们记住了巫山神女，也明白了巫山云雨原来就是神女的变化。人们不但忽略了宋玉与楚襄王游玩的地点，而且也误会了楚襄王与神女之间的关系。在《高唐赋》《神女赋》中，楚襄王只是听了宋玉的两个故事，他没有遇见神女，也没梦见神女，并非有人想象的沉溺于女色。而对宋玉讲述的神女与楚怀王的爱情，有人则理解为是宋玉借天地交感的神秘观念，表达风调雨顺、五谷丰收的希望。这无疑为两个故事增添了美好的色彩。当然更美好的是此后"巫山云雨"成为诗人们表达爱情最抒情的意向之一。李白不喜欢美人"朝云暮雨"的变化，他希望"美人美人兮归去来，莫作朝云暮雨兮飞阳台"（《寄远十二首》其十一）。李商隐借此感叹相见不易，"朝云暮雨长相接，犹自君王恨见稀"（《楚宫二首》其一）。宋朝女诗人张玉娘则借此表达心头翻腾的相思，"朝云暮雨心去来，千里相思共明月"（《山之高三章》）。

美娘山也被人叫作女郎山，后来这座山又与大禹产生了关联，被叫作禹粮山。传说大禹治水经过此地，在山上一个山洞里发现了老百姓留给他的粮食，最后，禹粮山被改为米粮山。今天，琴台大道以及二环线、三环线、高架桥、地铁的建设，已将米粮山变成汉阳与蔡甸两个城区结合部的一个交通枢纽。

曾经的晴川阁下有平台和民居，与生活的距离很近。（黄建 供图）

　　从美娘山沿汉江继续顺江而下，不到20里，就是龟山，也叫大别山、鲁山、翼际山，今天它是汉阳与汉口分界线上的地标。龟山的名气很大，《禹贡》记载，大禹治水时，足迹就到过龟山。一次是把汉水经钟祥的章山疏导至大别山下，一次是把京山的东河（钱场河）、西河（大官桥河）、司马河的水导入汉江，流到大别山。他还在龟山下种了一棵柏树，后人把他种的柏树叫"禹柏"。

　　到了宋朝，终于有人想到在龟山修建一个庙纪念大禹的功德，这个庙开始叫禹王宫，后来干脆把后稷与大禹一起祭祀，便改为禹稷行宫。它与晴川阁成为龟山今天最重要的名胜，到龟山必游览晴川阁和禹稷行宫，说龟山也必提及晴川阁和禹稷行宫。可如此重要的人文名胜，关于它的修建时间和督修人却模糊不清。

大多数禹稷行宫的资料简介说，这个祭祀大禹的庙最先是1131年由司农少卿张体仁督修的。有的稍微严谨一点，说南宋绍兴年间（1131—1162）由司农少卿张体仁主持修建。在真实的历史中，南宋绍兴年间，政府官员名单里没有司农少卿张体仁。《宋史》里有一个担任过司农少卿的叫"詹体仁"。《宋史·詹体仁传》记载，这个"詹体仁"，字元善，福建浦城人，是南宋大臣、理学家。1190年光宗即位后，詹体仁担任过浙西常平司的主官，这个机构主要负责赈灾、救济，后来担任过户部员外郎、湖广总领、司农少卿。《宋史·詹体仁传》并未解释他是否曾经姓张，好在詹体仁的学生、理学家真德秀澄清了此事，他在《司农卿湖广总领詹公行状》中说："公讳体仁，字元善，姓詹氏。其先光州固始人，十八世祖迁于建之武夷，自公之父授室浦城张氏，遂占数焉。"原来，张体仁本姓詹，养父姓张，后来改回原姓。文字不长，但来龙去脉十分清楚，詹体仁曾经叫张体仁。

之所以今天关于禹稷行宫的资料介绍都写明"张体仁"督修，只能理解为詹体仁1190年10月到武昌上任，担任户部郎官湖广总领时，名字还未改为"詹体仁"。南宋的一个"路级"官员要改姓换名，并非小事，得报请皇帝批准。朱熹对门生的归宗改姓一直挂在心上。1194年朱熹给张体仁写了一封信，第一句话便是"归宗之请，计已报可，此于人情恩义之间有难处者，而轻重本末事理甚明"。这封信的最后，老师表扬了学生在处理陆九渊丧事上的尽心尽意："子静旅榇经由，闻甚周旋之，此殊可伤。"1192年底，陆九渊在荆门去世，尽管朱熹与陆九渊互为哲学观念上的对手，但当噩耗从荆门传来，朱熹仍忍不住流泪，并当即带着门人前往寺庙中设灵祭拜。1193年春，张体仁亲自扶棺从湖北到江西，把陆九渊送回原籍安葬。张体仁不是陆九渊的门生，他知道陆九渊是自己老师学术上最强大的对手，但张体仁能如此重情重义，朱熹深为感动。这封信说明，1193年时张体仁还未改回自己的本姓，但他的申请报告已经提交。在南宋的官方文件中，1194年已经没有"张体仁"，只有"詹体仁"了。

事已至此，一切也就十分明了。汉阳龟山脚下禹王宫的督修人就是詹体仁，时间不可能修建于1131年，因为南宋政府的户部郎官湖广总领、司农少卿詹体仁出生于1142年，1163年进士及第，1190年才到湖北任职。禹王宫的修建时间只能是在1190年他任职湖广总领到1194年他离开湖北之间。这个时间与现在禹王宫简介里的时间相差六十年。

龟山当然不止有晴川阁，还有祢衡墓。绕过莲花湖，穿过龟山南麓下的小巷上山，山间小路边上一座大墓，墓前用隶书书写着"汉处士祢衡墓"，墓冢后面的石碑刻有祢衡的《鹦鹉赋》。"晴川历历汉阳树，芳草萋萋鹦鹉洲"，说汉阳，都要说汉阳树、鹦鹉洲，但如果没有祢衡和他的《鹦鹉赋》，"鹦鹉洲"很难说有后来的知名度。

东汉末年的辞赋家祢衡一生都可能没有想到会来到江南，他梦想的生活是在许昌，应该是在机关做一个高级智囊，参政议政。他当然也没想到一生还会以鹦鹉为题材创作一篇赋，并因此丢了性命。在祢衡的眼里，当时的东汉王朝只有两个人可以跟他聊得来，一个是孔融，一个是杨修。这种傲气和轻狂，为他后来的悲剧命运埋下了祸根。

孔融倒不计较祢衡目空一切的病态，他把祢衡推荐给曹操，还慎重写了一封推荐信，说祢衡这样的人不可多得，堪称珍宝，如果朝廷得到了祢衡，政府的声誉必将扬声云汉，朝廷的威望必将光芒四射。孔融对祢衡夸张的评价是否出于真心无法考证。客观上讲，他给祢衡挖了一个大坑，就孔融久经官场的经验，他当然知道曹操容忍不了祢衡的个性，而且他也知道以祢衡的做派，迟早会送命。果然，曹操看不惯祢衡，祢衡也瞧不起曹操，但曹操不想让天下人认为他容不下人才。于是没有杀祢衡，而是把祢衡推荐给刘表，刘表又把祢衡推荐给江夏太守黄祖。祢衡，这个烫手的山芋就这样被送到了长江与汉江交汇处的武汉。

有人说祢衡的《鹦鹉赋》是在黄祖儿子请客的现场写的,更多的则说是在黄祖请客的现场创作。总之,整个作品一气呵成,笔都没有停顿,也没改一个字。一直以来,人们都觉得祢衡是在借囚禁在笼子中的鸟,说自己所处的境遇。因为有才,所以被围猎,所以背井离乡,所以屈从、压抑、悲愤。时代之乱,无自由之苦,在作品中酣畅淋漓。人们似乎忽略了《鹦鹉赋》中重要的一句话,"岂言语以阶乱,将不密以致危?"因出言不慎而招致祸害,这不正是说的祢衡自己吗?

联想到祢衡后来被黄祖杀害,说《鹦鹉赋》一语成谶并不为过。悲剧就发生在船上。黄祖宴请宾客,准备了黍米肉羹,肉羹端上桌,祢衡就开吃,吃完后又用筷子在碗里拨弄着玩,旁边的人指责祢衡没有礼貌。祢衡不但不理周围人的说话,反而说对方是在放屁。黄祖站出来呵斥祢衡,祢衡居然搂不住火,骂了黄祖,黄祖开始只是命令手下将祢衡拖出去打几棍子,教训一下,但祢衡从来就不善解人意,继续辱骂,黄祖便下令"绞杀"。很多年以后,文人们说祢衡骂黄祖的两句话"死锻锡公""云等道",并非真的骂黄祖,而是当时流行的"俳优饶言"。"俳优饶言"类似于后来喜剧演员插科打诨、唠唠叨叨的语言,祢衡显然是用这种说话方式跟黄祖调侃、开玩笑,哪知黄祖没有幽默感,不解其意,反以为祢衡辱骂了自己。

对祢衡,曹操没杀,刘表没杀,黄祖却杀了。酒醒之后的黄祖很后悔自己的冲动,让人把祢衡厚葬在武昌江边的沙洲上,从此这个沙洲有了新的名字——鹦鹉洲。三十年河东,三十年河西。到了清朝,武昌附近的鹦鹉洲沉没了,汉阳城的江边出现了沙洲,1815年,汉阳城外这个沙洲被命名为鹦鹉洲,祢衡墓也迁到了汉阳城边的鹦鹉洲。

当年的鹦鹉洲早已与汉阳的陆地连成一片。在汉阳的长江边,过去的沙洲未留下蛛丝马迹。今天能够证明鹦鹉洲存在的是汉阳江边的鹦鹉大道，当然还有祢衡墓。1987年，汉阳一个中学教师在操场除草时，发现了一个石碑，刚好这个中学教师也喜欢书法，一眼就看见石碑上几个汉隶风格的大字"汉处士祢衡墓"。中学教师借了学校的板车，将石碑拖到汉阳鹦鹉洲街道办事处，交给了工作人员。2000年，这块石碑派上了用场，武汉市文化局在龟山脚下重修了祢衡墓。

龟山南麓的祢衡墓（李鲁平 摄）

2021年10月，我与当年发现祢衡墓碑的中学老师，穿过龟山脚下大桥局宿舍，爬上山坡，20多年后，这位老师再次看见了他在操场草丛里发现的那块墓碑。这么多年来，他第一次知道自己上交的墓碑原来安置在这里。

在龟山的人文胜迹中，最能激起文人忧伤之情的可能要算桃花洞、桃花夫人庙了。桃花洞在龟山北麓，历史上它有过不同的名字，桃花洞庙、桃花夫人祠、息夫人庙。从唐代开始，杜牧、王维、刘禹锡、宋之问、袁中道、袁枚等著名诗人都写过桃花夫人。

桃花夫人、息夫人息妫的故事《左传》《史记》《列女传》都有记载，大同小异。话说蔡侯调戏小姨子息妫，息侯忍不下这口气，但无奈息国打不过蔡国，于是息侯借楚文王之手，收拾了蔡侯。反过来，蔡侯为报仇，告诉楚文王息妫是惊天美人，这下楚文王心神不宁了，时刻想着息妫，因此楚文王又收拾了息国，杀了息侯，娶息妫为王后，息妫为楚文王生了两个儿子。

这也是一个令人困惑的故事，困惑在故事的结局。一种说法，息妫在楚国生了两个儿子之后，相夫教子，帮助儿子成就楚国的霸业；另一种说法是，趁楚王出游，息妫与在楚国做门吏的息侯见了一面然后双双自杀，或说撞墙而死，或说撞石头而死，或说跳崖而死，总之，楚王感念他们的爱情，把他们厚葬在汉阳桃花山。可楚王怎么会大费周折，把息妫葬到几百公里之外的汉阳呢？桃花夫人的传说有很多版本，但没有一个版本对此做出解释。

从唐代开始，到汉阳龟山游览的文人写下了不少以桃花夫人为题材的作品，这些作者在他们的时代，不是进士，至少也是举人，都是读书之人，但当他们站在龟山下的桃花洞前，是否想过，息夫人与息侯难道真的来过龟山，是怎么来的呢？"莫以今时宠，难忘旧日恩""楚王宠莫盛，息君情更亲"，他们希望息夫人铭记息侯；"可怜亡国无贞妇，花蕊他年入宋朝""国破夫人在，荆妃即息妃"，他们责怪息夫人没有做到宁死不从……这些读书人似乎从不去想息夫人到底是怎么死的，怎么会在龟山出现祭祀她的庙宇。而令息夫人委屈的是，杜牧写汉阳桃花夫人时说："细腰宫里露桃新，脉脉无言几度春。毕竟息亡缘底事，可怜金谷坠楼人。"他把息国的灭亡归结于息夫人的美貌，为后来文人们攻击息妫"红颜祸水"开了先河。

长江以北的汉阳大地上，伯牙、子期两个男人的友谊；楚怀王、楚襄王、宋玉三个男人的神女梦；祢衡、息妫，一个恃才傲物的青年才俊，一个让三个国家陷入战争的女人，这些往事，叫历史也好，叫故事或者传说也行，重要的是，它们都如高山流水，千年的山，千年的水，无论地貌怎么变化，有的水消失了，有的山平了，但它们的故事依然还在流传。

白云黄鹤的江南

长江以南的武汉，通常都叫武昌，但也不是一开始就叫武昌。在相当长的时间里，鄂州、武昌、江夏三个地名，分开、合并，改来、换去，重叠、纠缠，其中的关系与渊源，如江南烟雨中的春天，很难看明白。

公元220年孙权迁都到鄂城，改名武昌，武昌开始指的是鄂城。公元223年，孙权在今天武汉的蛇山上修筑了夏口城，凭借这个城，孙权可以阻挡来自上游江陵方向的战船。当时，东吴政权、曹魏政权都设置有江夏郡，东吴的江夏郡治所在金口（今江夏金口），曹魏江夏郡治所在黄陂。到了公元280年，武汉长江以南不属于孙权了，改姓司马炎，原来东吴的江夏郡为武昌郡，而曹魏的江夏郡迁到安陆，此时武汉的江南都叫江夏。公元589年，杨坚将之前治所在夏口城的郢州改为鄂州，并废弃了原来治所在鄂城的武昌郡，在夏口城设置"武昌军"。"武昌"作为地名回到了武汉的地盘。

其后，又历经千变万化的区域设置。1301年，元朝政府设立了"武昌路"，1346年"武昌府"诞生，"武昌"这个词从此具有了行政区划的含义，成了指代江南武汉的通用词。当然，历史上真实的区划变更比这更复杂，有时候每年都变，甚至一年变几次，可能一个人刚刚搞清楚自己是

1904年明信片上的武昌城（图片引自《晚清民初武汉映像》）

哪里人，第二天就变了。

　　这样一个变幻无穷的地方，就是武汉白云黄鹤的江南，蛇山是它的核心，孙权的夏口城、杨坚的"武昌军"治所，都在蛇山，之后各个时代的行政中心"武昌城"都在蛇山南北两侧，当然，黄鹤楼也在蛇山。这是武汉长江以南一座重要的山，武汉历史每翻动一页，这座山都会风吹草动。

　　武昌城从无到有，有三次大的扩展。孙权在蛇山上修筑的只是一个很小的土城，城墙周长仅二三里。武昌城的第一次扩展由甘肃人牛僧孺完成。牛僧孺是唐朝"牛李党争"中"牛党"的代表人物。此前，因为朝廷内部纷争，宰相牛僧孺几次提出要到外地任职。公元825年皇帝批准了他的请求，牛僧孺以检校礼部尚书、同平章事、鄂州刺史，充武昌军节度、鄂岳观察使，管辖鄂、岳、蕲、黄、安、申、光等州。这一次外放到长江之滨，多数人觉得牛僧孺受贬了，唐朝的官方历史却写的是"宠僧孺也"，意思是表面上降职了，其实是皇帝把割据一方的权力交给了牛僧孺。

牛僧孺在武昌工作五年，做了不少实事，其中一件便是扩建夏口城。南方多雨，孙权时代夯土的城墙经不起暴雨，牛僧孺改用陶砖砌墙，不但解决了坍塌问题，也减轻了老百姓的负担。过去，因为城墙每年都要修补，政府向老百姓征收茅草、草袋，没有茅草、草袋也可以用钱抵，这种方式为很多官员发财提供了机会。牛僧孺改为征收土砖，切断了官府巧取钱财的途径。五年后，武昌城墙全部改为砖墙。牛僧孺的另一个功劳是把夏口土城的范围扩大了几倍，城墙的北面已经抵近沙湖，南面抵紫阳湖。他向朝廷建议："当道沔州与鄂州隔江相对，才一里余，其州请并省，其汉阳、汉川两县隶鄂州。"这个建议被采纳，"武昌军节度使"的管辖范围扩大到长江以北。

公元830年，牛僧孺从武昌卸任，此时青年诗人杜牧跟随著名书法家、江西观察使沈传师到了南昌，任江西团练巡官。听说牛僧孺要离职返回京都，杜牧当即寄来一首诗："汉水横冲蜀浪分，危楼点的拂孤云。六年仁政讴歌去，柳绕春堤处处闻。"杜牧在诗歌中提到了牛僧孺修筑武昌城的事，以"危楼拂云""柳绕春堤"赞扬牛僧孺的用心与政绩。杜牧对牛僧孺任职的评价也大致说出了武昌城老百姓的心里话。

接替牛僧孺武昌军节度使职务的是著名诗人元稹。可惜，公元831年，53岁的元稹在武昌上任不到一年就突然病逝。他留给武昌的是两首诗："庾亮楼中初见时，武昌春柳似腰肢。相逢相失还如梦，为雨为云今不知。""鄂渚濛濛烟雨微，女郎魂逐暮云归。只应长在汉阳渡，化作鸳鸯一只飞。"这个在爱情上颇有争议的才子，借用汉阳美娘山"巫山云雨"的典故，再一次表达了爱的痛楚，当然，跟杜牧一样，他也再一次写到了武昌的柳树。

明代江夏侯周德兴实施了武昌城规模宏大的扩建工程。朱元璋的开国

辛亥革命时期武昌城的汉阳门（武汉市地方志办公室 供图）

功臣周德兴不仅能征善战，而且也是建城专家。公元1371年，周德兴将武昌城扩展至今蛇山南，城墙周长约20里，在扩建城池的同时，周德兴在城内大举修建楚王府。尽管后来城门名称不断变化，但此次修建的武昌城保存了约500多年。楚王府位于蛇山中峰高观山南麓，整个王府参照南京紫禁城的设计，设端礼、广智、体仁、遵义四门，王府中轴线上，建有三殿九宫，共800余间房屋，周围还有王室宗庙等诸多附属建筑，整个王府占地相当于半个武昌城，湖广三司、武昌府、江夏县三级衙署，分列楚宫左右。许多街道均以衙署命名，如察院坡、巡道岭、抚院街、都府堤、候补街、司门口等，这些机构的名称后来演变成地名，很多至今还在使用。城南多为街市，为市民居住地，长街（今解放路）、大朝街、中和门正街（今首义路）、千家街都是当时最为热闹的街市。

武昌城自此成为明清总督府、司巡抚、知府、知县以及官府所在地，奠定了其在长江中游地区政治中心的地位。周德兴不仅大手笔修建了武昌城，此后他在城建领域仍多有建树。1387年，他在漳州修建了镇海、六鳌、铜山、悬钟四座临海城堡，其中，镇海卫城、六鳌千户所城遗址已被列入海上丝绸之路遗迹。在他的海防生涯中，一共修筑了16个城堡，设置了四五个巡司机构，初步建立起了福建的海防体系。据《泉州府志》《厦门志》记载，他在主政福建时还修建了厦门城。

扩建后的武昌城，把整个蛇山都围进了城中，蛇山把武昌城分为南北两部分。历史上，蛇山有众多的名字，江夏山、紫竹岭、黄鹤山、石城山、长寿山、黄鹄山，清乾隆《江夏县志》将此山称为蛇山。这些不同的叫法，以"黄鹄山"最为深远，1874年，旅居武昌的浙江富家子弟胡凤丹甚至为"黄鹄山"编了一本十二卷的《黄鹄山志》。

黄鹄山的名字来自《南齐书·州郡志下·郢州》的记载："夏口城据黄鹄矶，世传仙人子安乘黄鹄过此上也。边江峻险，楼橹高危，瞰临沔、汉，应接司部，宋孝武置州于此，以分荆楚之势。"很显然，《南齐书》说的是仙人子安来过"黄鹄矶"，而非"黄鹄山"。矶是山体深入江水中突出的那部分。矶可能以山命名，山名与矶名同一，但很多时候，矶也不一定与山的名字相同，比如汉阳龟山下的矶头不叫龟山矶，而叫吕公矶、禹功矶；黄州龙王山下的矶头不叫龙王矶，而叫象鼻矶、赤壁矶。《南齐书》只说"黄鹄矶"，不说"黄鹄山"，只能说明此时黄鹄矶才是真正的名胜，比所在的山名气大。公元426年鲍照随刘子顼赴荆州江陵，出任刘子顼军队里的参谋，经过武昌，登黄鹄矶后写下《登黄鹤矶》："木落江渡寒，雁还风送秋。临流断商弦，瞰川悲棹讴。适郢无东辕，还夏有西浮。三崖隐丹磴，九派引沧流。泪竹感湘别，弄珠怀汉游。岂伊药饵泰，得夺旅人忧。"作为南朝著名山水诗人，鲍照只写"黄鹄矶"，可以想见当时的黄鹄山并无触发他感受的东西。

矶头的作用是挡水和挑杀水流，保护堤防，控制河道。在武汉的长江江段上，像黄鹄矶这样的矶头还有很多，自上而下，有汉南的大军山矶与江夏的槐山矶，龟山下的禹功矶，江北的谌家矶与江南的青山矶。它们大多成对耸立在江边，像锁一样控制着长江的走向。"龟蛇锁大江"就是对龟山、蛇山两个矶头的河道控制作用的形象描绘，这两个矶头之间的河道至今仍保持着顺直的姿态。

矶头当然还有其他的作用，很多河道的航道标识就树立在矶头上，在战争中，矶头是控制水上交通的天然咽喉，长江中游的城陵矶、赤壁矶，长江下游的燕子矶，等等，都是历史上著名的水上咽喉。蛇山下的黄鹄矶从三国时期起就是军事关隘，孙权正是看中了黄鹄矶的军事价值，才在矶头上修筑楼阁，用于瞭望、观察。这是黄鹤楼之前，黄鹄矶上最早的楼阁。

矶头插入江水、河流的特殊地势以及峭壁、悬崖、怪石、沟壑等丰富地貌，向来被视为风水宝地，吸引人们在矶头上修建砖塔、寺庙、亭台、楼阁等建筑，以一览矶头风光。汉阳的晴川阁、禹王宫都修建在禹功矶上。武昌的黄鹄矶也不例外，在清朝的武昌街道图上仍能见到。黄鹄矶上除了黄鹤楼，从黄鹄矶到长江边，矶头的两侧以及矶头下，还有头陀寺、威明太子塔、武当宫、观音阁、官湖二公祠等等。从矶头向东，随着蛇山的起伏，山脚以及山脊两侧分布着几十个人文名胜。在1874年的《黄鹄山志》中，胡凤丹列出的蛇山名胜，仅亭台楼阁建筑就有二十多个，如黄鹤楼、南楼（楚观楼、白云楼、谯楼）、焦度楼、八极楼、辛氏楼、奇章亭、仙枣亭、昌仙亭、石照亭、石镜亭、振衣亭、一览亭、西爽亭、跨鹄亭、压云亭、广永亭、万寿亭、御碑亭、十盘亭、翼然亭、冠霞亭、夏亭、北榭、楚王故宫、涌月堂、奇章阁、具美堂、状元居、留云阁、斗姥阁等；还有十几个庙宇祠堂，如武安王庙、府城隍庙、杨公祠、江汉神祠、胡公祠、曾公祠、罗李三公祠、宝通寺、黄龙寺、观音寺、东岩寺、小塔寺等；另有十几个洞、塔、池、台，如古无影塔、宝像塔、灵济塔、费祎洞、吕公洞、东阳洞、天鹅池、白龙池、魔剑池、静春台、龙床台、奇章台、涌月台等。

蛇山全长1790米，宽50至70米，面积1.14平方公里，如此狭小的范围内，这么多的古迹、景观，也是一大奇迹。在历史的长河中，这些景观有生有灭，并非同时存在于蛇山上，但它们终究把蛇山打扮成了一座人文的山，把武昌的星空点缀得灿烂无比。

最早在专门的地理学著作中记录"黄鹤楼"的是唐宪宗时期宰相李吉甫撰写的《元和郡县图志》。《元和郡县图志》没有说黄鹤楼的名字与神仙有关。李吉甫的写作时间是公元806年至公元820年，遗憾的是，他也没有提供黄鹤楼修筑的具体时间，但依据闫伯珵《黄鹤楼记》的写作时间，至少在唐永泰元年（765），黄鹤楼已经远近闻名。无论如何，自此以后，黄鹤楼的历史有了比较清晰的记载。"黄鹤楼"的得名，历来说法不一，最容易理解的是，"黄鹤"即"黄鹄"，语音的变化把"黄鹄"变成了"黄鹤"。

但由于几个神仙的驾临，事情变得复杂起来。第一个神仙很容易分辨，传说道家炼丹大师吕洞宾从黄鹤楼升天而去，因此有了黄鹤楼之名。吕洞宾生于公元798年，在吕洞宾出生之前已有文献记录了"黄鹤楼"，显然黄鹤楼的名字与吕洞宾没有关系。

第二个神仙叫费祎。费祎是三国时期蜀汉名将，河南罗山人。三国时代的河南罗山属江夏郡管辖，所以，不少人以为他就是今天的江夏人。公元253年春天，费祎在一次酒席上被坐在身边的郭修刺杀，葬于四川广元。公元765年，闫伯珵创作《黄鹤楼记》时，引用《图经》的记载，"费祎登仙，尝驾黄鹤返憩于此，遂以名楼"。这是黄鹤楼的第一个楼

"记"，其影响自然广泛，被后世不断引用。如公元976年至983年间成书的《太平寰宇记》就在"鄂州"条目下记载："黄鹤楼在县西二百八十步，昔费祎登仙，每乘黄鹤于此楼憩驾，故号为黄鹤楼。"其实，阎伯理的说法与南朝任昉的《述异记》相似，任昉的《述异记》成书在公元429年到公元500年间。但任昉说的神仙却是另外一个人，这个人叫"荀瓌"，字叔伟，与费祎的字"文伟"一字之差。"荀瓌憩江夏黄鹤楼上，望西南有物飘然降自霄汉，俄顷已至，乃驾鹤之宾也。……宾主欢对，已而辞去，跨鹤腾空，渺然烟灭。"不幸的是，任昉记录的也只是一个传说，荀瓌的具体情况他一概不知。阎伯理的说法在宋朝就遭到怀疑，北宋著名文学家胡仔在其诗话集《苕溪渔隐丛话》就发出"不知伯理何以为据"的质问。这样说来，极有可能是后人将"叔伟"与"文伟"混淆，把对"费祎"的赞赏与崇敬寄托在了神仙"叔伟"身上，于是有了费祎驾鹤之说。

第三个神仙是"子安"。今天对黄鹤楼的介绍无一例外会提到神仙"子安"。但当人们想要了解"子安"是谁，所有的指引无一例外会让你去找"子明"，传说他们是兄弟。刘向的《列仙传·陵阳子明》说，安徽陵阳县一个叫子明的，钓了一条白龙，把白龙放生后，又钓到一条白鱼，鱼肚子里有一个炼丹的方子，他照着方子上黄山采来丹砂、雄黄、白矾、曾青、慈石（也叫玄石、处石、吸铁石），煮水吞服，三年后，子明成仙上了陵阳山。100多年后的一天，子明突然在山顶呼喊，要山下的人到半山腰去，说山谷的子安要来了，还要问他当年的钓鱼竿在不在。20多年后，子安死了，有一只黄鹤飞到他坟墓旁的树上，呼叫他的名字。这个故事从头到尾似乎并不复杂，却也十分含混，说的是"子明"吞服丹药成仙了，没说"子安"成仙，也没说"子明"与"子安"是什么关系。但故事会也像树一样随着时间而枝繁叶茂，刘向在《列仙传》中的简单记载，经过后来的加工改编，变得越来越复杂，子明原来姓窦，当过广阳县的县令或者

蛇山上的岳飞亭（图片引自《黄鹤楼志》）

秘书，因为官场失意，带着妻女隐居陵阳山修道成仙。这些改编也没提到"子安"成仙，更没说"子安"就是"子明"的弟弟。

对"子明"的事迹，李白深信不疑。公元755年李白因为安史之乱不得不中断北上的行程，南下避难，专门来到窦子明炼丹的石壁山，发出"仙人如爱我，举手来相招"的表白，他希望窦子明帮助他，摆脱现实的困境。公元761年李白上了陵阳山、敬亭山，专门给"窦子明"写了一首诗《登敬亭山南望怀古赠窦主簿》，其中有"愿随子明去，炼火烧金丹"。这是晚年李白真实的内心，繁华如梦，富贵如烟，浪漫如水，一切都是人生的羁绊，"子明"的人生才是理想的境界。除了李白，贾岛、刘禹锡、李商隐，很多诗人都到安徽寻找过窦子明的踪迹。这些人中，没有一个是冲着"子安"去的，他们没把"子安"当神仙。

既然如此，就很难理解后来的人为什么把黄鹤楼的名字与"仙人子安乘黄鹄"联系到一起，为什么后来的人对《南齐书·州郡志》"世传仙人子安乘黄鹄过此"念念不忘。

清人胡凤丹在《黄鹄山志》卷二"名胜"中没有记录"岳飞庙"，是一件百思不得其解的事。公元1134年，岳飞收复襄阳六州驻节鄂州（治所即今武汉市武昌区）时，登上巍立于江畔的黄鹤楼，想到南方寇患虽平，中原大地仍在敌人铁蹄蹂躏之下，不由心潮起伏，遂提笔抒怀，为后人留下了脍炙人口的《满江红·登黄鹤楼有感》，"何日请缨提锐旅，一鞭直渡清河洛。却归来、再续汉阳游，骑黄鹤"，骑黄鹤不仅仅是神仙的姿态，更是胜利者的姿态。

岳飞的武昌岁月是值得书写的，他在武昌生活了七年（公元1134—1140），七年中他发起了四次北伐，这是他人生中最重要的事业，即收复河山。另一个重要的理由是，岳飞的人格魅力在武昌体现得无比充分，比如，绍兴年间，宋高宗见各军统帅在杭州都建有府第，也想为岳飞建造府第，岳飞拒绝道："敌未灭，何以为家。"高宗又问，何时天下太平，岳飞回答"文臣不爱钱，武臣不惜死，天下太平矣"。岳飞在武昌用行动实践了"文臣不爱钱，武臣不惜死"的箴言，并且以节俭、廉明、严明的精神，打造出一支战斗力极强的军队。

公元1137年，岳飞在军队中已经晋升到太尉，这是武将中的最高官阶，同时还担任荆湖北路、京西南路宣抚使，管辖今湖北省及湖南省北部的大片区域，又兼湖北京西路的营田大使，掌管屯田诸事。说他身居高位一点不过分，说他手握实权大权也不夸张，但岳飞"奉身俭薄"，"居家惟御布素，服食器用，取足而已，不求华巧"。穿布衣，够吃则已，简朴，不奢华。宋朝的衣着仍以丝织品和麻织品为主，棉织品还是稀缺物品。当时的"布"专指麻布，普通百姓没有实力穿戴丝绸，只能用粗麻片裹身。岳飞出兵在外，身着戎衣，但在家里只穿麻布衣服，不穿绸缎。有一次，岳飞偶尔看到妻子李娃穿着丝绸的衣裳，尽管不是高等的绫罗，但他很不高兴，说，皇后与众王妃在北方（靖康之难时被金兵俘虏）过着艰苦的生活，你既然与我同甘共苦，就不要穿这么好的衣服了。从此之后，不只是妻子，连全家人都不敢再穿丝绸了。

岳飞在饮食上也十分节俭。一次岳飞发现饭桌上添了一道红烧鸡，便马上查问，厨师回答是武昌的一个部将送来的。岳飞对此颇不高兴，认为"多杀物命"势必造成浪费。他嘱咐厨师说，以后不要接受这样的礼物，自家也不要杀鸡吃，并传令下属，此后不许为自己送佳肴。"酸馅"就是用蔬菜做馅的包子。岳飞的部将郝晸比较讲究吃喝。有一次，郝晸请岳飞到他的营寨吃饭，饭桌上摆了"酸馅"。岳飞以前没有吃过酸馅，甚至不知道它的名称。事实上，这种"酸馅"并非稀奇，至少在南宋的都城是一种比较普通的食物。岳飞吃了一个，便告知左右的人把剩下的一律收起来带回家，说："留待晚饭再吃，不要一次吃光了。"郝晸听了，十分惭愧。

除了穿衣、饮食，岳飞对财产原则分明，"不置私产""不藏私钱"，"虽上赐累巨万，毫发不以为己私"。据《鄂国金佗续编》记载，岳飞遇害后，秦桧派其党羽去抄岳飞家，全部家产清点起来，除朝廷配给的镶玉腰带数条、书几千卷，部分作战铠甲、兵器，剩下的主要是3000多匹麻布和丝绢、5000多斛米麦，合计不过值9000余串钱。而同时代为官的枢密使张俊被罢相回家后，仍"占田六七十万亩"。岳飞与张俊地位相当，但家产多寡悬殊之大，实在令人感叹。对此，南宋著名史学家李心传在其所著《朝野遗记》中赞道："飞握重兵许久，家无剩财，自是贤矣。"

岳飞后来被封为"武昌郡开国侯"，武汉市民对岳飞有深厚的感情。岳飞死后，武汉人十有八九都在家中挂岳飞像祭祀。1170年湖北转运司赵彦博上书，呈请为岳飞建立庙宇。同年七月庙落成于武昌城大东门外五里的蛇山上。这是中国历史上建立最早的岳飞庙，庙旁移植有岳飞生前栽植的松柏，被称为岳柏、岳松。公元1519年重建岳王庙于武昌大东门外。公元1580年又在蛇山下的宾阳门修建纪念祠堂。

岳飞去世747年后的公元1889年，在风雨飘摇的时局中，另一个重臣也肩负大任来到武汉，也住在蛇山之下，他就是张之洞。

历史上的武昌古城早已拆除，但从公元1854年的"清军布防图"上，仍可以一睹它的格局。蛇山从东向西，横穿武昌城中央。山的北面是凤凰山，再往北是武胜门。城的西面是汉阳门、文昌门，它们面对长江。武昌城的南面，从东向西依次是望山门、保安门、中和门。

武昌城南对着的河套，就是著名的鲇鱼套，这个河套是巡司河的出口。郦道元在《水经注》中说，"江之右岸当鹦鹉洲南，有江水右迤，谓之驿渚"，"驿渚"指的正是这条河。巡司河发源于江夏八分山，从武昌汤逊湖流出，一路连通南湖、野芷湖、黄家湖、青菱湖，过武泰闸，由东南向西北注入长江。在祢衡遇害的鹦鹉洲沉没之前，鹦鹉洲的头就对着这个河套，鹦鹉洲的尾则对着黄鹄矶。

巡司河的出口处曾经还有两个著名的沙洲——金沙洲与白沙洲。古白沙洲与金沙洲都对着武昌城的望山门。武昌城南三个门在巡司河上都架有桥梁，过了桥就是白沙洲。但巡司河上的桥不是一开始就有的，直到公元1490之前，出武昌城南的望山门，要上金沙洲、白沙洲，都得坐渡船。公元1490年江苏如皋人冒政来到武昌县做知府，他听说在武昌城与沙洲之间摆渡的渡船经常翻船，淹死不少人，就下决心在巡司河上建造一座桥。一次，他发现沙洲的江边有十几条沉没的大船，当地人告诉他，那些船是100多年前的沉船。冒政命人将这些沉船打捞起来，把大船拆解，用大船的木头建起了一座木桥。老百姓把这座桥叫"冒公桥"。冒政在武昌不仅修了一座桥，还组织人在武昌城的江堤外，用砖石砌了一道护坡，改变了以前纯粹靠土堤挡水的面貌。望山门前的这座桥后来演变为"解放桥"。

　　武昌城与白沙洲、金沙洲之间的另一个重要通道叫新桥，它在武昌城的保安门外，离望山门仅仅两三百米。公元1613年熊廷弼因主管教育得罪了东林党的重要人物，接着安徽秀才芮永晋到督学衙门告状又被杖死，皇帝大怒，将熊廷弼免职。熊廷弼本是江夏纸坊街郭家岭村人，他自己可能没料到这次免职竟长达五年之久。在等待朝廷对自己命运的下一步安排中，熊廷弼不想闲着，他带头捐资，组织募捐，倡议修堤、修闸、修桥。武昌城到金口镇之间第一次有了长江大堤。新桥是熊廷弼免职期间为家乡做的一系列工程之一。熊廷弼的新桥不是桥梁意义上的桥，而是在水中修建一排石磴，在石磴的两边树立木板，像闸门一样把水拦住，木板之间再填土，这样修筑起来的桥，就是一座土坝。1684年因为这个桥冬天堵塞巡司河，金沙洲老百姓请求拆除了石磴，而改成了木桥。熊廷弼修建的新桥正对武昌城的保安门。今天，这个地方仍然叫新桥。

The
Biography
of
Wuhan

武汉传

江汉交流

第三章

汉水的新河道

汉水进入江汉平原后，从潜江、仙桃向西南，从天门、仙桃之间的夹洲转向东北进入汉川，在汉川境内它像荆江一样九曲回肠，在新沟再转向东南，朝武汉市的蔡甸奔去，从蔡甸与东西湖之间穿过，抵达武汉市的硚口。进入硚口后在汉阳的琴断口与硚口的舵落口之间转一个急弯，由东北突然向东南。剩下的路，基本呈东南向，顺直地从龟山北与龙王庙之间进入长江。今天看起来，汉水在平原上一路行来，轨迹并不复杂，似乎一清二楚。

但事实并非如此，在形成今天汉水入江的通道之前，汉水进入长江的通道不但非常杂乱，而且一直处于演变之中。汉水原先有多个入江口，分岔注入长江，比如，在汉阳的版图上，汉江曾经在今天蔡甸城附近有一条河道，经太白湖，连通沌水，在百人山下游的马影河口进入长江，这条水道也分叉到小军山下游的沌口入江，加上汉阳鹦鹉洲附近的入江口，汉江在汉阳至少有三个入江口。又如，在汉口的地盘上，汉江曾穿过潇湘湖从谌家矶入江，也曾在谌家矶下游的沙口入江，沙口也是武湖水的入江口。

由于水流冲击，河道演变，明成化年间汉水再次改道，终于在汉阳龟山以北原先较小的入江河床上形成了汉水唯一的入江通道，其他入江河道

汉水入江口，左岸为汉口龙王庙、右岸为汉阳南岸嘴。（侯国龙 摄）

均逐渐淤塞。这便是我们今天看到的汉阳与汉口之间的汉水入江口。这一次改道把长江以北的汉阳分成了两个部分，形成了今天的武汉三镇的地理格局。

郦道元在《水经注》"沔水"中说："沔水又东径沌水口，水南通县之太白湖，湖水东南通江，又谓之沌口。沔水又东径沌阳县北，处沌水之阳也。沔水又东径临嶂故城北。……又南至江夏沙羡县北，南入于江。"这段话中所说的"太白湖"今天已不存在，但嘉靖《汉阳府志》记载，太白湖在九真山之南，西南接沔阳，也叫九真湖、白湖。湖泊周长二百多里。春夏泛滥，与杨孟池、新滩、马影、蒲潭、沌河，合而为一，冬涸始分。郡境诸湖，太白为最大。今天可以看到"马影河"由通顺河（武汉境内也称长河）在汉南东城垸分出，并一路吸纳周围湖泊的水，向东穿过汉南纱帽大道，最后在大军山北汇入长河，从沌口进入长江。它汇入长河的对岸就是"下蒲潭"，而往北，在官莲湖与状元湖之间是"蒲潭"，新滩则在汉南西边东荆河与长江的交汇处，它的北面是一连串的湖泊，五湖、张家大湖、沉湖等。在九真山南面，涨水后水面能够西到新滩，东连蒲潭、马影河，这真是一片庞大的水，几乎囊括了现在的小奓湖、官莲湖、桐湖、金堆湖、独沧湖、前栏湖、马影河、黄丝河、通顺河、沉湖、张家大湖、东荆河、五湖。

即使在21世纪的今天，如果在洪水季节，从沌口街上高架桥，沿武监高速向西，一直到新滩口东荆河大桥，依然可以看到沌口与小军山之间、水洪口与新滩之间，还存在这样浩渺的壮观景象。这里说的沌口就是今天沌口路附近烂泥湖堤的终点，长河的入江口。

依据郦道元的描述，"沔水又东径沌水口"，这就是说，在他那个时代，汉水有一个分支"沌水口"，这个分支流过九真山附近，然后把水灌入太白湖，最后从长江边的沌口出去。而今天我们看到的，从沌口进入长江的水来自东荆河、通顺河、马影河等，这些河流在武汉境内并不直接与汉水相连。

在汉阳的郭茨口，今天还可以看见一条小河，即琴断口小河。它从米粮山西侧弯过，向南经过龙阳湖、小岔湖、张达湖、青林湖、知音湖、西湾湖、后官湖，而后官湖与朱山湖、烂泥湖、汤湖就只隔着一条朱山湖大道，马路南侧是长河及其入口处沌口。知音湖、三角湖、南太子湖今天还有水路连通；龙阳湖与知音湖、三角湖之间有朱家新港穿过；北太子湖、南太子湖本来就相连。可以这样说，从米粮山向南一直到沌口开发区的朱山湖，这一线的湖泊过去都连在一起，从郭茨口分支出来的汉水支流把这些湖泊串起来，然后流入长江。

在1908年舆地学会出版的《湖北全省分图》中，可以清晰地看到东西月湖在长江边的晴川阁、汉阳城都有出水口，上游出水口绕过大别山、汉阳城南门半圈后入长江，出口边即鹦鹉洲；下出水口绕过大别山下的"铁政局"到晴川阁入江。

今天，很难通过地图去描述汉水改道前汉口的水系及其与长江的联系。原因之一便是汉水改道之前，没有行政区划意义上的"汉口"，当时的汉口都是汉阳。从1908年的《湖北全省分图》中可以发现，在今天武汉的地域范围内，汉水改道前长江以北，只有汉阳、黄陂。而这个地图的勘测与绘制时间距离汉水改道已经有四百多年，由此可以想象比1908年还早400多年的长江以北，理应更加荒芜，它的汉阳特征更加鲜明和浓厚。

"襄河，在汉口北岸十里许，即古汉水正道。汉水从黄金口入排沙口，东北转折，环抱牯牛洲，至鹅公口，又西南转北，至郭师口，对岸曰襄河口，约长四十里，然后下汉口。成化初，忽于排沙口下、郭师口上，直通一道，约长十里，汉水径从此下，而古道遂淤。"这是明嘉靖《汉阳府志》对"襄河"的介绍，文字不长，但对理解汉水的改道及其与汉口的关系至关重要，而且，这段话也是颇为"费解"的一段话，后来关于汉水入江河道的争论大都与对这段话的理解有关。

不过，这段文字有几点应该没有疑义。首先，改道之前，汉水从郭茨口穿过汉口进入长江的河道是40里长，改道后从今天的河道到南岸嘴进入长江长约10里。其次，改道时间，成化的起止年是1465年到1487年，"初年"有人理解为最初的一段，有人认为就是元年。对汉水改道的时间，后来大多数学者都写为1465年。

令人费解的有两点，一是汉水故道40里的线路，二是这40里的起止点。按照嘉靖《汉阳府志》的叙述，汉水是这样流的，黄金口—排沙口—牯牛洲—鹅公口—郭师口，郭师口对岸是襄河口，从襄河口到入江口长40里。郭师口即今天的郭茨口，在今天的汉江二桥附近，它的对岸就是硚口的宗关。如果把宗关当襄河口，从这里到江岸区的丹水池、堤角一带入江，其长度大致符合古人对汉水故道的描述。但当代很多人考证，牯牛洲在现江汉区境内的后襄河南路附近，这里现在仍然有牯牛洲社区。

鹅公口则在今天的江岸区境内，黎黄陂路、一元路一带。

鹅公口的下一站才是郭师口，襄河从宗关进入汉口后，难道经过牯牛洲、鹅公口之后，从汉口又绕回到了汉阳的郭师口？汉水先"东北转折"再"又西南转北"，这显然是两个弯道，第二个弯道之后才抵达"郭师口"，然后从襄河口穿过汉口。在排沙口与郭师口这两个点之间的"牯牛洲""鹅公口"怎么会远在汉口的江汉和江岸呢？因此，理解这段对汉水河道的叙述，关键在于找到汉江弯道上"牯牛洲""鹅公口"的位置，不然就无法理解。合乎逻辑的理解是，一些人对牯牛洲、鹅公口的位置的理解是错误的，或者说历史上，在汉江河道上还有另外的地名叫牯牛洲、鹅公口。遗憾的是，由于历史久远，地名变迁，今天难以找到有关"牯牛洲""鹅公口"更多的信息。

1908年的《湖北全省分图》中所显示的襄河进入汉口的位置并不在宗关，而在仙女山、禹粮山附近弯道上的"彭家墩故垒"对面，这个口子一边是"拖路口塘"，一边是"祝家墩"。比照今天的汉江河道，这个口子就是汉阳黄金口对面的舵落口。"拖路口"即今天的"舵落口"，"禹粮山"即今天的"米粮山"。"彭家墩"就在黄金口这个弯道的尖嘴上，今天汉江上的长丰桥从这里穿过，北岸是舵落口大市场，南岸是彭家墩。如果是这样，汉水改道前从舵落口穿过汉口进入长江的路程是40里吗？而且，既然如此，嘉靖《汉阳府志》为什么不写黄金口对岸即襄河口，却非要写郭师口对岸即襄河口。几百年沧桑，这些疑问或许永远成为疑问，吸引人们不断去寻找答案，好在它们并不影响一座城市崛起的节奏。

在汉水没有从龟山北进入长江之前，今天长江以北汉口的土地上原本就存在诸多河流和湖泊。从黄陂向南的滠水、武湖水，从黄陂黄花涝向南的沧水，从孝感、东西湖方向流向汉口的府河、泾河，以及后湖、童家湖、麦加湖、新教湖、白水湖、东湖、西湖、什仔湖，等等，这些水或从谌家矶注入长江、或从堤角注入长江。不同的是，汉水是西向东，大致沿舵落口、古田、汉口火车站、竹叶山、丹水池一线穿过汉口，其走向与从长丰大道高架、二环线、竹叶山立交到二七长江大桥这一线平行。这条线的西北是来自孝感、东西湖的水，北面、东北则是来自黄陂的水。看起来，襄河故道的走向与汉江从舵落口到集家嘴一线、长江从南岸嘴到丹水池一线，刚好构成一个三角形。因此，汉口这块土地的东南是长江，北面、西北是滠水、沦水、府河、泾河以及众多的湖泊，汉水由西向东穿越汉口的腹心。可以想象1465年之前这块土地的面貌。

汉水改道之前的汉口并没有常住居民，在芦苇和沼泽中出没的多半是渔民、飞鸟，水泽大地并不适合定居生活。对此，浙江南浔人范锴（1765—1844）有过生动的叙述："汉水多经曲折，水道狭窄，含沙较多，每至汛期，由上游奔腾而下，一面由小江口出江，一面由大硚口横流入后湖之黄孝河，故汉口之淤渍成洲，势所必至。"根据他的记述，汉口在汉水改道前的七八年（1457—1464）才有人居住。即使在改道多年之后，汉口的大部分土地依然是荒芜的。大约汉水改道60年后，1526年，明朝的湖广巡抚黄衷因公差路过汉口，他在《汉口》中写道："扬帆风力正，数里过晴川。客饭鸡鸣午，王程雁影边。喧声闻阛渡，快意羡回船。问俗今何去，荒凉已目前。"作者毫不掩饰，既写了渡口的喧闹，也写了汉口的荒凉。

尽管对汉水改道的确切轨迹充满许多争论，有一点却是不争的事实，这就是新的入江口，为汉口的崛起开辟了道路。汉水从龟山北麓入江，从汉江往北方的航程缩短了，而且通常情况下，长江的水位会比汉江水位高，一旦到了汛期，长江的高水位就会对汉江产生明显的顶托。这种顶托有两个明显的效果，一是使得汉水进入长江的泥沙速度变慢，在长江与汉江交汇处形成一条界线，浑浊的长江与清澈的汉江泾渭分明。第二个效果

消失之前的玉带河（图片引自《汉正街志》）

是使得汉水入江口的水流平稳，适合船只停泊。正因为此，改道后的入江口很快成了进出汉水的码头。码头的兴起，依托码头的货物转运、储存、交易、搬运、店铺、商行纷纷应运而生。

为了阻挡汉口集市以西、以北的洪水，1635年汉阳通判袁焻在码头集市的西北、东南一线，修建了一条五公里的大堤。1635年，明朝政府要应付的事情太多，李自成起义，山西、陕西、河南的瘟疫，宦官之祸、党争之祸、财政拮据，等等。如此局面，朝廷怎么顾得上汉阳的一道小堤。但袁焻却决意要在西起硚口、东到堤口修筑一条五公里的河堤，把汉口集市围起来。为了解决修筑大堤的用土问题，他在大堤的外围挖出了一条壕沟，这条壕沟后来被命名为"玉带河"。随后的岁月里，玉带河上架起了30多座小桥，今天的硚口、保寿桥、广益桥、六渡桥等都来自玉带河上的桥名。

长堤挡住襄河故道和后湖、黄孝河的水之后，各地的商品和货物开始向汉口汇集而来，两湖转运到北方的粮食，江淮转运到川、陕的淮盐，以及竹、木、油、茶、皮、药材、棉花，等等，南来北往、五花八门、种类繁多，汉口的集市逐渐兴旺起来。人流和货物的云集，催生了许多以地域为纽带或以行业、货物种类为纽带的民间团体，宁波帮、太原帮、汾州帮、红茶帮、盒茶帮、卷茶帮、西烟帮、花布帮、西药帮、土果帮、西油帮、匹头帮、皮货帮、皮纸帮、汇票帮……原来的沿河码头和沿汉水而建的河街已经不能满足贸易发展的需要，如此，在码头、河街基础上扩展出正街，正街之后又有了内街、夹街、黄陂街，以及与街紧密相连的里巷。

此时，长堤内，从汉正街到黄陂街，河边帆樯高立、岸上商贾穿梭、店铺栉比；长堤外河湖荡漾，大桥小桥，荷红柳绿。在长堤的托举下，汉口这个临江集市终于与佛山、景德镇、朱仙镇齐名。汉水改道60年之后，1525年的乾隆《汉阳府志》记载，汉口居民从几户人家增加到了1395户。到1796年，汉口居民已达3万多户。从1525年的1000多户，到1796年的3万多户，历史又走过了200多年。

大盐仓

大多数城市的崛起都与政治、军事因素紧密相关，但江汉平原的城市，江湖之滨的城市不一定是这样。河湖密布的南方，很多城市都是因为码头以及保护码头的大堤而崛起的。毫无疑问，汉口是这种崛起方式的典型。

在汉水改道把汉口与汉阳分开之后，在袁焻修建的长堤与汉江、长江之间所围成的三角形集市中，有一条叫淮盐巷的巷子后来成为汉口著名的里巷，它之所以惹人注目，是因为淮盐。淮盐巷是淮盐分销以及盐务管理的基地。淮盐巷并不长，不到200米，宽约3米。20世纪90年代淮盐巷在利济路以东，北面是大夹街，南面是汉正街。再往南就是沿河大道和邱家巷码头。从明朝起，这里就是盐商的聚集地，传说第一个来这里开店卖盐的姓吴，当然也没证据。这个巷子之所以被人惦记，一是清代晚期，这里兴修了许多与中国传统建筑不太一样的房屋，从巷子里走过，头上不时会遇到一座过街楼。过街楼其实就是道路上一个房子跨街而过，人走在下面不会淋着雨，有一点湘黔等地河面上常见的风雨桥的味道。楼是雕花的木楼，住在上面的人倚窗而望，街上的热闹尽在眼里。巷子两侧的房子外墙全部连在一起，一律都是两层，门、檐、窗等借鉴了一些欧式联排别墅的元素。另一个因素是清代这里设置了淮盐运销管理机构。今天，正在旧城改造的淮盐巷保留了清代"淮盐总局"的房子，这栋方方正正、坐北朝南的建筑，有高耸的门柱，宏伟的前廊，远远地便能感受到当年盐业管理机构的霸气。

汉口集市刚刚兴起的明代，当然没有淮盐巷，但汉口淮盐的销售却在不断增加。这首先得益于从海边盐场到汉口的水路畅通。1021年，32岁的范仲淹从安徽亳州调到泰州，负责淮盐的生产、储运和转销。范仲淹力排众议，力主修筑一条海防大堤。1024年秋天，海防大堤工程开工了，几个月后，仪征上游的长芦河也开挖了，这条河把运河的入江口向上游迁移了40多里，这样，漕运盐船可以避开八卦洲附近的长江险段。1026年海防大堤还未竣工，范仲淹就回家奔丧去了，临走前，他请求在泰州担任知州的张纶一定把工程做完。1028年张纶完成了范仲淹未完成的工程，一条140多里的大堤，保护了泰州周围的盐场。修筑大堤取土的深沟，形成了一条串联起十几个盐场的运河，即串场河。张纶在淮南六年，疏通了淮南盐区其他淤积的渠道，并允许盐户多生产盐，一系列措施使得运输到湖广的淮盐数量迅速增长。

汉口淮盐分销的再一次增长则受惠于盐政的改革。明代的盐政，开始的时候是让边商到边境地区缴纳粮食，换取购盐的数量，这个数量实际上是一张券，边商把这张券卖给内商，获得一定数量的盐。这个方案既可以解决边境军粮的供给，又能确保食盐的专卖和财政收入。但在实际操作中，却出现了"盐引壅积"。盐政不得不改革，改革方案的提出者是湖北蕲春人袁世振，一个官阶不高却很务实的财政官员。袁世振任山东司郎中时，就对摆脱盐业困境提出了十点建议。尽管人微言轻，大多数同事并不看好他的建议，但明神宗却觉得可以一试。于是，1617年袁世振有了新职务，疏理两淮盐法道、山东按察司副使，他给自己的改革方案命名为"纲盐法"。即把盐商手中堆积没有支付的盐算作一纲，每年消化一纲，其他九纲继续发放新的销售指标，从此把食盐收购、销售的权力都交给商人，并可以继承。

袁世振的办法效果显著，1617年，实施商人垄断公盐运销的"纲法"制度后，在汉口从事淮盐交易活动的盐商迎来了"十里通津驻盐艘"的黄金时代。

今天，人们很难把明朝时期汉口著名的盐商列出一个名单来，但历史上淮盐最大的商人程奭就在汉口经营过淮盐，他的盐号叫"谦德"。程奭的父亲程大典是扬州第一代盐商，明中叶之后，徽州的盐商取代了山陕盐商的地位，《两淮盐法志》记载了400多位盐商，其中近80%来自安徽徽州，而百分之八十的徽州盐商又有40多人来自今天著名的旅游景点江村、宏村。1649年，徽州籍汉口盐商程奭、黄克念商量把淮盐生意扩大到湖南湘潭，但他们不知道湘潭刚刚经历一场大屠杀，先是张献忠，后是清军，接连的屠杀导致整个湘潭几乎空城。程奭、黄克念的盐船到达湘潭时，他们看到的景象是尸骨遍野，磷火闪烁，鬼哭狼嚎，于是二人捐钱买了十几亩地，在当地僧人的协助下，用竹篓子收拾尸骨，三篓子埋一个墓穴，用了三个月时间，埋了200多个坟堆。将街头的尸体收拾干净，埋葬完毕，又立碑，撰写了《白骨冢碑记》。传说收尸过程中，为了辟邪，他们口含槟榔，因此槟榔后来成为湘潭人的至爱。湘潭人至今铭记这两位来自汉口的盐商，他们把这段历史写入了《湘潭县志》，提醒后人不忘程奭、黄克念的恩情。

从汉口去湘潭开拓生意的不止程奭、黄克念两位，就在程奭、黄克念去湘潭的同一时间，另一位徽商已在他们之前从汉口去了湘潭，并亲身经历了湘潭的大屠杀，他叫汪辉。汪辉一直在武汉与湘潭两地之间经商，他不专门经营淮盐，而是同时关注盐、米、药材的价格，什么赚钱就把什么运到湘潭。汪辉本来邀约程奭、黄克念重修白骨冢，但20年后湘潭再一次经历吴三桂的屠杀，于是，1681年由汪辉本人发起，与诸多汉口盐商一起修整了"白骨冢"，同时为程奭、黄克念修建了一个纪念亭。这个过程的深意在于，汪辉发起的这次活动，出资方不是他本人，而是"匣友"和"公匣"。"公匣"类似于盐商的商会，每个盐商上交一定数量的钱，由"公匣"掌握，用于为盐商服务的各种开支。汪辉在文章中提到经费来自汉口的盐商公匣，侧面说明明末清初汉口盐商群体的壮大，以及民间组织的活跃和成熟。

清代盐政改革前，尽管汉口淮盐巷的名气还没有真正响彻湖广，但淮盐的经销量已经名列前茅。雍正、乾隆两朝年间（1723—1795），湖北额派淮盐557092引，后因巴东盐矿封闭，又增加了2526引的配额，合计559618引，总计两亿多斤。对汉口在食盐销售中的垄断地位，汉阳知府陶士偰无比自豪，1747年他在主持修《汉阳府志》时，特地把淮盐销售写下隆重一笔，汉口"盐务一事，亦足甲天下，十五省中，亦未有可匹者"。陶士偰是清代湖南宁乡第一个进士，从1747年到1751年，他在汉阳府做了四年知府。

淮盐巷真正的兴起和闻名是在清代盐政改革之后。清代盐政重要的两次改革，都与湖南人有关，一个是陶澍，一个是曾国藩。1802年，资江边的陶澍成为安化县第一个进士，从政的前一阶段，陶澍是一位名副其实的水利专家。从1823年起，他在长江下游的安徽、江苏实施了一系列水利工程，任安徽巡抚后，又在淮河流域的凤阳、寿县、凤台等地开挖引河，还在洪泽湖、太湖流域等地修筑大堤。这些水利工程有两项对淮盐的运输产生了重大影响，即1830年在常州实施的疏浚孟渎、得胜、操港三河，1834年对浏河、白茆河的治理。此时，陶澍并不负责盐政，他兴修水利主观上不是为了运输淮盐，而是为了提高漕运效率，但客观上却促进了淮盐更顺畅地向长江上游的汉口输送。

1832年陶澍有了机会对盐政进行改革。升职为两江总督后，他大胆提出，废弃过去的纲盐法，实行票盐制。他的改革方案《会筹盐务章程折子》比过去袁世振的多五条，共十五条，约六千字，其中第十一条"疏浚运道"，他在治理江淮水利时已付诸实施。这个方案的关键在第五条即"裁选总商"，打破官商垄断，每个老百姓只要纳税，都可以请票，贩卖官盐。这个方案最大的风险是对原来盐务"总商"利益的触动，必将影响个人的政治前途，因为大多数总商资本雄厚，还代表整个盐商群体与盐官、朝廷打交道，同时又履行部分政府管理的权力。乾隆六次下江南，都有淮盐总商江春参与接待，只此一例，足见盐务总商与官场之间关系的错综复杂。陶澍釜底抽薪的做法，果然带来接连不断的造谣中伤，但他不以为然。

陶澍在写给皇帝的盐政改革报告中，至少两次表达对淮盐分销中心"汉口"的"不满"。在提到改革运输线路、增加销售口岸时，陶澍认为以"汉口"为中心并不科学，至少不是最有效率的设计。比如，江西一些地方，湖北东部的黄冈、黄石等地，它们地处汉口下游，而往往要到上游的汉口批发盐，把盐运回下游，而把淮盐从扬州、仪征运到汉口时，已经路过这些汉口下游的码头。假如在江西沿江增加销售点，在湖北东部增加销售点，经销商就不必费事跑到汉口批发盐，盐船沿长江上行时直接就把盐送到了销售口岸，少走很多弯路，缩短了销售周期。另外，所有的淮盐都集中在汉口分销，滋生诸多弊端，比如，大量的盐船积压在汉口江面，一艘一艘排队等候，按照先后顺序发售，如此很多盐船不能及时返回，资金无法收回，而且，长期积压，使得盐商可以囤积居奇，抬高价格，甚至倒卖、掺假，或者故意把船凿沉、烧毁，制造损失。当然，在汉口这个垄断口岸上，五花八门的加价、收费，也是一大积弊，仅仅1830年汉口湖广淮盐销售口岸，各种名目的收费就达100多万两白银。

陶澍的话或多或少让人对汉口的淮盐销售中心有一些误解。实际上，按照陶澍的建议，盐船到汉口，即来即销，不再排队，无疑缩短了周转时间，清空了汉口积压的盐船，结果是，到汉口的淮盐数量并未减少。即使增加销售口岸，也没有影响汉口的淮盐运销枢纽地位。陶澍的盐政改革很快就见到了成效，实行票盐制之前，两淮盐政亏损700多万两，实施改革后的1837年，淮盐的征税完成2640余万两，实现了扭亏增盈。本来，陶澍对盐政还有许多设想，但1838年的一场大病，终止了他的雄心。

当陶澍大刀阔斧改革沿用了近二百年的纲盐制时，曾国藩正在求取功名的路上奔波。1835年曾国藩会试未中，1836年恩科会试再次落第，在这次考试中，后来与他共同战斗的胡林翼却幸运进士及第。传说1836年考试失败后，曾国藩在返乡途中专程去南京拜访仰慕已久的老乡陶澍，但门卫没有向陶澍报告，自作主张将曾国藩拦在了门外。很多错过，一旦发生就是永远的遗憾。1838年，曾国藩第三次进京赶考，终于成功登第，第二年六月，他的同乡陶澍病逝于南京，历史上两个著名的湖南人终于没能见上一面。

尽管曾国藩没有机会面对面向陶澍请教，但这一遗憾并不影响曾国藩在晚清政治舞台上的崛起。他的人生与陶澍有很大的不同，他不可能像同乡、长辈陶澍那样去治理水患、兴修水利、振兴漕运等，曾国藩走上政坛的时候，清朝政府危机四伏，衰相毕现，吏治、人才、农业等，每一个领域都有太多的问题需要解决。但形势不等人，这位本来想在中央机关大展拳脚的政坛新秀，被一纸命令派到了战场，他的人生很长一段时间不得不忙于南征北战，同时，也忙于与战争捆绑在一起的盐政。

在以往朝代的政治体制中，很少出现曾国藩这样的情况。组建湘军之前，曾国藩是二品官员，先后担任过内阁学士，礼部侍郎，署兵、工、刑、吏部侍郎，1852年初他的身份还是吏部左侍郎，当年底，着手组建湘军时清政府并未任命他新的职务，1860年4月曾国藩才有新职务，加兵部尚书衔，署两江总督。八年之中，曾国藩似乎是朝廷的官员，但又置身政府体制之外，率领一批幕僚和湘军，在江南大地上打造着独立王国。曾国藩体系的独特之处在于，十万湘军是他自己招募的，不是政府的。军饷是自筹的，不是朝廷财政供养的。各级将领和官员主要是他自己任命的。

曾国藩的财政体系包括劝捐局、厘金局、盐务局，每个局在江南的江西、安徽、湖南、湖北、江苏、广东等设有下属机构、分支机构，比如汉口劝捐局、汉口厘金局、湖北督销局。这个庞大复杂的财政机构负责为曾国藩的湘军募捐资金、征收税款以及组织食盐的运输、销售、征税。与朝廷的政府部门运转机制相比，这是一个十分高效的体系。1855年1月湘军在鄱阳湖、湖口、九江接连失利后，船只损失巨大、后勤供应不上，曾国藩只能一边应付太平军一边修船，但在胡林翼、彭玉麟等的支持下，3月，就从湖南补充了100多艘新船和3000人的水军，大炮、火药、银钱也得到了补充。在曾国藩的征战中，仅湖北巡抚胡林翼1856年至1859年，就接济曾国藩湘军70多万银两，这些钱大多来自淮盐销售的税收。

在曾国藩财政体系的运转中，汉口再一次彰显了它在淮盐分销中的地位。在与太平军的胶着战事中，曾国藩对盐政倾注了极大的精力，他陪最大的盐商下围棋，与盐商交朋友，在江南各省到处招募富商加入运盐、卖盐的队伍。他深知盐业与正在进行的战争的关系，没有无数盐商源源不断提供巨额资金，他与太平军你来我往的交手，将无法持续下去，后人甚至认为，曾国藩的成功，一半归功于淮盐和盐商的贡献。

为了尽可能多地筹集到经费，曾国藩对江淮盐政出台了超乎常规的措施，取缔了食盐运销中的小商小贩，给贩运淮盐设置了一个门槛，一票起运，上不封顶，但一票最少是120引，一引就算400斤，所需资本也是一个很大的数字，没有实力的商人自然被拦在了门槛之外。曾国藩的目的就是要招募富商参加到淮盐运销的行列，他成立招商局，专门负责招募商人卖盐，为此，他亲自起草方案，向商人解释方案，还与各地的盐商交朋友。有人对曾国藩下围棋做过统计，从1841年到1854年，他下过1000多盘围棋，其中的很多盘就是他与盐商程希辕、程桓生、程锦和三代人的对弈。程希辕长期在曾国藩的大营里做幕僚，与曾国藩的交往早已超出上下级的工作关系，有着深厚的友谊。程希辕的大儿子程桓生并不是一般的富二代或官二代，他年轻时就能靠教书赚钱。1850年39岁的程桓生考中进士，这一年的主考官恰好是曾国藩。讽刺的是，太平天国在桂平起义时，程桓生就是桂平县的知县。1851年7月程桓生到桂平县任知县时，洪秀全等人已经在桂平发动了起义，并不断向北进军。尽管1852年冬、1853年春，程桓生曾两次率队击溃小股散兵游勇，但仍以防御不力被革职。1854年，被革职的程桓生遇到了代表曾国藩在广西招兵的李孟群，并迅速被曾国藩召到湘军大本营，成为曾国藩身边的幕僚。程桓生当然不是来陪曾国藩下围棋的。作为盐商的后代，程桓生年轻时在扬州就熟悉盐务，湘军攻下南京后，曾国藩多次就自己的盐政措施征求程桓生的意见。当了14年幕僚后，因为川盐侵占两湖的食盐市场，淮盐售销不畅，1867年曾国藩派他到汉口整顿盐市。1868年李鸿章又任命程桓生为湖北督销局道员，此后，程桓生两度出任两淮盐运使。

程桓生并不是最早被派到汉口管理淮盐市场的官员。1863年两江总督曾国藩奏请恢复四岸（湘、鄂、西、皖）的淮盐市场，并派杜文澜到汉口督办。《曾文正公年谱》在"同治二年"下记载："四月……十二日，驰摺奏石涧埠、庐江、桐城、舒城、六安州先后解围情形。……又具摺奏江、楚各省本淮盐引地，被邻私侵占日久，非一蹴所能规复。……派委知府杜文澜试办官运淮盐，行销于楚岸。"此时，湘军与太平军的战事正处于关键时刻，南京外围的危险还未完全解除，曾国藩已着手整顿淮盐市场。杜文澜自己在《淮醝纪略》中也写道"同治二年五月，猥膺荐牌，以监司督章（赣）皖楚醝务，驻汉皋地"。曾国藩年谱记录的时间与杜文澜自己记录的时间基本一致，可见，1863年，清政府已经在汉口设立淮盐运销管理机构并任命了官员。在1877年的《湖北汉口镇街道图》上可以看见，从汉江边"五圣庙码头"向北过一个路口，就是督销淮盐总局，它的旁边就是"五圣庙"。此后从这里陆续衍生出了淮盐巷、淮盐一巷、淮盐二巷，盐商不断向这里聚集，与盐相关的稽查、警务机构也在这一带设立，一个以淮盐总局为中心的小型社区形成了。

清代学者俞樾在给杜文澜写的墓志铭中说，杜文澜是浙江秀水人，他的人生不是走的科举入仕，而是用钱捐了一个小官，后来做到了江苏道员。曾国藩进南京城后并没注意到杜文澜这个小官，但他在府衙看到一副楹联，对人、地、事处理得非常贴切，经打听，原来出自杜文澜之手，这才让人把杜文澜叫来，从此杜文澜进入了曾国藩的幕府，与程桓生、沈葆桢等成了同事。杜文澜更贴切的身份是著名词人，在晚清诗词界他被认为是吴中词派的代表人物，他的词学专著《词律校勘记》以及他编辑的《古谣谚》颇有影响。1877年，杜文澜因吸食鸦片被免职，弹劾他的正是当年的同事沈葆桢。

杜文澜在汉口治理淮盐的业绩不得而知，但他为武汉写了一首忧伤的词："记波涵紫蝶，雾幂丹梯，频展吟眸。念尔南冠久，问江城玉笛，曾听吹否。去尘顿如黄鹤，萍迹话浮沤。自战鼓西来，楚歌不竞，望断空楼。　　前游。漫回首，便十里春风，何处扬州。燐火迷荒岸，任雕镂金粉，都付沧流。素丝暗寻霜色，词客病工愁。怕赋冷晴川，萋萋草碧鹦鹉洲。"这首题为《忆旧游·与蒋鹿潭话黄鹤楼旧游》的词，把武汉风景之美、友情之重，置于战乱的背景和淡淡的惆怅之中，值得品味。作品标题中的"蒋鹿潭"也曾是江苏海边一个盐场的小官，丢官后居住于泰州专事诗词创作。

太平天国战争中，为筹集军饷，曾国藩做出让步，允许川盐在湖北部分地区销售，汉口的淮盐分销量开始下降。但一旦战局已定，曾国藩就开始振兴淮盐在汉口的地位。1868年他第二次向朝廷写报告，陈述湖北市场对淮盐的重要性，要求取缔川盐在湖北的销售，"楚省本系淮南引地，定额最多，销盐最广。从前淮纲盛时，岁征各岸课银甲于天下，其征诸苏省者不及十之一，征诸江西、安徽者不过十之三，征诸两湖者则居十之六。是淮纲之兴替，全视楚岸之畅滞为转移"。最终，朝廷为平衡两湖、两淮、四川三方利益，建议曾国藩、李鸿章等人统筹兼顾，逐步恢复过去的淮盐地盘。尽管如此，据武汉地方志记载，即使在战争时期的1858年，经汉口分销的淮盐仍达4亿斤。到清末，汉口八大行业中，第一大行仍然是盐行，年贸易额约四五百万两。

战争结束后，为恢复经济、安置湘军，1865年曾国藩提议，将淮盐总栈由泰兴口岸迁回仪征，由于运口淤塞，先放在瓜洲，后因瓜洲崩塌，而移栈到十二圩。1871年，曾国藩组织疏浚了珠金沙河（盐河），将旧港以南约3公里的入江河道（新坝河）打通，从而连通了仪扬运河与十二圩，实现了运河与长江之间的畅通。曾国藩整顿淮盐市场和疏浚运河的措施，客观上巩固了汉口在淮盐销售的中心地位。

如果说明代汉口的盐商还不为人所知，清代的情形就不同了。清代是汉口盐商大放异彩的时代，城市建设、文化教育、慈善公益、抢险救灾、唱和雅集，总之，从生活风尚到社会发展，都能见到汉口盐商的身影。汉口，某种意义上就是盐商的汉口，盐商是汉口舞台的主角。清代活跃在汉口舞台上的盐商到底有多少，很难统计。据《汉口丛谈》《续汉口丛谈》

《夏口县志》《徽州府志》《歙县志》《黟县志》《汉口竹枝词》等地方志、行业志，以及不同时期文人的杂记，可以了解到，他们大多数来自安徽、江西以及江苏的扬州、仪征，而扬州、仪征的大多数盐商其实也是安徽等地的移民。从明朝开始，安徽徽州歙县、黟县等地的商人开始迁移到海边的淮盐场地，以扬州、仪征为中心安居下来，从事淮盐的运销，逐渐形成了程氏、汪氏、江氏、黄氏、吴氏、曹氏、鲍氏、叶氏等盐业家族，这些安徽人世代以淮盐为基业，后来逐渐扩展到茶叶、米业、当铺等行业。扬州、仪征是淮盐收购、集中、装运的起点，盐的终端则是湖南、湖北的城镇村庄和千家万户，营销体系的枢纽则是汉口，因此，盐商家族在汉口都有自己的代理人，他们的人生游走在汉口与扬州、仪征、徽州之间。

不是每个在汉口经营淮盐的商人都被写入了历史，但从后来的文献中常常可以看见一些代表人物的名字，安徽歙县人曹文植、江承东（江村人）、江昉、江禹治、吴长庚、黄以正、黄心庵、吴钟、巴树蕃、巴慰祖（巴莲舫）、吴美堂、吴仕潮、吴邦治（吴鹤关）、鲍筠庄（鲍兆瑞）、洪檀（洪旃林）等；安徽霍邱人程浩亭；安徽新安人吴浦舟、汪湘；安徽桐城人姚小山；婺源人程栋、戴公选；安徽休宁人孙兆麟；安徽黟县人汪承嘉、汪定贵（宏村人）；江西高安人胡赓堂、江西吉安人周扶九、江西南昌人黄文植；江苏丹徒人包云舫，等等。

不少人提及汉口的盐商，都忘不了描述盐商在汉口的房子和奢华生活。比如，谈包云舫，必说他花巨资修建的"怡园"，这个文人墨客品茗吟诗、挥毫泼墨的庭院被称为"汉上胜地"。很多人以为这个高档的会所在汉口，其实它在汉阳，在龟山南麓的莲花湖旁，如今这里是中国桥梁技术的核心基地中铁大桥局所在地。包云舫，江苏丹徒人，他不仅是成功的盐商，也是造诣极高的书法家，更可贵的是他极其热爱社交，诗人、书法家、画家、雕刻家、学者，他都结交，南来北往的文人墨客只要到了汉口，包云舫都会请客，朋友有难，包云舫也会积极出手相助。为给往来朋友提供一个优美的环境，包云舫决定效仿顾瑛，造一个园林。元代文学家顾瑛不愿做官，在昆山界溪边修筑玉山草堂，造园、池、亭、馆等几十处景观，专辟招待客人的客房，邀请诗人、书法家、画家，定期聚会，饮酒赋诗，泼墨作画，游山玩水。这个名叫"玉山雅集"的活动，后来成为与西晋"金谷园雅集"、东晋"兰亭雅集"、唐朝"滕王阁雅集"、北宋"西园雅集"齐名的文人雅集活动。包云舫买下汉阳显正街东门外的朱氏旧园子，将其扩建成"怡园"，"怡园"内有亭台、廊阁、梅花、竹林、荷池，甚至有悬崖、石洞、瀑布。《汉口丛谈》记载的很多社交雅集都发生在怡园。历史上，显正街从汉阳府城中央穿过，从西边的凤山门向东延伸至长江边的朝宗门。这样说，怡园就在府城东门与朝宗门码头之间，北面是莲花湖，东边即长江，江对面就是黄鹤楼，往南不远处就是鹦鹉洲头。这无疑是个文人墨客聚会的好地方。盐商修建的著名园林，还有洪檀在居仁坊修建的"谁园"。

  修建园林的盐商毕竟是少数，大多数盐商还是热心投资住宅。比如，胡赓堂的碧云里。碧云里是清芬路的一个里弄，据说这个里弄所有的房子都为胡赓堂所有，胡赓堂还在汉正街买下了永茂里、瑞庆里等几个里弄。永茂里就在汉正街淮盐公所附近，与淮盐公所隔着绍兴会馆、余庆里。碧云里处于京汉大道以南，中山大道以北，从这里到当时汉口的中心汉正街不到一千米。过去，清芬路是汉口的服装销售中心，武汉的男女老少都到这里来挑选衣服，今天这里正在大规模改造。胡赓堂的父亲在汉口开茶庄，他在茶庄做学徒，如果没什么变故，他无疑会踏着父亲的足迹成长，继承茶庄，成为一个茶商。曾国藩推行盐政改革，大肆招募盐商时，据说胡赓堂的父亲被摊派了三张盐票。在长江水路不通的战争中，没人把这些摊派的盐票当回事，可曾国藩攻下南京后，盐票值钱了。作为遗产，胡赓堂得到了父亲手中的一张盐票。从此，胡赓堂在淮盐巷附近的石码头开店设号，茶庄的学徒转行，开始了他四十多年的盐商生涯。在1868年的汉阳县志图上，汉江边的老官庙与沈家庙之间有七条巷子，从老官庙开始，石码头是第三条巷子。胡赓堂后来拥有了广昌和盐仓、永茂隆盐仓，据说他也买下了挨着石码头的永玉河巷。

与江西老乡胡赓堂的经历相似，吉安人周扶九一开始也是学徒，他在一个绸布店跑腿，帮老板收账。湘军与太平军的拉锯战，让淮盐无法运到汉口，盐商有盐票却领不到盐，手中的盐票成了一张废纸。周扶九并不认识盐票，也不了解盐票背后的盐政，当有人想用盐票抵账的时候，他就收下了。但他的老板拒绝以这些不值钱的盐票抵账，周扶九只好把盐票带回了家乡，他没有想到，正是这几十张盐票改变了他的命运。曾国藩的湘军攻下南京后，运盐的船又可以从仪征到汉口了，而且，周扶九手中的盐票依然有效，凭票到汉口就可以领盐、卖盐。转眼间，绸缎庄的小伙计周扶九成了汉口的知名盐商。周扶九是塑造汉口街道格局的重要角色。汉正街中段的鲍家巷，王家巷附近的黄陂街，中山大道北面的汉寿里、五常里（今名永康里）、三新横街，中山大道南边的民生路，都矗立起了周扶九建造的房子，在"英租界"，周扶九还拥有汉润里。周扶九在自己的地产周围都立下"周五常堂"的碑记，鼎盛时期，中山大道南北到处可见"周五常堂"的地界石碑。

来自同一个地方的盐商，往往会因为子女教育、处理矛盾纠纷、商量大事而联合起来，修建本乡人的会馆、庙宇、码头，等等。安徽新安盐商就以这样的方式建设了汉正街的一大片街区，今天这个地方叫新安社区。这一片以新安人为主的聚集区位于长堤街以南、大夹街以北、友谊南路以西，整个社区以徽州会馆（即新安书院）为中心。新安书院（也叫紫阳书院）的修建和重建持续了十几年。1644年到1676年间，汪文仪、余南宜、

77

新安书院旧址20世纪80年代风貌（黎德利 摄）

余本立、戴良玉、江箴极、程璋、吴宗熊等主持完成了寝室、尊道室、戟门、半亩池、藏书楼、御书楼、兼山丽泽。1734年，程璋、吴宗熊主持完成了魁星楼。1775年，程璋、吴元伦主持完成了新安街义阡。1795年到1797年，汪衡士等主持了报功祠、文昌阁的建筑以及寝室、御书楼等的重修。1799年、1800年，汪衡士、吴润苍等主持完成了六水讲堂、致一斋等项目。在书院建设过程中，徽州盐商还在汉江边开辟了"新安码头"，修建了新安街道，并新建了几十栋房屋，利用房租的租金维持书院的运转。一个规模宏大的新安社区就这样呈现在长堤街与汉江之间。

工程即将完成时，1796年，曹文埴为汉口紫阳书院（即新安书院）题写了两块匾额"表章功重""六水讲堂"。清代重臣曹文埴出生于扬州最大的盐商之家，曾任《四库全书》总裁官，官至户部尚书，乾隆六次南巡，都由曹文埴负责安排。1787年，因不愿与和珅为伍，曹文埴请求辞职回乡。回家乡后，主持重修了紫阳书院，振兴讲学之风。他也是京剧的开山鼻祖，1790年曹文埴把自己的私家戏班"廉家班"更名为"庆升班"，赴京为乾隆庆祝生日，这次戏班北上催生了京剧的诞生。他还是大收藏家，收藏了包括《兰亭序》及李白《上阳台贴》在内的重要藏品。在清代，曹文埴算得上重量级的文人，但寓居汉口的徽州人找他，他并未拒绝，因为书院事关教育，徽州人向来重视子孙后代的教育和培养。题写匾额三年后，曹文埴去世。

盐商在汉口，不光是赚钱，还做了大量公益事业。1837年7月，湖广总督林则徐自汉阳溯汉江而上，一直巡视到襄阳，然后将汉江的堤防按轻重缓急提出逐年必须加培，但汉江堤防向来没有修建、抢险、守堤的资金，林则徐于次年将典商局捐钱十万串发盐商生息，所获息钱作为汉江正堤防汛抢险之用，并设襄堤汛期修守制度。林则徐把钱给盐商生利息，显然是出于对盐商的信用和实力的看重，而且盐商能付给政府更高的利息。这是汉口盐商对地方水利建设的间接支持。

更多的盐商则是直截了当掏钱扶危济困，如江承东、巴树蕃、黄以正、鲍兆瑞等。1741年底大饥荒，纷纷涌来的饥民在汉阳搭棚子栖身，江承东此时在汉口管理盐商专款"匦费"，他悄悄安排侄子，于除夕的时候，在每个棚子前，放一定数量的银钱，其他的商人也跟着效仿，帮助众多饥民渡过难关。凡是安徽来汉口的，只要有困难，江承东都会接济，从不犹豫。客死汉口的，江承东也会解囊，帮助把死者送回家乡安葬。又如，1726年，盐商黄以正以一己之力，在汉口建立起一座盐义仓。一般情况下，建一个义仓需要30多万两银子，其中盐商捐24万两，盐务官方出资8万两。一个人出资修建盐义仓属于极其少见的现象。还有，盐商鲍兆瑞倡导修建房屋，专门用于安置因火灾而无家可归者，以及1831年水灾后，盐商孙兆麟捐钱二千贯，设立粥厂，此举使得许多人活下来。

许多盐商都有另一个身份——诗人、书法家、画家或者篆刻家、戏曲家，他们创作诗词、挥毫泼墨、治印，或从事文艺理论的研究、戏曲艺术的推广，江昉、巴慰祖、吴邦治等都是其中的代表人物。他们对文艺的爱好并非后来有些人以为的不过是有钱人附庸风雅。侨居汉口的吴邦治既从事创作，著有诗集《鹤关诗集》，同时也从事评论，论画、论诗、论印，著有评论集《鹤关文剩》。吴邦治与他的好友，一个作画，一个题诗，共同完成了一幅作品《登大别山看雪图》。歙县人、近代诗人、史志学家、书法家、文物鉴赏家许承尧在《歙事闲谭》中记录了画作上的这首诗歌，诗歌描绘了冬日龟山所见的武汉风光，"寒光一望漫天是，不辨苍茫几千里。……江豚出浪拜长空，舳舻舴艋都衔尾……"飞舞的雪花下，汉口的江边停满了各种船只，吴邦治还看到了跃出江面的江豚。"江豚出浪拜长空"，无疑是熟悉长江生活的内行才能写出来的诗句，荆江一带把江豚跃出水面的动作叫"拜风"，大风来临之前、天气变冷前，气压比较低，为了呼吸更多的氧气，江豚会朝着风起的方向跃出水面。

在热爱文学艺术的盐商中，巴慰祖的成就令人瞩目。巴慰祖，祖籍四川巫山，后来迁至徽州歙县渔梁。巴慰祖的好友、著名学者汪容甫在《巴予藉别传》中说，巴慰祖自幼喜欢刻印，为了刻印，他穷究与刻印相关的钟鼎款识、秦汉石刻等艺术知识，正因此，不少人认为巴慰祖是一个在隶书领域有极高成就的书法家。除对刻印痴迷外，巴慰祖还搜集古书、字画、古器物，雕琢砚台、核桃，还喜欢骑马、下棋、旅游。他仿造的古董，逼真到连鉴赏家也分辨不出来。他仿制过唐代出土的石鼓墨，今天还收藏在故宫博物院。此后很多人学他以石鼓造墨。巴慰祖更重要的成就在于对篆刻艺术的贡献。近代著名文字学家、考古学家、金石学家罗振玉对巴慰祖的篆刻有过评价："而巴予藉、邓顽伯复以碑版之法入印，吴让之、

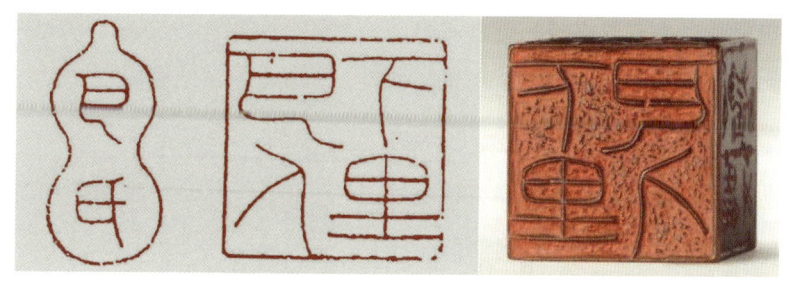

巴慰祖篆刻作品"巴氏""下里巴人"（图片引自巴慰祖的篆刻材料）

赵悲庵（即赵之谦）为之后劲，益昌明之……"他把巴慰祖放在邓石如、吴让之、赵之谦之前。巴慰祖的篆刻，追求秦汉风韵，崇尚钟鼎史籀的遗风，从古文字学上下功夫，在运刀的疾缓、线条粗细、疏密对比、破边留白等处追求汉印神韵，从而形成庄重大方、优美挺秀的独特风格。巴慰祖的许多作品都堪称精品，如广为人知的细朱文篆刻《下里巴人》，以及取材于南唐词人冯延巳《长相思》的象牙篆刻，传说后来的雕刻艺术家对他的作品整天把玩也难以穷其趣。有人统计，巴慰祖大概创作了160多方篆刻作品，但能见到的不多。巴慰祖的生活方式当然需要优裕的家底支撑，几十年对文艺以及各种爱好的极端热爱，终于把巴慰祖逼到了贫困潦倒的境地。

这样一位杰出的盐商兼艺术家到底是什么样子？今天，我们可以通过《巴慰祖像》领略大师的风采。《巴慰祖像》又名《隽堂居士像》，如今保存于故宫博物院，作者为著名人物画家闵贞，艺术界把闵贞列为扬州八怪之一，但历史记载闵贞是湖北人，并且是一位有骨气的艺术家，相传不少官员逼他画像，他都拒绝，但他专门为巴慰祖造像。画像纵103.5厘米，横31.6厘米。面目清癯的巴慰祖身着青衫，外披红袍，盘坐蓝底黄花的蒲垫上。画面上的巴慰祖约50岁左右，神态安详，目光锐利，略显疲倦。

很多盐商被历史记住，并不是因为财富、奢华，而是因为别的。盐商巴树蕃（亦名巴恪裕）就是其中之一。在汉口的盐商中，巴树蕃的形象是广交朋友、仗义疏财、急人之所难，人称"小孟尝"。《大清宣宗成皇帝实录》记载："刑部议覆湖广总督卢坤奏、审明盐商藉官贩私一案。……巴树蕃系捐纳知府，不思奉公守法，私开子店，收卖脚私，占碍官引。……着于犯事地方，加枷号一个月，满日发近边充军，以示惩儆。""脚私"是一个不好理解的词。通俗地说，"脚私"是私盐的一种。这种走私比较复杂，涉及批发商、经销商、船老板、包装工人、水手等多个环节，其方式是不给或者少给船老板运费，要船老板留出船的空间装私盐，从卖出的私盐利润中付运费。显然，以这种方式，每艘船装载的官盐就会减少，而大量私盐却逃避了税收。大约因为搬运费、运费也称之"脚费""脚钱"，所以这种走私方式叫"脚私"。巴树蕃就收购并销售了这种私盐。

湖北各州县一直都有销盐的分

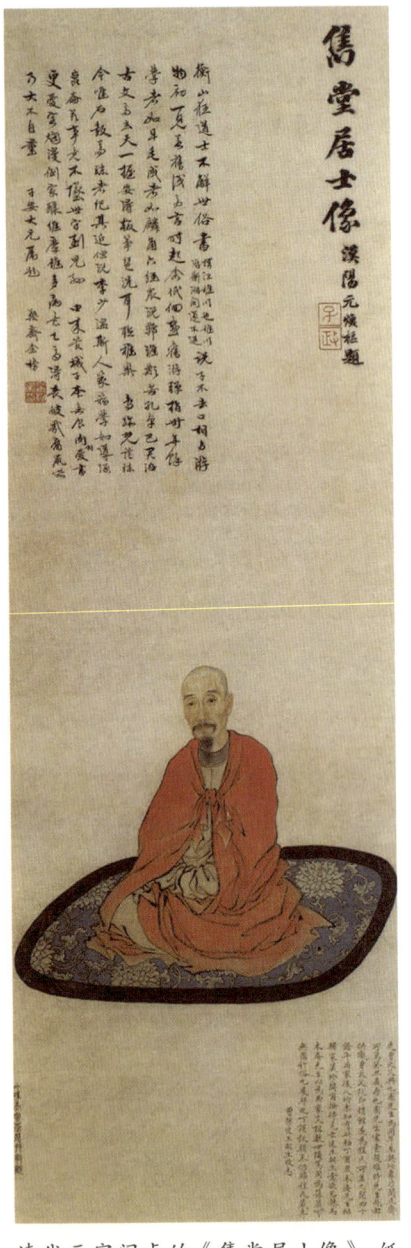

清代画家闵贞的《隽堂居士像》，纸本设色，纵103.5厘米，横31.6厘米。（北京故宫博物院藏）

店，分店经销的程序是先到汉口盐岸办水程执照，持执照上船起盐，运回分店后转发各铺户销售。由于汉口官盐滞销，不法奸商就以分店的名义，收买船户私自带盐。巴树蕃在武汉下游不远的蕲水巴河私自开了一家叫"怡裕"的分店，贩卖私盐7200余包，59700余斤。在两年的经营中，从未出事。但1830年湖广总督换了人，新任总督卢坤一上任就整顿两湖盐务，巴树蕃撞在了枪口上。从此，汉口的"小孟尝"消失了。

淮盐经销或多或少都具有垄断性质。过去，政府的盐业政策规定两湖的盐必须经汉口，从而确立了汉口盐岸的地位。但凡事都不会亘古不变。清晚期，在不断调整的盐政中，原来淮盐在两湖"一统天下"的市场被川盐、淮盐分割成几块，随着制盐技术的进步，精盐诞生了，在近代化的脚步声中，新兴的产业向商人们展示了更加强烈的诱惑力，而且，政府一再降低卖盐的门槛，又回到了纳税即可以卖盐的轨道，经销商不必非得经过汉口。这一趋势在辛亥革命后演变得异常迅速。辛亥革命前，张謇提出废除延续千年的盐政制度，1912年，实业部长张謇发布《改革全国盐法意见书》，主张就场征税、自由贸易。尽管这一设计遭到盐商集团的反对，但经过几年的博弈，最终旧的盐政制度还是瓦解了，商人可以自由成立运盐公司，经过特许登记，然后采购、纳税、销售。

在历史的波诡云谲中，盐商进入了一个转型时代。寓居汉口的安徽、江西、江苏等地的盐商，大多数回到了原籍，不少盐商则在新的时代转型经营其他产业。大盐商周扶九不再专注盐业，而是移居上海，经营地产和黄金，并在上海、南京、武汉、长沙、南昌等近20个城市开设钱庄。胡赓堂也转行投资当铺和银行业。黄文植涉足的行业则更加多元化。黄文植以经营精制盐起家，他发起成立了盐业工会，成为传统淮盐商家的最大竞争对手，1927年他的精盐公司销售量达到了150万担。1934年他与傅南轩、周伯皋、严瑞初、李奇芬等共同创办了大孚商业储蓄银行，并担任董事长。银行既办理储蓄业务，也对企业放贷，简单地说，商业储蓄银行的一切业务，大孚商业储蓄银行都经营，并为实业投资提供融资。在他的合伙人中，傅南轩、严瑞初都有管理银行的经验。1928年江西商人在湖南长沙开办了一家叫"春茂钱庄"的银行，负责人便是傅南轩。傅南轩被称为长沙民国巨商，他长期在长沙收购古董，再通过上海的外商卖到国外。严瑞初则是长沙另一家银行"谦和钱庄"的负责人，这家银行创办于1907年。

不管怎样，汉口曾经浓浓的盐味，越来越淡了。

毛板船

1865年4月，在湘军开办的安庆内军械所里，曾国藩的幕僚、化学家徐寿、数学家华蘅芳造出了我国第一艘蒸汽动力的轮船"黄鹄"号。这之前，徐寿和华蘅芳并无造船经验，只是参观过一艘英国的蒸汽船，当然，他们都读过魏源的《海国图志》，徐寿还看过上海翻印的科普读物《博物新篇》，这本书上有蒸汽机的略图，然后，依靠天才的想象和不断摸索，他们花了四年制造出了平均航速每小时22里的机器动力船。

过去，长江上的船，除了官方比较讲究的漕船、座船、马船、战船外，民间商业贸易的船都是五花八门的木船、帆船，这些船根据不同河流航道的深浅、用途以及水上距离、气候而样式不同。经川江往来重庆与汉口，湘江、资江、沅江、醴水经洞庭湖往来湖南与汉口，汉江上往来襄阳与汉口，出鄱阳湖往来江西与汉口，依靠的当然全是木船。清代长江流域大小河流行驶的船有70多种，这些船可以依产地分为蜀船、楚船、吴船、越船、婺船、徽船，等等，有的以用途称作米船、盐船、柴水船，等等。更多的时候，人们以带有历史、文化和地域风情的特色称呼这些船，沙船、红船、大黄船、罛船、舵笼子、麻央子、倒扒子、落仓木货驳船、小驳子船、江汉课船、浏阳楸船、宁乡乌缸子、益阳七板子船，等等。沈从文在散文《常德的船》中就写到过常德的很多种船，如"三桅大方头船"，运盐的"大鳅鱼头"，两桅或单桅的"乌江子"，沅水上的巨无霸"洪江油船"，笨拙而坚实的"白河船"，运载白石灰和黑煤的"广舶子"，船头船尾都翘起来的"麻阳船"，等等。

常德就在洞庭湖边上，是汉口与湘黔之间水上运输的重要驿站，虽然这些船不一定都到过汉口，但毫无疑问，沈从文写的很多常德的船，都会穿过洞庭湖到汉口，因为对湖南以及湘黔边区，汉口是购买力最大的市场、中转能力最强的流通枢纽。事实上，从明朝开始，湘江、资江、沅水、澧水四条从南、西南流进洞庭湖的河流上，一艘接一艘的筒舶子、三叉子、鳅子船，就把来自湘南、湘西、湘黔边的木头、竹子、大米、桐油等各种土产，源源不断送到汉口。这些船小，大多只能装载二三十吨，返程需要请人拉纤，往来几十天，一艘船就是一个家甚至一个家族的后盾和依靠，它们得反复使用十年二十年，直到不能使用为止，但一旦遭遇风浪或触礁，便倾家荡产。

创新来自对提高装载量和减少造船成本、航运成本的需求。"毛板船"是穿过洞庭湖到达汉口众多木船中的一种，这种简单、毫不起眼的木船影响了汉口的发展，在汉口走向著名的商业集镇的道路上居功至伟。资江的左源发源自湖南城步苗族自治县的北青山、右源发源自广西资源县的越城岭，两个源头的水在湖南邵阳双江口汇合，经邵阳、新邵、冷水江、新化、安化、桃江、益阳等地，从益阳市甘溪港注入洞庭湖，全长653公里。这条河被称为"滩河""山河"，因为它的西部是雪峰山脉，东部是衡山山脉，南部是南岭，自发源起，就一直在绵延不断的山脉中穿行，弯多滩多、坡陡流急，直到益阳，进入洞庭湖平原后资江航道才变得平缓。在毛板船发明之前，资江两岸的人以槽船、鳅船、洞驳船、摇橹船、洋溪古、排筏等传统工具，把土货运出大山，再把盐、米、百货等日常生活用

汉水入江口停靠的各种木船（武汉市地方志办公室 供图）

品运进大山。

传说1799年，资江边新化县洋溪一个叫杨海龙的突然来了灵感，他发现，传统的洞舶子、三叉子到了汉口返回时不一定有货物可运输，而且木船在去汉口的途中常常触礁沉没，不但货物没了，船也没了，重新打造一艘船费材料、时间、人力。他从木排得到了启发，木排到了汉口，就地解散，不再返回，即使遇到了礁石或风浪，损失的只是木材。他的改进方式是直接用马钉把未加工的粗糙木板钉成船，再用竹麻、桐油、石灰塞缝，一只船基本就成了，其他的工序都免了，只求能装载，不求美观，不重复使用，船到汉口卸货后，即拆解为一块一块的木板出售，船工再搭乘其他的货船或步行返回。

2021年夏天，在冷水江边的沙塘湾，79岁的王昇兴老人向我详细讲解毛板船的制造过程。王昇兴是沙塘湾王坪湾村人，退休前是金竹山中学的校长，目前他的工作是编撰《王坪湾村志》。沙塘湾是著名的煤码头，冷水江的煤炭基地金竹山离这里仅仅十里路，因为产煤，需要大量毛板船参与运输，沙塘湾也就成了资江上游的毛板船基地。王异兴拿着一张A4的打印纸，上面是他画的毛板船，他对着简单的图纸，告诉我，这样一艘船，长接近7丈、底宽约1丈、面宽约1.2丈，船头船尾收缩上翘，肚子大，根据吃水量，装载从30吨到85吨不等。与王异兴一起编撰《王坪湾村志》的李振庭则补充说，毛板船的木板是8厘米厚的松木板，打造这样一只船需要一个月，四五百斤铁钉。毛板船的主要用途是装煤，金竹山的无烟煤燃烧值可以达到七八千卡，是好煤。为了消除我的怀疑，李振庭特别说明，他的家离沙塘湾江边就一公里，他的伯父是沙塘湾有名的船木匠，生前以打造毛板船为生，而他过去则长期担任王坪湾村的支部书记。

在资水沿岸，像沙塘湾这样的毛板船造船基地，还有邵阳的樟树垅，新化的球溪、炉埠、化溪、游家湾、太洋江，安化的五福宫，益阳的大码头、清水潭，桃江的马迹塘，等等。并不是所有毛板船都装煤，毕竟资水沿岸产煤地主要在娄底、邵阳，因此，新化以下的毛板船主要装运的是土纸、茶叶、桐油、生漆、生铁和锑矿等货物，当然，毛板船也可以分隔成多个空间，同一艘船，既装煤炭，也装茶叶、土纸、石灰、竹笋等不同的货物。

经营毛板船是一项冒险的事业。显而易见的原因是资水航道的复杂，在进入洞庭湖的四条河流中，自古就有资水最险的说法，民间歌谣说"千里资江一百滩"，其实，真正的险滩并不止一百个，仅资江安化段，就有大小72滩。资江上游双江口至新化156公里，主要滩险67处。桃江到益阳段有著名的五步滩、索子滩、新桥河滩、洪家港滩、罗公桥滩、龙尾滩、青龙滩等。公元1839年，46岁的魏源回家乡扫墓，写过一组描绘故乡的组诗《三湘棹歌》，其中的《资湘》就有描写资江航道危险的句子，

毛板船图示（图片引自《冷水江市革命发展史》）

"舟底水将石作骨，江边山以石为毛"。河底都是石头，岸边的山长出的毛都是石头，这是再真实不过的资江航道了。其实，这样的景象魏源少年时代就熟悉，他在资江边的邵阳读书求学，也曾到宝庆府城的双清亭、水府庙、东塔、北塔游览，对资江河道的险恶他一点也不陌生。魏源的父亲魏邦鲁对资江更为熟悉，有一种说法认为他曾疏浚过资江航道。1799年，也就是杨海龙发明毛板船，准备用毛板船装煤到汉口的那一年，魏邦鲁捐了个从九品的巡检，去了江苏，并在江苏多地任职，1831年他在今天的上海宝山去世，职务是县丞或水利主簿。他去世前的1825年，陶澍已任江苏巡抚，早年魏邦鲁的父亲曾经资助过求学上进的陶澍，陶澍一直感恩在心，因此，巡抚陶澍从来没有嫌弃魏邦鲁是基层小官，反而对魏邦鲁处处以礼相待。传说魏邦鲁正是利用了陶澍的影响，加上自己多年做水利的经验，疏通了益阳的资江航道。过去资江上游的船到了益阳魏公庙，便不再前进，从这里开始要进入并穿越洞庭湖，但上游的船工不熟悉航道，余下到汉口的航程由益阳当地船工来完成。这实际上是一种分工和接力。这种方式在公路运输里同样存在，上个世纪八九十年代以前，平原或城市的货车司机开车进入大山，一般到了山口，便停下来交由当地司机开进山，这些熟悉山路的本地司机装完货，把车开出山，再交给等待在那里的车主。魏邦鲁的所作所为，让益阳到汉口的水路不再是秘密，上游的宝庆人终于可以自己驾船从邵阳到汉口。这段故事也是今天益阳魏公庙的来历之一。

益阳资江边魏公庙遗留的建筑。当年毛板船商人的富裕可见一斑。（李鲁平 摄）

　　传说的真伪很难考证，不过它折射了资江航运的困难，不仅上游狭窄弯曲、滩多险深，而且，即使到了益阳，要穿越洞庭湖的巨大风浪，也不是一件简单的事情。但经营毛板船的丰厚利润吸引着一代又一代勇敢的水手。相比传统的木船，毛板船制造简单，载重量大，船板可以出售，省去了返程的麻烦，一艘船到达汉口，连货带船可以获得两三千块银元，虽然途中免不了翻船，但十艘船只要有三艘到达汉口，货主就不会亏损。杨海龙第一次在汉口拆掉木船当木板卖，就赚了钱。经营毛板船十年，杨海龙用积累的财富买了四五百亩水田旱田、四十多栋商铺。除了船主，在毛板船上打工的舵手、水手都能获得高额的工资。一个水手跑一年毛板船的收入，可以维持全家两年的生活。如此快的致富速度，吸引资江两岸的船工和水手纷纷加入毛板船的大军。《新化县志》记载，高峰时期一年从新化放到汉口的毛板船在 1500 艘左右。资江沿岸除了新化,还有新宁、武冈、邵阳、城步、安化等众多的毛板船货运码头。在王异兴的记忆中,沙塘湾这个码头上,过去有30多户人家出过舵手,每年从沙塘湾放下去的毛板船达100多条。沙塘湾是资江边一个小集镇,过去小镇上总共才2000多人,其中,围绕毛板船谋生的就有1000多人。从清朝到民国,沙塘湾人祖祖辈辈闯滩涉险,置生死于度外,从汉口这个大都市积累财富,以至于20世纪50年代土改化成分时,几千人的小镇居然有100多人算得上资本家。

从资江到汉口的货船,停靠、货物的装卸、堆放,都有历史形成的相对固定的地点,而船工、船工家属、商人,则以他们在资江上的地理位置和毛板船为纽带,以家族或宗祠为核心,在汉口的两江四岸寻找一个相对稳定的聚集地,依赖聚集地长期生存和发展。这种社会群落也就是船帮、商帮,在汉口的码头上,以省划分,湖南、安徽、江西是最大的商帮,每个省再依据府、县细分,湖南的商帮、船帮分为五府十八帮,即长沙、常德、衡阳、宝庆、辰州五府,宝庆府以邵阳人、新化人为主。

湖北省档案馆收藏了1925年的《鹦鹉洲湖南竹木帮全图》,这张图是一张标准的鹦鹉洲地图,上面标明了湖南各船帮、商帮的位置。地图右上角附有300余字的"图说"。

> 窃我湖南竹木帮两湖未分省以前营业斯土,系沿拦江堤、玉带河,康熙后入口之火坑沟壅塞,始改迁鹦鹉洲东门一带,后因滩地屡与汉民起衅控,经县府司道部院,均蒙断定上自朝关下至洗马沟,永作湖南竹木码头,复经省委勘定报部。道光八年,奉户部核议,以本洲上自朝关下至洗马沟一带滩地,既于道光元年经省委员勘明,计地四百四十九亩零,应援照永靖官洲成熟麦粮例案,每亩完麦租银二钱赋银一分八厘,每年应共完租赋银九十八两零一分,以道光九年为始

鹦鹉洲湖南竹木帮全图（图片引自《武汉历史地图集》）

造入季拨册内，报部完饷，毋得增加，行知在案。自是主权确定，安居营业，年历三百朝，经两代，地方逐渐繁盛，各支帮购买地亦多，建筑会馆廿余座，人民达廿余万，诚恐年久失稽，特绘图志说，以备考核云。鹦鹉洲湖南竹木总会谨志。

这段文字虽短，但信息量巨大。一是告诉世人，湖南船帮到汉口，最先驻扎的地方是汉阳拦江堤和汉口玉带河边。公元1664年湖广分为湖北、湖南两个省，因此，1664年之前，湖南商人、船帮并未以鹦鹉洲为据点。康熙后因为汉阳拦江堤的夹河口淤塞，转而把鹦鹉洲作为湖南人的大本营。但"图说"中的"康熙后"既可能是康熙登基后，也可能是康熙亲政之后，康熙1661年登基，1667年亲政，因为1664年之前湖南船帮还未搬迁，所以，湖南船帮搬到鹦鹉洲不会早于1667年。二是鹦鹉洲的面积，1821年测量为449亩，沙洲上有会馆20多座、人口20多万。沿沙洲边缘，依次为上安化帮、上宝帮、上长衡帮、常德帮、敷圻帮、白水帮、祁阳帮、辰帮、沅帮、下长衡帮、二都帮、同利帮、下安化帮、曹家帮、清埠帮、下宝帮、歧埠帮、洪埠帮所属码头。

湖南人在汉阳的码头随着鹦鹉洲与江北陆地的并岸，消失了。湖南人在武昌的码头随着白沙洲与江南陆地并岸后，也消失了。凡事都有例外。

汉江在快要汇入长江前，折向汉口拐了一个弯，弯道的凸起处有一个码头，这就是湖南竹木商人的宝庆码头。这个码头一直存在，今天在汉江边还可以见到高大的石墙上写着"宝庆码头"四个大字，从码头上岸就是宝庆社区。宝庆码头是汉正街的一个符号，也被不少人用来解释武汉的码头文化，理由是这个码头是宝庆人打下来的，在不同的时代，宝庆人与安徽人经历过三次较大的争斗。三次械斗被总结成一句话，打码头。长江流域的大江大湖，不同的族群，为争夺水域、航路、码头，械斗自古有之，不是宝庆码头才有，也不是清朝才有，别的江湖不说，历史上鄱阳湖不同姓氏的渔民，为争夺水域和码头就发生过惊心动魄的械斗。只不过宝庆码头发生的械斗，参与的一方是梅山文化腹地的宝庆人。梅山人即梅山峒蛮，长期生活在南岭以北、雪峰山以东、洞庭以南，资江两岸的高山密林中，直到公元1072年梅山人才与外界相通。梅山地区在长期封闭的历史中，形成了独特的梅山文化，勇敢、刚烈、强悍的性格就是这种文化的体现，梅山人把这种性格俗称为"蛮"。1847年江中源成立的"楚勇"，以及后来曾国藩成立的"湘军"，主要的兵员都来自梅山地区，他们的骁勇善战即是梅山人的"蛮"在战争中的体现。

汉口宝庆码头发生的三次争斗在汉正街早已家喻户晓。《汉正街志》在"掌故轶闻"中，对宝庆码头的历史有一段描述。简而言之，1807年前后，宝庆帮青年船民何元崙请新化同乡、侍读学士刘光南出面，帮忙夺回码头，刘光南与当地官府商量了一个射箭定码头范围的规则，即背对汉江，朝汉江上游、下游以及汉口集镇三个方向各射一箭。但这三支箭划定的范围安徽商人并不认可，不断找宝庆帮械斗，并找汉阳府告状，提起诉讼。清朝末年，汉阳知府提出另一个方法来判定双方的胜败，即谁能穿上烧红的铁鞋走三步，码头就属于谁。宝庆帮一个理发匠穿上烧红的铁鞋走了五步，于是码头判归宝庆人所有。最后一次发生在"抗日战争结束后"，宝庆人面对的不是安徽帮，而是各地涌入汉江的船民，宝庆人请"国民党七十三军五十五师师长梁子禄等帮忙"，以机枪连吓退各地船民让出码头。

历史往往并非如此清晰。何元崙，今天很多人也写为何元仑。不同的文章对他的身份介绍都不同，除了青年船民，他还有别的身份，比如他当过帮主、会长，据说道光二十八年（1848）身为宝庆帮帮主的何元崙主持修建了宝庆会馆，并被推选为首届会长，也有文章介绍他是邓显鹤的学生。新化人邓显鹤是梅山文化的开创者之一、"湘学复兴的导师"。他的《沅湘耆旧集》被认为是湖南文学史上第一部系统辑录湖湘先贤诗作的诗歌总集，其中收录了大量梅山地区的民间歌谣。他更为人所知的是校勘了明朝竟陵派诗人周圣楷的《楚宝》，搜集、整理了王夫之的遗作《船山遗书》以及纂修了《宝庆府志》。如果何元崙是邓显鹤的学生，那么，他怎么会成为一个船民的首领？第一次夺回码头的关键人物刘光南就是邓显鹤的学生，一个著名学者的两个学生，一个是"侍读学士"，一个是码头上的帮主。这不能不令人疑惑。宝庆码头在宝庆人心中的重要性，怎么说都不过分，这个码头有新化第一县城的别称。但在邓显鹤纂修的《宝庆府志》以及1996年出版的《新化县志》里都没有提到作为宝庆码头首领的"何元崙"。

《汉正街志》说何元仑是新化黄牛山人，另有人说他是新化王爷山人。2021年7月，我在新化县城一个市场里见到了邹同旭。邹同旭所在的红十字会在这个市场里的一栋楼上办公，看起来这个市场类似于物流或批发市场，但店铺都关了门。邹同旭的父亲邹息云是《毛板船与宝庆码头》的作者，这部书算得上第一部全面介绍毛板船和宝庆码头的著作。1947年邹息云师范毕业后去台湾嘉义任教，新中国成立后，邹息云从台湾返回家乡参加剿匪，然后就是20多年的右派生涯。1979年恢复工作时，邹息云已经50多岁，但新的时代激发了他的豪情，从左宗棠收复新疆、建设西北，到梅山船民沿资江到汉口闯天下，他都想写出来。他用86万字的《大漠传奇》讲述了左宗棠的一生，也用40万字的《毛板船与宝庆码头》介绍了资江船民的奋斗史。邹家本来就是放毛板船的大商家，因此，与铺天盖地关于毛板船的介绍相比，邹息云的《毛板船与宝庆码头》无疑具有某种权威性。

在公开的资料上，邹息云的父亲是冷水江锡矿山的顾问，准确的说法应该是邹家在矿里占有股份。邹同旭用极其浓重的新化口音讲述邹氏家族过去的历史。尽管很难听懂他说的每一个字，但民国时代邹家是汉口第二大毛板船商，这个我听懂了。他的奶奶穿长衫骑马驰骋，唱京剧，把一个大家族管理得井井有条，这个我听懂了。另外，他说何元仑是孟公镇那一带人。这个我听得很清楚。孟公镇就是人们介绍何元仑时说的"王爷山"。旧地名"王爷山"比现在孟公镇的地域大，包括了新化西北的孟公镇、西河镇。这是一个家家习武、村村练武的地方。如果邹同旭说的是对的，那么何元仑就不是"黄牛山人"，黄牛山在新化南部的维山乡，与隆回、邵阳接壤。遗憾的是，我沿着354国道穿过孟公，然后拐向东北，一直走到资江边白溪镇的"何家坪村"，没有找到何元仑的任何消息。何家坪村快90岁的老村支书告诉我，他从未听说有个何元仑，而这个老人十几岁就驾驶毛板船去过汉口的宝庆码头。他很自豪，因为十六七岁当船长的不多。何家坪村江边修建了一个何氏家族的念祖亭，亭子里的碑文上有许多何氏祖先的名字，我找了半天，没有何元仑的名字。很可能，我又一次走到了错误的方向。

每个人说宝庆码头，都会提到刘光南，而且都说刘光南是"侍读学士"，是他用权力运作，帮宝庆人在第一次争夺码头中取胜，其他的细节还有，刘光南当时刚好经过汉口，安徽帮不让他的船靠岸，三箭定码头的箭还是刘光南射出去的。总之，刘光南在这一次与安徽帮的争夺中起了关键作用。"侍读学士"在清代的官阶,相当于四品的官员,而且是京官,如果刘光南真的是侍读学士,他与汉阳府的官员私底下运作当然很好理解。但在《新化县志》的记载里,刘光南一生都没有步入仕途,而是居家授徒,直到去世前,他的身份还是"诸生"。通俗地说,他就是一个私塾先生。一个私塾先生如何能在汉阳的官场上帮宝庆帮呢?显然,关于刘光南的传说有很大的误差。

当然,这些误差并不等于否认历史上真有刘光南帮宝庆人争夺码头这件事。刘光南虽然未能科举入仕,但在新化算得上大知识分子,他在经学的研究上下了很大功夫,著有《大学中庸训解》《中庸图说》等著作。他还真认识一个侍读学士,这个人就是著名的经学家卢文弨。乾隆十七年(1752),36岁的卢文弨以一甲第三名进士及第。此时,他已经是卓有成就的校勘学者,而与段玉裁、戴震的结识,让他作为学者的名声远远超过了作为官员的名声。1764年10月,卢文弨升为侍读学士。1766年4月,50岁的卢文弨提督湖南学政。七月,他在湖南主持考试时,遇到了考生刘光南。后来他在给刘光南的著作写序时回忆道:"得新化生员刘光南,遂致书房师汉阳孙汉先生,并寄刘光南著作孙氏,岁末为刘光南《中庸图说》作序。"他先读了刘光南的书,觉得这个学员不错,把书推荐给汉阳的孙汉,年底才给刘光南写序。这件事写进了《卢抱经先生年谱》,可见,在卢文弨的人生中这是一件值得记下来的事。卢文弨说的孙汉是1769年的进士,后来在京城的吏部任职。卢文弨给孙汉寄刘光南的书时,孙汉还是汉阳的一位举人。这样说来,因为学问或学术的事,刘光南与京城的官员、真正的侍读学士卢文弨,以及后来从汉阳去京城的官员孙汉,都有过交往。因此,如果真的存在刘光南以权力运作夺码头,一定不是他的权力。

当年穿铁鞋走五步倒地的张姓船工,邹息云以及不少作者认为是张姓剃头匠，宝庆人在汉正街为他建有张公坟和张公祠，这件事虽不见于地方志等文献，但在汉正街的拆迁改造中，文物部门经过考证，确认了张公坟和张公祠的存在，而且，同时确认了那惊心动魄的一幕就发生在1888年春天。

最后一个细节，"抗日战争后"，"国民党73军55师师长梁子禄"以机枪连威胁其他船民离开宝庆码头，真有其事吗？可以肯定的是，国民革命军73军的序列里没有"55师"，在国民党的高级军官里，更没有一个将军级别的军官叫"梁子禄"。

国民革命军73军的前身主要来自湘军第35军第15师，它的改编历史比较复杂，简单说来，1937年8月，第28军第15师扩编组成第73军，下辖第15师，参加淞沪会战，此时的73军就一个师。1938年6月改编后，73军下辖第15师、第57师、第77师，参加武汉会战。1939年73军再次改编，下辖第15师、第77师，参加长沙会战。1940年，73军又改编，下辖第15师、第77师、暂编第5师，先后参加了第2次、第3次长沙会战和浙赣会战。1945年3月，73军整编，下辖第15师、第77师、第193师，参加湘西会战。1945年8月，抗日战争胜利后，73军奉命由湖南调往山东济南。1947年1月，73军在莱芜战役中被华东人民解放军全歼。

第55师不在73军，它在哪里呢？在38军。1932年西北军杨虎城所属的陕军一部扩编为38军，其中有一个独立第46旅。1940年这个旅改为新编第35师，1945年新编第35师改为第55师，孔从洲任师长。1946年5月，孔从洲率领第55师在河南巩县起义。这个师从未在武汉及附近驻扎，师长也不是湖南新化人，更不姓"梁"。

那么，带兵在长江与汉江交汇口，架着机关枪赶走船民，为宝庆人保住码头的师长是谁呢？他不叫"梁子禄"，也不是"新化人"，也不是55

汉水入江口的一个大码头（图片引自《晚清民初武汉映像》）

师师长，他是湖南安化人梁祗六。梁祗六（1893—1951），湖南安化蓝田三甲（今涟源蓝田三甲）人。派名裕升，名清达，号羽腾，又号达濂，学名祗六。梁祗六出身于书香门第，自幼入私塾学习，1916年从湖南长郡联立学校毕业后，考入保定陆军军官学校。军校毕业后，梁祗六进入了何健的湘军，1936年何健的保安部队已经拥有6个师、1个独立旅、2个暂编旅的兵力。1937年底，王育瑛任湖南保安第二师师长，这个保安师1938年改编为国民革命军第87军第198师，梁祗六任参谋长。湖南慈利人王育瑛也毕业于保定陆军军官学校，是梁祗六的学弟。改编后的198师开赴湖北黄冈，参加武汉保卫战，负责掩护国军主力撤退。1939年10月，第一次长沙会战时，梁祗六任198师571旅旅长，在驻守湖北黄陂、石首期间，他率部与日军激战过四昼夜，保护了十万难民渡江。因为此战，他被提拔为第73军第15师师长。1940年3月，第73军第15师移防常德。1943年参加常德会战。1944年夏扼守他的家乡蓝田。1945年4月参加湘西会战。

抗日战争胜利后，第15师离开湖南，1945年12月进驻南京，1946年梁祗六被解除兵权，同样来自安化蓝田三甲乡的梁化中（1906—1985）接替了他。梁祗六离开73军15师后，回到了家乡，再一次回到了当初投笔从戎的起点——湖南省保安司令部，不过这一次邀请他的是程潜。1949年8月，梁祗六在长沙参加和平起义，1951年被处决，1983年平反。

码头其实只是一个装货、卸货的临时泊位，并不是毛板船停靠的锚位，卸完了货，毛板船就得离开码头，把泊位留给需要卸货的其他船只。因此，大量的毛板船都停靠在汉阳鹦鹉洲和武昌白沙洲，在鹦鹉洲、白沙洲，湖南竹木商人建有会馆、公所以及学校。1836年11月，两江总督陶澍途经汉阳，专门为当时的安化竹木公所题写了一副对联："鹦鹉洲前，聚会依然桑梓地；芙蓉岭外，出山尽是栋梁材。"陶澍以"桑梓地"表扬湖南人对武汉的建设和贡献，以"栋梁材"赞美湖南的木材好、人才多。陶澍当然是有远见的学者和官员。从湘军与太平军作战开始，战船炮船制造业兴起，武汉的木材需求量大增。到近代，民房、里弄、别墅、街道、工厂、学校、家具、棺材等需要的竹木，都来自湖南，来自资江下来的毛板船。到了清晚期，汉口成为国内木材贸易的最大市场。

这样一个繁华的大市场，仅仅只有宝庆码头、鹦鹉洲、白沙洲显然是不够的，因此，实际的情形是，汉阳的江边，从杨泗港到龟山，都停着从资水来的船，居住着从湖南来的船民，玉带河边也住有湖南的船民，长江边、玉带河边的杨泗庙就是见证。杨泗，俗称杨泗将军，是湖南民间的道教水神。传说杨泗将军是一个风度俊朗的少年，他身穿铠甲，头戴金盔，右手执一大钺斧。湖南依靠江河谋生的船民、渔民尤其尊奉水神杨泗。历史记载，武汉长江、汉江码头及鹦鹉洲一带居民，每年祭祀水神杨泗，都要抬磨赛会，招摇过市，遇有放鞭炮者，则舞磨一番（即用轿子抬着菩萨游行，如果遇到店家燃放鞭炮，抬轿的则停下来，举着象征菩萨的磨子旋转，直到鞭炮声停止）。杨泗庙也是湖南船民的会馆。2021年7月15日，在安化马迹塘沂溪边上的一栋楼房里，84岁的肖再贤老人告诉我，他小时候在汉阳长江边的杨泗庙附近生活很多年。在他的印象里，杨泗庙就是安化人、益阳人开会议事的地方。他的父亲年轻时跟着木排到汉口打拼，1953年才回桃江老家，16岁的他也跟着父母回到家乡，他的兄弟姐妹则留在了武汉。令我意外的是，他居然知道，汉阳这个杨泗庙是修建码头时拆掉的（实际上是1954年的大洪水冲毁了杨泗庙，在庙址上后来修建了港口，即杨泗港）。

  无论如何，宝庆码头就是宝庆人的码头了。宝庆人对宝庆码头的控制一直持续到1949年5月武汉解放。1958年7月23日，资江中游的安化县大溶塘山谷里，一万多名梅山人在这里开始了另一场战斗，修建柘溪水电站。他们仅仅花200个日夜就树立起了一座104米高的大坝。这座大坝的建设，彻底中断了毛板船波涛汹涌的航程。

南市与沙洲

清末诗人在《汉口》一诗中写道:"百货云屯见鄂州,帆樯如栉蔽江流。天边斜雨挂烟树,江上夕阳明酒楼。如此山川移客枕,为寻形势踏渔舟。十年后事非今日,此地旌旗万古愁。"这首少见的直接以"汉口"为题的诗歌,是清末"江南四公子"之一杨圻的作品。杨圻是李鸿章长子李经方的女婿,27岁就当上了户部郎中,后来出国,曾任新加坡总领事。这首诗大约写于1910年,因为同一年杨圻写有《庚戌秋回国赴鄂州》(二首)、《余君奉其父丧由天南回国返汉上同为鲜民诗以送之》等作品。杨圻的父亲杨崇伊1909年"郁郁而终",可以猜测,1910年杨圻回国到武昌时,他的朋友"余君"因父亲去世也刚好"从天南回国",两个人都成了无父无母的"鲜民",于是才有"同为鲜民诗以送之"的说法。

杨圻诗歌中的"鄂州"就是现在的武昌,在杨圻眼里,武昌的集市上各种货物像云一样堆积,江边的桅杆和船帆已经把长江河道遮蔽。这种景象在许多美术作品中也可以见到,武昌与汉口之间的长江,因为大量船只的停泊,只剩下江中间一线细细的水流。1910年,武昌正处于历史大变革的前夕,武昌城的氛围其实很诡秘,杨圻的诗句"此地旌旗万古愁"已经隐含地表达了他的担忧,而杨圻的另一首作品《水调歌头·庚戌之春回国两月默察天下将有事乃于六月携图书载妻子再游南溟所居曰海山房杌》，直接在标题中表达了对"天下将有事"的猜测，看来杨圻在武昌一定获悉了辛亥革命前的一些动向，但此时的武昌市场竟然如此繁荣，沉浸于喧闹中的商贩和顾客，丝毫察觉不到一场即将到来的革命。这种反差给杨圻留下了深刻的印象。

杨圻说的正是武昌城沿江一带的市场，即著名的南市。南市的热闹早已存在，在杨圻写进诗歌之前，其他的文人也写过，其中，宋代文人写武昌南市的作品数量尤多。比如，范成大从南楼上看见的武昌夜市："谁将玉笛弄中秋？黄鹤归来识旧游。汉树有情横北渚，蜀江无语抱南楼。烛天灯火三更市，摇月旌旗万里舟。却笑鲈乡垂钓手，武昌鱼好便淹留。"（《鄂州南楼》）

胡凤丹在《黄鹄山志》中列举了关于南楼的多条记载："南楼，在郡治正南黄鹄山顶中间，尝改为白云阁。元祐间，知州方泽重建，复旧名。""白云楼，在县城西黄鹤山顶，一名南楼。""楚观楼，在布政司署前，即今南楼也。为唐牛僧孺奇章堂故址，详陆放翁《记》。""楚观楼，旧为谯楼。……总督毕沅改题'南楼'。"……一座楼的名字变幻如此纷纭，正应了一句话，"多少六朝兴废事，尽入渔樵闲话"。把各种方志的说法梳理起来，大致脉络如下，之前南楼的历史不详，略过不说。从宋元祐元年（1086）开始，南楼经历了建中靖国初（1101），嘉定中（1208—1224），乾道初（1165），淳熙丙午（1186），明弘治己未（1499），崇祯丙子（1636），康熙甲申（1684），乾隆壬子（1792），共九次重建，其中公元1186年叫"安远楼"，公元1499年叫"楚观楼"，公元1636年、1684年两次重建叫"白云楼"，公元1792年毕沅改回南楼。至于它最早叫"谯楼"是因为一个叫"焦度"的南朝宋将领。公元469年，南朝宋将领、荆州刺史沈攸之从荆州起兵攻打萧道成，围攻夏口，包围郢城。守将焦度在

当代蛇山上的南楼（图片引自《黄鹤楼志》）

鄂城城楼上令人向敌人投粪便，敌军无法登上城墙，后称呼此楼为"焦度楼"，即"谯楼"。

南楼是武昌城的一个窗口，站在这里，不仅长江边的集市尽收眼底，而且还可以看到远处的南湖，大凡路过武昌的名人，都会登上此楼，眺望武昌风景，大凡写武昌南市的，也都从此点出发。春熙四年（1177）范成大从成都返回苏州，途径武昌，停留多日，并在此过中秋节，这是他在外乡渡过的第11个中秋，他在日记中写道："晨出大江，午至鄂渚，泊鹦鹉州前南市堤下。南市在城外，沿江数万家，廛闬甚盛，列肆如栉，酒垆楼栏尤壮丽，外郡未见其比。盖川、广、襄、淮、浙贸迁之会，货物之至者无不售，且不问多少，一日可尽，其盛壮如此。"这便是后来人们讲述南市的繁荣常常引用的一段话。

以鹦鹉洲为参照，鹦鹉洲头对着鲇鱼套，鹦鹉洲尾对着黄鹤楼，南市的长度大约2000米，集市与武昌城之间有大堤。其实，真正的南市超出了这个范围，扩展到了鲇鱼套以南的沙洲。有人把南市的转移归因为1185年的大火，由于南市堆满了树木和竹子，之前也常发火灾，1185年这一次的火则焚毁了南市，金沙洲就在此时一跃而上取代了南市。南市中心的形成或转移肯定不会是某种单一因素的结果，堤防建设、人口聚集、交通格局、港口的转移，等等，都会影响一个商业市场的地位。

对武昌城来说，堤防可能是影响市场更为重要的因素。武昌南市的形成本来就是武昌堤防建设的结果，南市其实就是堤街。这种以大堤为街市的城镇格局在荆江一带非常常见，沙市、洪湖、监利等长江沿线的大堤过去都是集市中心，这些堤街在1954年大水之后开始拆除，有的堤街在1998年洪水之后才彻底拆除。

从今天武昌平湖门沿大成路朝解放路步行约500米，有一条南北向的小街，小街一直抵近鲇鱼套，与张之洞路相交，街名花堤街，它原先是一道堤，保护武昌城的大堤。这道堤大约在1111年至1118年间，由知州陈邦光、县令李基主持修筑。《江夏县志》等地方志没有对陈邦光、李基做过多的介绍，仅仅用一句告诉人们，他们二人修了这道堤。陈邦光后来升为建康知府，1130年金军大将完颜宗弼进攻建康，守城的正是陈邦光。金军进攻时，陈邦光与户部尚书李梲出城十里向金军投降，金军又让陈邦光劝降建康府通判杨邦乂，但杨邦乂不屈，终被剖心。陈邦光在武昌还修建过奇章阁，这个阁的地址就是楚观楼的地址即南楼的旧址，陈邦光重建后取名戏彩堂，后任知州汪叔詹改为奇章阁。

毫无疑问，武昌城江边这个繁华的集市，起先就是以花堤为依托的堤街，当时的大堤在城外，后来武昌城扩大，大堤成了城内的街道。先在城外，后被城墙包围进去的堤还有郭公堤，几乎所有人将这道堤的修建归功于"宋都统郭果"，其实，真正修筑这条堤的是"郭杲"，而不是"郭果"。

郭氏大家族在唐朝以郭子仪为代表，在南宋以郭浩为代表，郭浩是南宋初期的名将，川陕防线的主帅之一。郭浩有三个儿子郭棣、郭杲、郭果。郭杲的履历比较丰富，淳熙四年（1177），他接任镇江武锋军都统，兼知扬州。两年后，改知襄阳府。大约淳熙十年初，郭杲改任鄂州江陵府。淳熙十一年二月，郭杲升任都统制，驻扎鄂州（即今武昌）。而郭果的经历相对简单，大约1201年前后，他在四川任兴元都统。1205年授右卫郎将、殿前司职事。1208年因昏庸贪渎被罢职。很显然，郭果没有在武昌或鄂州任职的经历，而郭杲在鄂州任职并生活过。郭公堤在花堤的东边，离长江比花堤更远一点，今天的武昌实验小学一带过去是一个湖泊，《方舆汇编职方典》在"武昌府山川考"记载郭公堤"在湖心，自长街东至新开路二里"，此处说的正是这个湖，它有多个名字——菱湖、宁湖、明月湖，在地理上它与今天武汉音乐学院内的都司湖本来为一体，只是因为淤积或填湖而被分开。郭公堤严格意义上不是江堤，是湖泊周围的围垸堤。江汉平原的湖泊周围，这种小堤极为常见。

宋代的武昌城边还有一道堤，这道堤是真正的江堤。对这道堤，各种说法都有。1869年的《江夏县志》说"万金堤"在花堤外，绍兴年间，"役大军筑之，建壁江亭，即大堤口，陆放翁有记，滨江四望，堤上楼阁重复，灯火歌呼，夜分乃已"。大堤口在蛇山北的长江边，这个地方对应于武昌城的东北角。1883年的《湖北省城内外街道总图》上，大堤口在雄楚楼、应山湖的外江边，这个位置也就是今天中山路在长江边的终点。很多人以此认为万金堤就是大堤口附近的一小段，显然这是一种误读。《方舆汇编职方典》在"武昌府山川考"中说万金堤"在县西南长堤之外，宋绍兴间，役大军筑之，建压江亭。今大堤口或是"。这种说法的矛盾之处在于，万金堤位于城"西南"，但大堤口却在武昌城的东北，既然万金堤在西南长堤之外，怎么会得出东北角"大堤口或是"的结论。《舆地纪胜》则说，万金堤在城西南隅长堤之外，绍熙间役大军筑之，仍建压江亭其上。这一说法又把时间变为了"绍熙间"。以上只是很多说法中的三种，仅此三种已令人如坠云雾了。时间不一致，大堤的方位不一致，大堤的长度不一致，各种说法之间虽有矛盾之处，但每种说法也有可取的一部分。陆游1170年去夔州上任经过武昌，这是乾道六年的事。《江夏县志》既然说陆游在《入蜀记》描写的市场就是万金堤上的堤街，那么这道大堤的修筑时间就不会是绍熙年间（1190—1194），陆游不可能在《入蜀记》中描写二十年后的事情。《江夏县志》分明写的是"建壁江亭"，其他几种文献，包括后来的作者却都把这个亭子写为"压江亭"。

真实的情形或许是，花堤被包围在城中，失去了堤防的作用，或者水患严重，花堤不足以保护武昌城，因此，在花堤之外增修了一道大堤，它的长度应该是从城的西南向北延伸到大堤口，并且在大堤口修建了一个亭子，随之而来的就是堤街的兴起。

对武昌城来说，筑堤和防洪是第一大事。从鲇鱼套到黄鹄矶，江水迎面扑向武昌，到了黄鹤楼下，黄鹄矶像一只胳膊，把江水挑向江北，矶头保护了黄鹄矶以下的武昌，但黄鹄矶以上的武昌南岸，却往往会不断坍塌。1506年以后，黄鹤楼附近的汉阳门、黄鹤楼上游的平湖门，江岸不断崩塌，江边百姓苦不堪言，且直接危及城墙。地方政府组织对坍塌的江岸进行了临时性的修补，但毕竟不能长久。大约1605年到1609年之间，知府张以谦主持对武昌江岸进行了一次大修，这一次是修筑石堤。石堤从武昌城南的望山门一带，沿巡司河向西，折向北，顺长江经黄鹄矶到武昌城东北的阅兵楼（即今天的积玉桥）附近。线路长1135丈，近4000米，高、宽都超过四丈（约13米），耗费十万多块条石，十万多棵松树、椿树。这一次工程竣工后，还铸造了四头铁牛置于石堤之上。在清末的老照片上，仍可以看见黄鹤楼下，巨石垒起来的护岸，以及护岸上的平地，平地上的民房以及民房背后的黄鹤楼。

张以谦的"武昌石堤"在古代武昌堤防建设上取得了实质性的进步。以往的堤,要么长度局限于一小段一小截,规模不大,要么修筑技术始终停留在传统的泥土夯筑上。张以谦是河南洛阳人,字本厚,万历二十三年(1595)进士。他在任陕西洋县知县时,就尝试用新办法改进水利施工,1599年他在洋县修筑石门堰、杨填堰时,积累了以巨石为底,上垒条石、涂以石灰的施工经验。湑水河上的杨填堰原来是传统的竖木头、填充荆棘的简单水坝,张以谦把它改进为渠口、闸门、堤防为一体的蓄水灌溉设施。张以谦修建的"武昌石堤"虽然不敢说固若金汤,但事实上,此后的武昌城就基本依赖这道石堤的保护。《洛阳县志》把张以谦列为"循吏",视为官员的榜样。历史上,在武昌曾经修建过"洛阳张公生祠",可见张以谦在当时武昌人心目中的地位。遗憾的是,后来的本地各种文献对张以谦基本不提。

张以谦修建武昌石堤时,鹦鹉洲正处于风雨飘摇之中。鹦鹉洲与长江的走向大致上一致,沙洲与武昌城之间形成一个河套,这个河套是往来船只的避风港和泊岸。鹦鹉洲不是一个单纯的沙洲,既沉淀有祢衡等历史文化,也是武昌南市繁华的地理构成。1170年陆游入四川,在武昌游玩之后,"黎明离鄂州,便风挂帆,沿鹦鹉洲南行。洲上有茂林神祠,远望如小山"。陆游看见了鹦鹉洲上的神祠,也看到了武昌江边商船衔尾相接、连绵数里的壮观。在他看来,从镇江至武昌的长江沿岸,其他城市都不如武昌繁华。七年后,陆游的好友范成大停留武昌时,对武昌的感受与他一样。

影响河道变化的因素很多,不同年份的水量不同,不同年代的泥沙量不同,不同年代人类在河岸边的活动程度不同,这些不同最终会酿成河道的变化,比如,主泓的位置,河槽的深度,河岸的稳定与崩塌,以及沙洲与陆地的疏远或亲近。这些变化投射到城市，便是商业集市的格局及其变化，这一系列变化的传导媒介是水手和商船。春江水暖鸭先知，水手对河流的变化最为敏感，同一段河流，水手能感知到主泓的转移和力量，也能感受到河道的淤积与深切，当然，他们也知道，哪里最适合抛锚靠岸。不适合商船靠岸的地方，市场注定难以繁荣起来。

南宋末年开始，鹦鹉洲附近的河道正在发生变化。武汉长江河道的主泓在汉南的纱帽与武汉长江大桥之间有多处分汊，河道主流第一次分汊的位置在军山长江大桥南桥墩下游的石咀，左右两个支汊分别贴着北岸、南岸，在武汉长江大桥附近汇合，汇合后贴武昌一侧下行至武汉长江二桥再次分汊，两个支汊绕过天兴洲再次汇合。第一次分汊的主泓之所以在武汉长江大桥附近汇合，是因为武昌城的长江边存在一个巨大的深槽，左汊主泓从上游下来后被深槽吸引过来，发生向武昌一侧的偏转。

历史的神奇与自然的神奇，居然可以巧合到一起。这个河道的深槽从鲇鱼套延伸到蛇山边的汉阳门，历史上的武昌南市也是从鲇鱼套到黄鹤楼下的汉阳门，鹦鹉洲也是横跨在鲇鱼套与黄鹄矶之间。

河床不断下切形成深槽，深槽不断逼近武昌江岸，急流不断切割武昌城的基脚，这些都是鹦鹉洲消失的因素。但对鹦鹉洲消失的过程一直没有统一的意见，别的不说，仅仅在消失的时间上就有明洪武末年、明成化年间、明万历至崇祯初年、清康熙末年至雍正初年、雍正年间等说法，这些不同的说法相差300多年，让人困惑无比。在鹦鹉洲一块一块的崩溃、沉没过程中，难道没有人注意到这个著名的沙洲正在变小，甚至将要消失吗？或许人们太忙，或许时局动荡，人们都在逃命，明朝末年到处是战争，每个人最紧要的是活下去。但有一个人注意到了鹦鹉洲的变化，这就是著名的文学家顾景星。顾景星的家乡蕲春离武昌不远，他在自己最重要的著作《白茅堂集》中，有过这样的记录："明崇祯十二年，鹦鹉洲尚未崩，土圮，露唐西川节度使韦皋妾墓志。"顾景星出生在1621年，1643年张献忠攻进蕲春，22岁的顾景星才与家人离开家乡，作为当时名震江夏的知识分子，或许他对武昌的了解比一般人多。明崇祯十二年即1642年，顾景星说此时鹦鹉洲只是在倒塌，并未崩解。崇祯辛未年（1631）的进士吴伟业所写的《绥寇纪略》可以作为对顾景星记录的佐证，这部专门记录陕北农民起义军故事的书，虽然许多来自他人口述，但学术界认为"记事尚颇近实"。他描写张献忠攻陷武昌城的景象有一句话："自鹦鹉洲达于道士洑，浮胔蚁动，水几不通。逾月，人脂厚累寸，鱼鳖不可食。"道士洑在今黄石西塞山北，1643年5月，张献忠攻陷武昌，将20岁以下、15岁以上的男子录用为兵，其余的全部杀掉，从鹦鹉洲到黄石道士洑，浮尸蔽江。张献忠在武昌城的所作所为，很多文献如《明史》《明史纪事本末》都有记载，只是措辞稍有不同，比如《明季北略》卷十九的描述是，杀了数万，把剩下的"纵之出城，以铁骑围而蹙之江中。浮尸蔽江而下，武昌鱼几不可食"。因此，可以相信，1643年鹦鹉洲还未沉没。

顾景星、吴伟业记录的这段年间，另外一个活跃在武昌的人做了一件事，此事也许是加速鹦鹉洲解体的因素之一。这个人正是明末与李自成、张献忠作战的主将左良玉。1642年，退守武昌的左良玉用两艘大船装满石头沉入江北的沌口一带。这个情节来自范锴的《汉口丛谈》，但不见于其他文献，同治《江夏县志》、嘉靖《汉阳府志》在鹦鹉洲的条目下都未提及。也许这件事不算大事，历史在记录左良玉镇守武昌时都忽略了。1643年李自成围攻武汉时，张献忠已先李自成一步占领了汉阳、武昌，左良玉则沿长江而下，去了九江。假如事情真如范锴在《汉口丛谈》中所说，左良玉以船和石头堵沌口的航道，鹦鹉洲理所当然会受到影响。因为沉船的位置刚好在武汉长江河道主泓的左汊（江北一侧），左汊的沉船必将削减江水的下泄流量和速度，水流放慢后，泥沙会在江北下游沉积下来，其后的结果正是如此，江南的鹦鹉洲消失后，江北的汉阳城附近出现了新的沙洲。另一个后果是，右汉（江南一侧）的流量和速度会因左汉水流不畅而增加，加速下泄的江水经白沙洲、鲇鱼套，一路朝鹦鹉洲冲去。

大约四十年后，湖北红安人张希良为武昌的朋友"徐公"写了《东山小隐赋有序记》："鹦鹉虽沈，吴江之影犹绿；黄鹤一去，汀洲之迹乃留。其右则有吹笛之楼、搁笔之堂。剑池横压云之气，石镜分涌月之光。指风樯于夏口，睇树色于汉阳。鱼龙晓夕而百变，烟波咫尺而异乡。其北则有梁武之城、石子之冈。霜染胭脂，日丽凤凰。白阳余屯台之址，青山为侨治之疆。武湖烟迷于古戍，雄楼风厂乎大王。"张希良进士及第后，纂修过《宋元明三朝国史》《大清一统志》《明史》，做过浙江学政。1682年，张希良的朋友在蛇山南修筑了一个花园山庄，经常邀请名流饮酒赋诗。张希良这首赋激情洋溢，不仅把蛇山以及武汉三镇的景点、名胜巧妙代入，借蛇山小园的视角，抒发文人"得失任看塞上马，依栖且食武昌鱼"的洒脱，更宝贵的是，他确凿无疑地告诉人们，此时鹦鹉洲"已沈（沉）"，作为一个历史学者兼官员，他当然知道自己在说什么。

明末清初几个文学家对鹦鹉洲的念念不忘，终于为后人寻找真相留下了依稀的指引。1643年到1682年之间，准确地说，1682年之前，古鹦鹉洲悄无声息完全沉没江底。水手和商人曾经的避风港，武昌繁华的见证者，武昌南市的保障，现在，这些鹦鹉洲曾经的角色被金沙洲取代了。

巡司河先由南向北，在武昌城边折向西，经过保安门、望山门后进入长江，城南这个河套即鲇鱼套，河套有两个著名的沙洲——金沙洲、白沙洲。两个沙洲，白沙洲在外，金沙洲在里。学者认为，金沙洲先并岸，19世纪末、20世纪初，白沙洲也与岸边连为一体，但白沙洲与金沙洲之间还存在残余水面，即夹套。并岸后的白沙洲大致是今天南起武昌解放桥附近的玻璃厂，北止于杨泗港长江大桥下的八坦路，东起夹套河路、西抵长江边。夹套河路修建在过去白沙洲与金沙洲之间的夹河上，巡司河从玻璃厂与武昌城之间穿过，玻璃厂外是夹河，夹河外是毛家巷，毛家巷外是长江。1939年日军的地图上仍标注着金沙洲，据当地老人回忆，后来白沙洲地区最繁华的八铺街所在的位置即历史上的金沙洲，这块地方大致包括今天武泰闸体育场以西，玻璃厂横街、堤东社区以东。因此，今天的白沙洲就是古白沙洲、金沙洲与陆地连接成一片后的统称。

巡司河虽然是一条小河，但这个入江口却很有名。据说战国时期青铜器上的铭文就提到了这个地方。1957年4月在安徽寿县东郊丘家花园发现了三件错金银青铜器，上面的铭文证实，青铜器是楚怀王颁发给鄂君启的免税通行证。通行证分为陆路和水路两种。水路通行证上的铭文列举了由鄂出发的西北、东、西南、西四条路线，其中的一条路线，即"屯三舟为舿，五十舿，舿岁能返。自鄂往，逾湖，徒（涉）汉"，谭其骧先生认为起点是从鄂城穿过梁子湖，经巡司河，越过长江，进入汉水。因《楚辞》中有"子交手兮东行，送美人兮南浦"，李白《江夏行·忆昔娇小姿》中又有"适来往南浦，欲问西江船"。据明末清初诗人吴景旭考证，此地就是屈原、李白诗歌中的"南浦"。三国时期，黄盖在这个河套屯兵，因此又诞生了一个名字"黄军浦"，民间则把发财的梦想寄托在这个河口，又叫它"黄金浦"。但在河流地理的意义上，它首先是"河套"，因此它还有"管家套""陈公套""鲇鱼套"三个名字。

一个河口、一个河套的名称，也承载着一块土地的历史，巡司河与武昌城之间这个河套名字的变化就是一部解释武昌城的词典。《江夏县志》解释陈公套时说，弘治十四年（1501）"知府陈晦以小舟数百，载铁器沉于此，并渡急椔犯其高，沙随水去，于是水绕城南，商旅得避风涛之险，遂名陈公套"。陈晦的个人资料《明史》等典籍少有记载，但一部评述福建画家的著作《闽画记》有对他的介绍。《闽画记》的作者是明代诗人徐

白沙洲岸边的木排（黄建 供图）

兴公，他不仅是诗人，还是藏书家、编辑家，也创作了大量的文言小说、笔记、诗话等，他可能是明朝文坛最复杂最有争议的作家之一。民间不少人甚至认为他是《石头记》的作者，也可能写了话本小说"三言"，还可能写了《西游记》，等等，总之，围绕他的争议和传说从未间断，但不管怎样，他藏书五万多卷，堪比"天一阁"，这一点没争议，另外他是著名的编辑家，也没争议。徐兴公本人的画作并不多，但他精于鉴赏，因此能被他评论的艺术家自然不差，由此看来，陈晦也是一个当时画坛上有成就的画家。福建莆田人陈晦，字待徵，成化二十三年（1487年）进士。从《明实录》中仅有的几条关于陈晦的记载可知，他在武昌知府任上，声誉很好，即使1508年他从武昌知府被升为江西布政司右参政后，朝廷仍让他掌管武昌府，理由是"治有异迹，屡为上官旌荐，欲借留以慰民望"。

陈晦治理巡司河口的主要目的是为了疏浚河套，河套疏浚后，巡司河成了商船停泊靠岸的良港，江北汉阳的商人纷纷迁移到巡司河口做生意，为此，汉阳人对陈晦充满了仇恨，乃至当陈晦到了汉阳，汉阳人纷纷追着他投掷石头。

白沙洲的著名首先是因为造船，三国时代由于水师、水战的需要，这里就开始打造船。后来的武昌造船厂选址在巡司河的出口或许就是历史的安排。其次，这里是漕运的枢纽，到了明朝，负责湖广漕运的管理机构设置在武昌，湘资沅澧南下的漕船都要先停靠武昌，再下南京到运河。同时，它也是竹木和食盐的集散中心。金沙洲一开始是长江的竹木集散中心，在两个沙洲与陆地连成一体之后，金沙洲、白沙洲都是竹木集散地。这块土地之所以与竹木的关系如此紧密，主要是因为湖南、四川的木材、竹材，不仅数量大，而且品质好。这些木材需要大都会的消费市场，武汉就是这个大市场。在航运交通主导经济的时代，白沙洲是洞庭湖、川江下来的竹排、木排的必经之地。竹木、粮食、食盐的巨大物流量成就了白沙洲港口的繁荣，码头、米行、盐行、木行、货场、仓库、会馆、寺庙、戏院、杂货铺、槽坊，都拥挤在小小的白沙洲上。

20世纪80年代，我第一次从武金堤上走进白沙洲。大堤是我见过的上荆江的那种土堤，堤上的路坑洼不平，沿途所见的房屋都是破烂的民居，大堤下几里长的路边堆放的都是木材。那时，我并不知道，这一带早就是竹木集散地。到了21世纪，在白沙洲急剧变迁的时代，很多人知道这里有武汉最大的农贸市场，白沙洲大市场，殊不知在白沙洲大桥一带，还集中有几十家木材公司，既销售原木、加工后的木材，也回收旧木材，这些木材企业是白沙洲传统和历史的延续，是几百年湖南船民、湖南"放排佬"的烙印。

The
Biography
of
Wuhan

武汉 传

江城新格局

第四章

长堤穿过后湖

汉口因商贸而兴起，但并没有通常的城市格局，如城墙、护城河、城门等，而且明末形成的以汉正街为依托，以两侧街巷为支撑的码头市场在明清之际反复遭受到战争的重创。但到1796年时，汉口居民已达3万多户，人口超过12万，它又一次崛起了。

章学诚在《湖北通志检存稿》中说，湖北所有镇市中"其最大者莫如汉镇"，"上自硚口下自（至）接官厅计一十五里，五方之人杂居，灶突重沓，嘈杂喧呶之声，夜分未靖"，"盖十府一州商贾需于外部之物无不取给于汉镇。而外部所需于湖北者，……亦皆于此取给焉"。可见汉口市镇在长江中游的地位、规模和作用。

1861年汉口作为通商口岸开埠后，英、俄、德、法、日等国又在此开辟租界，昔日的内河码头一下成为对外贸易的窗口。时代再一次提出了汉口城市格局的问题。1864年，历史把这一问卷交给了汉阳知府钟谦钧。此前，钟谦钧以"知府补用"的身份，随湖广总督官文收复被太平军攻占的黄州府县城，颇得官文欣赏。也因为办理盐茶有功，深受湖北巡抚胡林翼喜欢。1862年他终于去掉了"补用"的尾巴，被授汉阳知府。

鉴于太平军不断攻打武昌、汉口，也为了抵挡汉口玉带河外后湖的

汉口老城墙，即汉口城堡。（图片引自《汉正街志》）

水患，钟谦钧与汉阳县令孙福海、士绅胡兆春等向官文提议，在长堤外筑城墙，建汉口城。《续辑汉阳县志》等史书记载了汉口城墙的起止点、建筑方式，以及经费预算、经费来源："上至硚口，下至沙包，长一千九百九十二丈二尺，约十里许，筑堡垣焉。堡基密布木桩，堡垣则全砌红石，外浚深沟，内培坚土。辟堡门七，曰：玉带、便民、居仁、由义、大智、循礼、通济，建炮台十有五。其费皆商民筹捐，共银二十余万两"。这道十多里的城墙，大致就是今天中山大道硚口路至一元路一线。汉口城堡的修建将汉口从长堤扩大到玉带河以外，不仅取代了长堤防洪的功能。而且有人计算，钟谦钧的这一举措将汉口面积扩大了三倍。

钟谦钧1869年升任两广盐运使，1874年逝于岳阳老家。出生在洞庭湖中君山岛的钟谦钧，因为贫困辍学，没有走传统的科举道路，而是独自外出闯荡，据说他在船上做过会计。岳阳处于洞庭湖与长江的交汇处，下游不远就是著名的物质集散地汉口。水运繁华的时代，到船上打工显然是不错的选择。经过多年的打拼，1844年，41岁的钟谦钧捐了一个"从九品"的官，分派到湖北试用。等了七年，1851年，他被安排到沔阳州任锅底司巡检，这是一个由县令管辖的派出机构，负责市镇、关隘的社会治安。其实，这个地方应该叫"锅底湾"，属于今天的洪湖市老湾回族乡管辖。《洪湖县志》记载，南宋时，北方难民迁到洪湖开荒屯田，船只都聚集在这个水湾。移民上岸挖灶做饭，离去时只取走铁锅，把灶留给后来的移民，锅底湾的地名由此而来。一个熟悉洞庭湖的湖南岳阳人到一江之隔的洪湖任职，无疑有天生的优势，但1852年太平军从桂林、长沙向北，一路攻下了武昌。在他任职的前后几年，离沔阳最近的灾难除了太平军带来的战乱，还有1849年沔阳大疫，1857年武昌、汉阳蝗灾，1860年长江特大水灾。

历史没有提供钟谦钧如何面对这些挑战，只是说在水患频繁、盗贼出没的沔阳，他治水安民，呈现出了安澜、风清、祥和的局面，并在1862年被授汉阳知县。钟谦钧初到汉阳，恰遇胡林翼与太平军作战失利，汉阳到处是难民，他四处联络慈善机构，带头捐出自己的俸资，开设多家粥厂，搭建几百间茅棚，解决难民的吃住困难和治病看病的困难。他还修复毁于战乱的书院，资助贫困学生；捐资筹款，采取以工代赈的办法修复江堤，帮助灾民恢复生产，渡过难关，又倡议修建育婴堂、敬老院，收养孤寡老人和孩子。

钟谦钧离开锅底湾25年后，辛亥武昌起义的核心人物之一杨时杰在锅底湾出生，锅底湾今天的名字"珂里湾"便出自他的手中。杨时杰写过一首诗《遣兴》："悲心一点苦难抛，日学遒人木铎摇。欲醒人间名利客，行将骑鹤普天敲。"在诗中，他希望像夏商周时期的"遒人"（古代帝王派出去了解民情的使臣），摇动木铎，走遍天下，敲醒昏昏欲睡的名利客。

杨时杰的理想并非停留在口头。1905年杨时杰赴日留学，第二年就由孙中山介绍加入了同盟会，1910年夏天他回到汉口。此时的武汉风起云涌，一场改变中国历史的暴风雨正在酝酿之中。"能争汉上为先著，此复神州第一功"，杨时杰以及与他一起集合在武汉的进步青年，无疑都有"汉上为先"的精神。他与共进会会长刘公都主张在湖北起义，但当杨时杰到达武汉时，刘公却因为肺病回到了襄阳。他只好去找在一家报纸当编辑的同乡杨玉如，商定在武昌粮道街另设机关、聚集同志、发展组织，策划起义。杨玉如后来在《辛亥革命先著记》中回忆，杨时杰认为这几年在沿海几省发动的起义都没有成功，他主张在武昌起义，湖北人就要在湖北干起来。1911年武昌起义后，杨时杰被推举为鄂军都督府内务部长，在阳夏保卫战中担任总司令部督战员。抗战中，杨时杰回到珂里湾，积极联络抗日力量，为促进抗战胜利多次挺身而出。

杨时杰对"珂里湾"的解释是，"珂"来自玉珂鸣响，佩玉铿锵，有高贵之意；"里"来自"礼"，寄托谦恭礼让的希望。2018年珂里湾村以其独特的历史积淀、传统建筑、文化遗产被列入第五批中国传统村落名录。1905年，杨时杰赴日留学的当年，湖广总督张之洞在汉口城堡之外，主持修筑了后湖大堤，武汉人称之张公堤。这条大堤东起汉口堤角，西至舵落口，全长20多公里。"长堤"的修筑成就了汉口由"城"到"市镇"的转变，"汉口城堡"将汉口变成真正的"城"，"后湖大堤"的修筑则成就了汉口的"大"。

有学者研究，从1888年到1908年的20年间，汉口人口增长大约35%，1888年汉口的保甲册记载汉口有2.6万多户、18万多人，到了1908年则有近5万户、24万多人。加上各地往来流动人口和侨民，估计鼎盛时期达到80万人。由此我们可以想象1905年汉口人口的密度。

张之洞修筑后湖大堤一方面是汉口人满为患，另一方面是每年夏秋汛

早期的后湖大堤，堤边可见后湖还有很深的积水。（黄建 供图）

期，汉口城堡外河汊湖泊一片汪洋，水患严重制约了汉口的发展。张之洞设想，假如筑一道长堤抵御洪水，在大堤保护范围内的土地，就可以开发成为商务繁盛之区。既解除了汉口的洪涝之忧，又扩大了汉口的面积。

修建后湖大堤之前，张之洞已在武汉创办了自强学堂等一批学校，开办了汉阳铁厂等一批企业，长达3000里的卢汉铁路还欠着外债，尽管有压力，张之洞的脚步并没停下来。1899年他又主持在武昌城外鲇鱼套至金口修筑了50多里的武金堤，同时开工了新河口至青山30多里的武青堤。1905年又组织民工，疏浚沙湖和郭郑湖，并在南北两堤上建水闸数座，这一系列工程建设一直持续到1906年。

《湖北通志》记载，1880年至1896年间，湖北财政每年存留地方者仅110万两，而现在，汉口的后湖大堤需要耗资至少80万两，对张之洞和捉襟见肘的湖北财政来说，后湖大堤谈何容易。当然，自就任湖广总督以来，张之洞在武汉实施的一系列新政，件件都不容易。在张之洞弟子的眼中，他要做的事没有钱也要设法去做，一边做一边筹钱，所以往往无时

今日张公堤，即后湖大堤。（董希浒 供图）

不在筹钱。在后湖大堤修筑的三年中，张之洞用赈粜米捐筹集了30万两，而同样具有开创精神和乐善好施的商人刘歆生认捐了剩下的50万两。工程分为10段，每段分头施工。1906年大堤竣工，从汉口城堡到后湖大堤之间多出了10万亩土地，有人计算，这一工程把汉口扩大了20倍。今天解放大道与三环线之间的古田路、水厂、宝丰路、航空路、中山公园、武汉商场、新华路、球场路、西马路、赵家条、惠济路、解放公园、黄浦路等汉口城区，都是在后湖大堤修建之后涸出的土地。

当然，后湖大堤的顺利竣工，与德国工程人员的设计不无关系。据学者对"后湖堤工案"的研究，后湖大堤参考了德国公司的设计并吸取了西方的筑堤技术。不管怎么说，张之洞以他特有的方式，以武金堤、武青堤、后湖大堤（张公堤）三条大堤"筑"出了武汉的"大"。

今天武汉市的北三环由西向东，从舵落口、额头湾，经新墩、园博园、常青高架、姑嫂树互通、金银潭至三金潭，最后抵达岱黄公路的起点，这条环线与从舵落口到堤角的张公堤的走向基本重叠。事实上，环线就在大堤的脚下。过去这条线是汉口的防洪屏障，在2020年的新冠肺炎疫情防控中，这条线也是抗疫阻击线。

从北三环的朱家河向南就是谌家矶，这里离张公堤的终点不远。抗疫中最大的方舱医院——长江新城方舱医院距这里1000米。整个方舱医院由20个厂房仓库改造而成，设有3840张床位。从谌家矶向西，过三金潭立交，就是塔子湖体育中心，它离张公堤不到两千米。塔子湖体育中心方舱医院有1000个床位。从塔子湖体育中心向北，穿过三环线就是金银潭医院。2002年"非典"过后，武汉市为加强公共卫生体系，投资5亿元在张公堤北面修建了这所医院，将原处于江汉北路的武汉市传染病医院迁到这里，2016年改名金银潭医院。在张公堤的修筑中，金潭、银潭就是著名的险段，2020年的疫情中，金潭、银潭附近的金银潭医院同样险要。从金银潭医院向北，不到1000米就是武汉客厅方舱医院。在2020年的抗疫中，这个有2000张床位的方舱医院是武汉市入住新冠肺炎轻症患者最多的方舱医院，也是首批患者清零的方舱医院。

100多年前，后湖大堤修建时，张之洞的眼前，堤内堤外都是水，他不会想到，堤外的金银潭会有武汉客厅、金银潭医院，也不会想到堤内会有塔子湖体育中心，大堤的终点谌家矶会有一个工业园，更不会想到这些都成了2020年阻击疫情的屏障。

东方茶港

"东方茶港"的说法据说出自俄国皇太子尼古拉·亚历山德罗维奇，1891年4月21日，他出席了汉口新泰砖茶厂建厂25周年庆典仪式，在讲话中他称赞了中俄茶路、茶商以及汉口茶港。不知道尼古拉二世是否留下了日记，记下了自己在汉口的讲话，但尼古拉二世的财政大臣维特伯爵在回忆录中似乎没有提到，他仅仅说尼古拉·亚历山德罗维奇"1891年5月19日到远东旅行的时候，才兴建了乌苏里铁路"，这个急欲"在远东扩张俄国的势力"的年轻皇帝"对西伯利亚铁路很感兴趣"，此外还对"改进伏特加酒贸易"感兴趣。维特伯爵正是1896年与李鸿章谈判的俄国代表。

找不到"东方茶港"的出处固然令人遗憾，但也许更有说服力的"出处"是茶叶的贸易规模。《武汉租界志》中有几个数据，1862年从汉口出口红茶216351担，1863年这个数字增长到272922担，而1861年刚刚开埠时，这个数字才80000担。砖茶的数字则增长更快，1866—1870年，每年汉口出口的砖茶在30万到40万担之间，1870—1874年汉口每年出口茶叶和砖茶50万担。单看汉口的贸易量并不能完全体现汉口茶港的地位，比较一下汉口茶叶出口在全国出口量中的占比，或许更有说服力。《武汉市志》里有两个比较出口量的数据，1890年汉口茶叶出口占全国出口的44.35%，1894年汉口出口茶叶147670担，其中出口到俄国125885担，占85.25%，汉口的东方茶港地位一目了然。

从茶叶的出口数据不难看出，"东方茶港"是历史的产物，准确地说是1861年汉口开埠的结果。近代茶叶的对外贸易有几个里程碑，第一个是1757年，乾隆皇帝出于对海防能否稳定的担心，命令商船不准进入浙江海港。从1758年开始，"赴浙之船必当严行禁绝"，"将来只许在广东收泊交易，不得再赴宁波，如或再来，必令原船返掉至广"。对沿海贸易的禁令，带来广州一家独大，垄断了茶叶的对外贸易。鸦片战争前，广州港茶叶输出量占全国输出量的60%以上。但战争改变了经济格局，1842年《南京条约》把上海推到了对外贸易的前台，并迅速占有全国茶叶出口的一半以上。同样因为战争，茶叶无法从福建运输到广州、上海、汉口，只能从福州出口，福州紧接上海成了茶叶输出口岸。1858年《天津条约》把汉口列为通商口岸，1861年汉口正式对外开放，开埠后的汉口一跃而成为新的茶叶贸易重镇。

从1757年到1861年，近一百年，乾隆的一个旨意，两个条约，成就了上海、福州、汉口中国茶叶三大交易口岸。因此，即使尼古拉·亚历山德罗维奇不说汉口是"东方茶港"，历史也终将奠定汉口在茶叶交易中的地位。《清史稿·食货志》就对汉口做出了历史定位："厥后泰西诸国通商，茶务因之一变。其市场大者有三：曰汉口，曰上海，曰福州。汉口之茶，来自湖南、江西、安徽，合本省所产，溯汉水以运於河南、陕西、青海、新疆。其输至俄罗斯者，皆砖茶也。"《清史稿》这段话不仅把汉口茶港排列在上海、福州之前，还以极其精简的语言道出了汉口的茶来自哪里，去了哪里，怎么去的。

南岭以北，长江以南，雪峰山以东，罗霄山、幕阜山以西的广大地域，到处都是茶区。这片土地多为江南丘陵，其间夹杂少数低山、中山，

汉口江边码头工人正从船上把茶叶扛上岸（黄建 供图）

极少数高山。从资水上游开始，新化、安化、益阳、常德到常德以西的武陵山区，都是茶区。洞庭湖与长江沿岸有湖北蒲圻、岳阳及临湘等著名的产茶区。历史上把这些地方产的茶统称"湖茶"，把它们与湖北的茶合称"两湖茶"，以区别于川茶、陕茶。安徽的茶区除了大别山，还有休宁、歙县、旌德、绩溪、宁国、祁门、贵池等地；江西的茶区则有浮梁、婺源、上饶、修水、庐山、井冈山、宁都等地。新化的红茶是湘红的代表，紫鹊界贡米、龙牙百合、渠江薄片都曾经是贡品。安化的黑茶明朝时就被列为官茶，汉寿的龙阳茶，岳阳的君山银针、北港毛尖是中国黄茶的代表。蒲圻羊楼洞的"三玉川""巨盛川"是砖茶的代表。黄山毛峰、六安瓜片、祁门红茶、屯溪绿茶都是徽茶的代表。庐山云雾、浮瑶仙芝、宁红金毫、婺源林生、上饶白眉等则是江西名茶的代表。

《清史稿》的说法准确而清晰，这些茶一部分通过汉口运到陕西、青海、新疆，即内销，黑茶则运到俄罗斯，即外销。但几乎所有专家衡量汉口在茶叶贸易中的地位时，主要看的是外销的数量，换句话说，大家讨论的主要是"砖茶"的销售量。

砖茶就是把茶叶压紧，做成砖块的形状。早期用人工压紧，后来用机械压紧，因此也叫"紧压茶"。青砖茶、米砖茶、黑砖茶、花砖茶、伏砖茶等，都是"紧压茶"，而且，黑砖茶、茯砖茶、花砖茶的原料都是"黑毛茶"，只是在工艺、原料配比上有所差别。花砖茶的四面有花纹，茯砖茶的松紧度不同，要给微生物留下空间，让茶砖产生金黄色的菌落即"金花"。有一点出乎大多数人的意料，青砖茶并不是青茶，它也是黑茶，只是用的原料是老青茶。在这些紧压茶中，只有一种茶不是黑茶，即米砖茶，它是以红茶为原料压制成的砖茶。

在茶马互市时代，两湖（湖南、湖北）的茶并不都从汉口中转到西北。明代安化籍退休官员林之兰记录了陕西、山西商人从湖南运茶的两条路线，一条沿安化入资水，经益阳，进洞庭湖，过长江，从湖北荆州卸船，就地加工黑毛茶，然后走陆路进入四川，另一条路从雪峰山到湘西再到重庆的酉阳，即从安化的洞市、鹞子尖进入新化、怀化、辰溪，由酉阳进入四川。在那个时代，汉口的茶叶枢纽港地位并不突出。

雍正十三年（1735）朝廷以马匹充足的理由，命令将茶变价充饷，并对官茶改为征税，不再以茶换马，茶马制度从此淡出西北。事实上，以茶换马并不是严格意义上的茶叶贸易，而是朝廷为稳定边境而采取的一项控制措施。政府通过对茶的垄断，让依赖茶的草原民族不再于边境制造动乱。但时代是变化的，雍正时期，边境的范围变了，过去换马的关卡不再处于边境，而且私茶屡禁不止，有的地方官茶存放几年都销售不出去，与此同时，清朝政府官办的军马场不断壮大，政府缺的不再是马，而是银子。双方交换的动力不再强劲，与其让"茶篦年久泡烂"，倒不如放开茶叶交易，政府收税更加合算。此一变化对江南茶叶贸易产生了巨大影响，茶叶不必送到西北各个规定的关口换马，官茶制度事实上名存实亡了，茶

汉口顺丰砖茶厂（黄建 供图）

商可以光明正大地做生意了。由此，到湖南采购的茶商不再经四川，到陕西、甘肃，而是选择经过汉口，从汉江北上。另一个重大因素是太平天国起义之后，原来去福建的茶路兵荒马乱，采购茶叶的商人出于安全考虑，不再南下武夷山茶区，转而在湖南、湖北寻找茶场并采办茶叶，汉口商埠的对外开放则推波助澜，最终形成了茶叶向汉口踊跃而来的潮流。

现在，这些运输茶叶的船是这样来到汉口的：安化的茶叶从各个茶场，选择小溪流进入资江，顺资江而下，经安化、益阳、湘阴，穿越洞庭湖，经岳阳、临湘、江夏，到达汉口。新化的茶叶也可以从新化至邵阳、梅城、宁乡、长沙，入湘江，穿越洞庭湖，经岳阳、临湘、江夏，到达汉口。蒲圻的茶叶从羊楼洞出发，经赵李桥、新店，入新店河，穿越黄盖湖，入长江，经嘉鱼、江夏，到达汉口。安徽祁门红茶经水路入江西，穿越鄱阳湖，入长江，过九江，武穴、蕲春、鄂州，到达汉口。

而茶叶从汉口出去的路是这样的：湖南、安徽、江西等地的茶到汉口后，除了办理规定的手续外，有的需要继续加工，有的需要分装，有的需要根据汉江航道的通行状况，更换船只，然后重新装船，入汉江，经襄樊及河南唐河、社旗，而后走陆路北上，经洛阳，渡黄河，过晋城、长治、太原、大同至张家口，或从朔州市右玉县山西与内蒙古交界处的杀虎口，进入内蒙古呼和浩特，再跋涉1000多公里的沙漠，至恰克图，然后由恰克图销往欧洲和远东地区。另一条线路是从汉口顺长江而下至上海，从海上转运天津；再由陆路运至恰克图转运西伯利亚。京汉铁路通车后，汉口的茶叶输出又增加了一条更为便捷的途径，即通过铁路由汉口运至华北，再由驼队输往蒙古和西伯利亚。

汉口并不是茶叶的重要消费市场，只是茶叶集散和转运中心，它发挥的是港口的功能，茶叶运销手续的办理，运输船舶的停靠、维修，茶叶的加工、装卸、搬运、仓储、手工作坊、机械作坊，以及为茶商提供服务的客栈、酒馆、当铺、洋行，等等。这是一个以茶叶为中心的巨大产业链，它的存在是汉口生活的一部分，是城市风貌的一部分。比如，1909年，汉口有茶楼250家，到了1933年，汉口茶馆增至1373家。1909年，汉口较大型的酒馆有111家，到了1929年，酒馆增加到2437家。汉口开埠后，西式餐饮也出现在城市街头。西北的茶商、两湖的茶商、安徽的茶商、洋行的买办以及外商，在汉口的茶馆、酒楼，杯觥交错，为茶叶价格斗智斗勇；汗流浃背的码头工人在街头端着一碗面，酣畅淋漓；刚到岸的船老板急于卸货；准备从汉江北上的船主却在担心天气和涨水……总之，即使不是茶叶的消费中心，也像煮茶一样，整个城市呈现出热气腾腾的茶港气象。

传说汉口茶叶交易鼎盛时期，从汉江与长江交汇处的龙王庙到下游的谌家矶，30多里的江边都是茶船。1929年民国政府推行计量改革之前，

晚清时期汉口的一家茶馆（黄建 供图）

人们说的一里是576米，30里就是17公里，从地图上看，今天龙王庙到谌家矶大约19公里，这个距离与历史传说的"30多里"差距不大。如果每艘船宽3米，一艘挨一艘停靠，以这个长度的岸线计算，船的总数将超过5千艘。

这么多的船来到汉口，就得有码头。长江边的汉口，历史上有多少个码头，不同年代有不同说法，有的码头消失了，有的码头改名字了，有的地方以前没有码头，后来新修了。根据武汉市志的统计，抗日战争前夕，武汉港有各类码头144座，其中汉江边有45座，长江边有99座，有趸船设备的浮式码头55座。这些码头和趸船主要在长江北岸的汉口。在《1908年汉口市与各国租界略图》上，从汉江入口的龙王庙往下，可以看见多个租界的码头，如大阪商船公司、招商银行、太古洋行、麦边洋行、怡和洋行、鸿安洋行、日本游船公司、东方轮船公司、劳埃德银行、汉堡亚米利加栈、美最时洋行（Melchers 的音译，德商洋行），等等。在 1932 年武昌亚新地学社绘制的《武汉市街道图》上，从龙王庙往下游方向，排列着武汉轮渡码头，四官殿码头、民权码头、招商趸船、民生码头、太古趸船、一码头、二码头、怡和趸船、三码头、四码头、五码头、六码头、日清趸船、鸿安趸船、铁路轮渡码头，等等。在黎黄陂路与兰陵路中间的江边，俄国茶商还开设了专门的顺丰茶栈码头。

这些码头上停泊的船，不一定全是茶船，但其中必然有很大一部分是运输茶叶的船。五口通商开埠之前，安徽人就在汉口开设了"永长春""朱谦益""四达瑞""瑞生泰""胡祥茂""春茂永"等销售茶叶的茶庄。武汉市志记载，大约 1840 年前后，汉正街就有徽州商人专卖绿茶的汪同昌茶叶店、王益茂茶叶店等，但汉口茶市的真正兴起则是在安化黑茶、武夷山乌龙茶、羊楼洞的青茶进入汉口之后，在山西、陕西等地茶商不断把茶叶贩往西北、中俄边境的恰克图之后。

最早把祁门红茶介绍给英国人的是安徽茶商胡元龙。胡元龙是祁门平里镇贵溪村人，他先是经营绿茶，但因为绿茶销售不好，1875 年他请来宁红师傅试制红茶，终于做出了一种新的红茶。胡元龙把祁门红茶送到汉口，通过汉口，祁门红茶又到了伦敦，祁门红茶因色、香、味、形俱臻上乘，被英国人誉为顶级红茶。1915 年胡元龙把"胡日顺"牌红茶运到汉口江边的一艘轮船上，去旧金山参加巴拿马世博会，没想到居然获得了金奖。尽管在太平天国战乱中，祁门茶业遭受重创，但到 19 世纪末 20 世纪初，祁门红茶的产量依然达到四五十万担，占中国红茶出口的 80%。新发现的胡元龙遗嘱透露，早在 1861 年胡元龙就开始试制红茶，只是因为战争不得不搁置。

差不多就在胡元龙第一次试制祁门红茶之际，未来汉正街著名的茶商周聿修出生了。大约 1873 年左右，周聿修坐船在汉口新安码头上了岸，开始在茶铺当学徒，1883年，23岁的周聿修有了自己的茶庄——泰昌源茶庄，而且，这一年他有了第一个孩子周诒春。泰昌源茶庄经营到1895年时，儿子周诒春眼看就跟他当年离家做学徒一般大了，周聿修决定到上海开一家泰昌源茶庄，一是汉口的茶叶当时的运输路线改变了，都要经过上海到天津，然后去恰克图，二是他要给儿子一个好的教育环境。周聿修的人生信念很简单，经商培养孩子，培养孩子成为人才。他在上海为周诒春聘请英语教师，把周诒春送进圣约翰书院读书。朴实而简单的信念，在周诒春身上结出了果实，1903年，周诒春从上海圣约翰大学毕业，1907年，周诒春自费到美国威斯康星大学和耶鲁大学学习。1913年8月，30岁的周诒春被任命为清华学校第二任校长。令人想不到的是，1937年，茶商的儿子周诒春还担任了中国茶叶股份有限公司的首任董事长。

与周聿修同时在汉口经营茶业的还有胡适同父异母的二哥胡绍之。胡家世代以贩茶为业，胡绍之1888年左右开始协助父亲，帮助打理家族的生意，1895年胡适的父亲去世后，胡家在上海和汉口的店铺都由胡绍之经营。胡适在《四十自述》中表达了自己对二哥经营能力的钦佩，他感激二哥，把几个店倒来倒去，支撑起了瑞兴泰茶叶店，而茶叶店支撑了胡家。历史学家考证，胡绍之在汉口德胜街和长盛街中市分别拥有茶店和酒楼。德胜街、长盛街都紧邻汉正街。德胜街在今回民小学附近，紧挨大夹街服装批发市场。长盛街就是今天汉口的民族路，这条路从江边向北穿过大夹街、长堤街抵达六渡桥转盘处的孙中山铜像。在清末民初汉口的茶号中，还有一个著名的"瑞馨泰茶号"，就在花楼街，与胡适二哥胡绍之的"瑞兴泰"仅隔一条街。"瑞馨泰茶号"的创办者叫曹耆瑞，曹耆瑞来自安徽绩溪"旺川曹氏"。旺川曹氏是著名的望族，一个村庄在一千年中出过7个进士、21个举人，近代以来出过多位专家、学者。曹耆瑞的第二个女儿嫁给绩溪胡氏家族的胡祥钧，胡祥钧是徽墨大师胡天柱的五世孙，他在汉口经营胡开文贞记墨店，而且这个店也在花楼街。胡开文贞记墨店曾经兼营徽州茶叶的出口，后来因为国际市场的变化，亏损严重，便不再经营茶叶。曹耆瑞的第三个女儿嫁给胡适的三哥胡嗣秠（胡振之）。曹耆瑞的第四个女儿，便是与胡适相爱过的曹诚英。曹诚英1934年赴美国康奈尔大学农学院主修遗传育种，1937年获得遗传育种学的硕士学位。她先后在安徽大学农学院、复旦大学农学院、沈阳农学院任教，是我国农学界第一位女教授，著名的马铃薯专家。花楼街的"瑞馨泰茶号"只是曹耆瑞的茶号之一，这样的茶号他在武汉一共开了5家，还开了两家装裱店。

1853年之后，茶叶的运销格局改变了。传说山西"乔家大院"的乔致庸眼看福建茶断货，甘愿冒险恢复中断的茶路，他在武夷山收购了100多船茶叶，用半年时间把茶运回了山西，中途被当作太平军余党差一点丢了性命。乔致庸的英雄主义并不适合所有的茶商，也不能保证茶叶稳定而持久地向北运送。一条茶路显然不可能凭一己之力改变，大多数晋商以及

汉正街上的三个茶庄（武汉市地方志办公室 供图）

外商还是选择了采购"两湖茶",以湖南安化,湖北羊楼洞为主,就地加工成砖茶,集中到汉口,再运往北方。

鄂南羊楼洞古镇在武汉的西南,夹在雪峰山与药姑山之间,小镇东南西三面是山,西北方向可以通过小河连通长江边的黄盖湖。自唐太和年间朝廷号召广种山茶起,蒲圻(今名赤壁)羊楼洞就开始培植、加工茶叶。明嘉靖初,羊楼洞的制茶业已相当发达,1727年羊楼洞的青茶输送到了恰克图,但太平天国运动之前,从恰克图出去的茶主要还是武夷山的乌龙茶。到了19世纪70年代,羊楼洞已有近百家茶庄,山沟里的小镇上到处矗立着制茶压砖的烟囱,像一棵棵粗壮的能吐气的大树,在幕阜山下吞云吐雾。此时的羊楼洞已不是过去的羊楼洞,它走到了茶叶贸易的前台。

这些众多的烟囱有一些属于俄国商人的工厂。羊楼洞的老人代代相传的记忆是,1861年俄国人李凡洛夫(李维诺夫)在羊楼洞办起了第一个茶厂,后来的俄国人纷纷效仿,一共办了8个茶厂,具体有哪8个,今天当地人也说不全名字,但根据1876年江汉海关的报告,1873年到1874年,俄国人在羊楼洞的工厂有三个迁回了汉口市区,这3个厂是顺丰、阜昌、新泰。迁回汉口后,新泰茶厂在今天的兰陵路上,顺丰茶厂在黎黄陂路与沿江大道的交界处,阜昌茶厂在南京路上。1912年的汉口警察局局长徐焕斗编撰过一本《汉口小志》。徐焕斗毕业于两湖书院,在两湖书院当过教员,他不太热心做官,反倒特别喜欢研究历史,热爱诗歌。据他了解,当时汉口有六个俄国人的茶厂,其中顺丰(S.W.Livinoff & co.)、新泰(Tokmakoff, Molotkoff & Co.)、阜昌(Molchnoff, Pechatnoff & Co.)、源泰四家规模较大。身为警察局长,他对清末民初汉口工商业的情况或许有比较深入的了解。徐焕斗说的6个,很可能包括隆昌茶厂以及1893年在上海路口设立的柏昌(Popoff Bron, C.S.)茶厂,这两个茶厂的名字都见之于《汉口租界志》。在今天的汉口江边的老建筑中,还可以见到俄国商人茶厂的痕迹，比如洞庭街李维诺夫的红墙别墅，兰陵路与洞庭街交汇处的顺丰茶栈老房子；又如，鄱阳街、黎黄陂路、兰陵路交汇处巴诺夫兄弟的"巴公房子"，这栋房子以奇怪的造型引人注目，三角形的布局，拱门穹顶，如一艘劈开云雾的巨轮。这些房子的墙上都有一个铭牌，简短的文字说着不简单的来历。

有意思的是，无论是羊楼洞茶文化研究者，还是武汉租界的研究者，都认为顺丰洋行及李凡洛夫（李维诺夫）最早在汉口开设了茶厂（先在羊楼洞，后迁回汉口）。但根据近年来新发现的史料，著名中俄关系研究专家陈开科提出这一说法需要更正，在汉口最早开设洋行和茶厂的俄国商人不是李凡洛夫（李维诺夫），而是伊万诺夫。陈开科在《晚清湖北俄国茶商研究的三个问题》（《社会科学研究》2019 年第 7 期）中梳理了俄商在汉口和湖北最早的活动。1869 年俄国驻华公使馆的翻译波波夫考察汉口后，写过一份题为《汉口及俄国茶厂游记》的报告，根据这份实地考察报告提供的信息，1860 年恰克图俄国商会曾派伊万诺夫到汉口考察，1863 年他与奥库诺夫、托克马科夫在汉口成立了一家公司，这家公司以伊万诺夫为核心。几乎在同一时期，另一份材料披露的事实恰好印证了《汉口及俄国茶厂游记》的记录。1870 年曾任俄国驻汉口商务参赞，后来创办柏昌洋行的波波夫写了一本《论茶叶及俄国人在中国的制茶》，在书中他介绍了俄国人最早在湖北办茶厂的活动，他说得很肯定，1863 年，伊万诺夫、奥库洛夫和托克马科夫三人在湖北崇阳租赁了制茶厂（崇阳也属羊楼洞茶区，羊楼洞毗邻崇阳）。并且，依据陈开科的介绍，2014 年后，俄国的中俄关系史专家已经改变了过去的观点，认同这一新的发现。因此，陈开科认为真实的历史是，1863 年在鄂南办茶厂的是伊万诺夫、奥库洛夫和托克马科夫三人，而不是我们今天大多数人认为的李凡洛夫（李维诺夫）。他们创立的"Иванова，Окулова，ТокмаковаиК°"才是俄商在汉口地区最早的洋行（茶厂）。如此说来，洞庭街那栋砖木结构的红墙别墅，或许该换一个新的介绍铭牌了。

俄国人直接在鄂南收购茶叶，在汉口加工茶叶的做法，不是简单增加了几个烟囱、几个蒸汽机，而是简化了工序，在砖茶成型的过程中，把收购来的原料蒸热、放茶、重压、干燥，一气呵成，速度、效率大为提高，而且俄商与晋商从汉江北上路线不同，而是直接从汉口到长江下游，再到天津，廉价的水上运输和快捷都对晋商传统的运茶方式产生巨大冲击。到1878年，晋商由湖北、湖南等处运销到俄国的茶叶降至5.5万担，而同年俄商直接从武汉等处贩去的茶叶则猛增到27.5万担。但晋商并没有放弃，依然顽强地与俄商竞争。民国时期，黑茶产地湖南安化全县419家茶行、茶号中有97家晋商。在羊楼洞，有的晋商一直坚持经营到20世纪50年代。在这一漫长的以汉口为中心的茶叶运销历程中，不少山西人落户成了湖南人、湖北人，有的则孤身埋在了两湖的茶山边。在黑茶最集中的安化江南小镇，至今仍生活着不少山西、陕西、甘肃人，他们都是过去采办黑茶的"西客"的后代。

当然，采办黑茶的，不是都来自西北，也有湖南本地的富商，比如朱昌琳、魏鹤林。朱昌琳出生于长沙县安沙镇一个书香门第，他先是替当地一个富绅管账，后来开杂货店。太平天国运动之后，曾国藩改革盐政，鼓励社会资金进入盐业，湖南本地商人对曾国藩的号召犹豫不定，就在大家迟疑的时候，朱昌琳迅速投入淮盐运销之中，除了自有盐票，他还租借别人的盐票，总票数近一百张。他在汉口开设乾顺泰盐号，把淮盐从汉口销往湖南，据说他的盐号每年销售量在一万五千吨到两万一千吨之间，运销量占整个湖南淮盐量的五分之一。朱昌琳不失时机涉足淮盐，迅速成长为实力雄厚的富商。

1866年，左宗棠初到西北时，就上书朝廷，建议推行茶务改制，"仿淮盐之例,以票代引"。1872年左宗棠平定了西北各地的暴动,进驻兰州,开始整顿茶务,1873年朝廷批准了左宗棠的茶务章程,允许"改引为票,增设南柜"。过去,以山西、陕西、甘肃茶商为主的运销体系变了,允许南方商人(实际上全为湖南人)参与采办黑茶,并聘请朱昌琳为南柜总管。朱昌琳转而投资采办黑茶,在长沙、汉口开设"朱乾升茶庄"。经过左宗棠的改革,西北奄奄一息的茶叶贸易起死回生,发行茶票的当年,八百多张茶票被茶商一抢而空,此后每年的茶叶经销量多达数百万斤,朱昌琳的"朱乾升茶庄"在左宗棠改革西北茶务的过程中迅速发展壮大。1910年朱昌琳的朱乾升茶庄还在羊楼洞开办茶厂,把"红梅""川块""米心"等羊楼洞茶从汉口运到张家口,再到呼和浩特,然后穿过大草原到伊犁、塔城。长沙东乡大贤镇人魏鹤林,是继朱昌琳之后崛起的长沙巨富。魏鹤林家境富裕,但家里聘请的账房先生不称职,所以他19岁起就开始理财。这一特殊经历造就了魏鹤林在经营中重视调查、分析的性格。为了做好淮盐生意,他专门从扬州到长沙考察了一遍线路,撰写了六卷《盐法小志》,他在扬州和汉口设立"德裕盐号",租借别人的盐票,居然获得厚利。据说他盐号的规模和利润,超过了他之前的朱昌琳。后来他投资采办黑茶时,同样先进行一番调查。他把安化到泾阳的黑茶运输路线考察了一遍,写了四卷的《茶法小志》,然后在安化设立茶庄,在汉口、泾阳等地设立"德裕茶庄"分号,从安化采购粗茶,运到陕西泾阳加工成茶砖,再销售到甘肃、新疆、蒙古、西藏以及俄国。

四海云集的茶商,不止给汉口增加了繁忙和拥挤,更重要的是带来了税收。茶商也不只是向地方政府缴税,他们也愿意并主动参与汉口的社会事业。在任湖广总督期间,张之洞推行从教育到工业的庞大社会改革,之所以能实现,与茶商以及其他行业商人的支持密不可分。两湖书院就是一个生动的实例。

1869年张之洞任湖北学政时，与湖广总督李鸿章、湖北巡抚郭伯荫筹款，在武昌都司湖建造了经心书院，但因为当时经费不足，教室宿舍都不多，而且书院位于湖边，地势低洼，容易积水。1887年、1889年武汉两次大水，经心书院基本被淹没，直到1889年冬张之洞到任，积水才退去。考虑到湖北学子的困难，而求学之风又盛，张之洞决定重建经心书院，省内外商人纷纷表示愿意捐助。湖南商人听说要重建书院，提出效仿过去张之洞在两广的做法，扩大书院规模，招生面向湖北、湖南两省。过去这一类事情都找盐商募捐，现在，茶商取代盐商，成了汉口最有实力的群体，每年的贸易额达到1000多万两白银。张之洞觉得此事只有找茶商才能办成，他拟出了一个捐款规则，这个规则主要是找湖南茶商劝捐，理由是自1886年之后，湖南茶商没有向汉口上缴团防等经费，但北方的茶商一直在提供汉口堡工经费，为了公平，书院的经费就请湖南茶商多出一点，北方茶商也适当出一点。这个想法经过江汉关海关官员、湖北地方政府官员与湖南茶商协商，湖南茶商欣然接受。照此办法，每年从湖南茶商那里可以收取一万多两银子，利用这笔钱，两湖书院除了正常招收200多学生外，还招收了40名商科学生。为了让茶商和其他商人摆脱对买办的依赖，张之洞还从这笔经费中拿出一部分，在武汉开办方言学堂，招收学生学习外国语言。但这件事却被人告到了京城，说张之洞强迫茶商捐钱。1891年5月，皇帝下令张之洞把情况调查清楚后写个报告。张之洞派海关官员还真把告状的人搞清楚了，原来是湖南一两个没有资本、又喜欢生事的小茶商所为，其实大多数茶商对此不以为然。张之洞向皇帝解释，做茶的盈亏全在制茶的质量，资本丰厚的都能获利，资本微薄的免不了掺假搞鬼，以次充好，企图蒙混过关，因此总是被洋商发现，赚不了钱就四处生事。在给皇帝的报告中，张之洞还汇报了1889年他到任后，为整顿茶务而采取的措施，设立茶叶公栈，修建茶叶码头，确定公共地磅，制定禁

茶商捐建的两湖书院，地势低洼，易于积水。（黄建 供图）

止克勒索茶商章程，平衡南茶、北茶的税收和厘金，等等。

　　1905年，张之洞结束了18年的湖广总督生涯。1905年，横贯西伯利亚的大铁路全线通车，汉口的茶叶再一次改变了运输方式和路线，由火车运往俄国，汉口至恰克图的茶道不再热闹和繁忙。1917年是另一个转折点，俄国发生了十月革命，随后禁止进口茶叶。俄商在汉口的茶叶贸易开始衰落。

　　也是在1917年，汉口红茶市场上绝对的老大"泰和合茶号"停止生产"宜红"。"泰和合茶号"的老板卢次伦，过去都以为他是广东中山县翠亨村人，号月池公或月公，而且认为他与孙中山是亲戚。近年来人们找到了卢次伦的家谱，他的家在今天珠海市的唐家湾镇上栅村，月池公或月公并非他的字号，而是他长子的号。卢次伦在家谱上的名字叫卢有庸，字万彝，号次伦。历史上中山县的辖区包括今天珠海市的大部分，但今天的翠亨村在中山市的地域，上栅村则属珠海市管辖，两个村相距约八公里。尽管不是翠亨村人，但他与翠亨村的孙中山的确有关系，孙中山第一位夫人卢慕贞与卢次伦属于一个大家族的同辈人。

上栅村这个地方的很多人到汉口做茶叶生意。卢次伦曾祖父的弟弟卢阜华就是汉口的一个茶商。传说他用一个月，赤脚走到汉口，开始在一个木工店里做学徒。到了清末，卢阜华已成为汉口既有茶庄又有钱庄和木器行的大富商。同样从上栅村走出去的茶商还有唐翘卿，1867年唐翘卿在九江开设了茶栈，很快又在汉口、上海开设了谦顺安茶栈，1919年唐翘卿把分散在汉口、九江、上海的茶栈合并起来，在上海成立了华茶有限公司。

卢次伦的人生理想并非一开始就想成为茶商。与孙中山相似，他先是在家乡行医，后来他想开矿，走实业兴国的人生之路。卢次伦听人说湖南石门有矿，就约了几个伙伴出发，可到了湖南石门的壶瓶山下，才明白开矿并非易事。困难不在别的，就在于壶瓶山的一边是湖南，另一边是湖北，它是一座分界的山，矿产的所有权十分复杂。一起来的伙伴怀着失望的心情返乡了，卢次伦没有立即回广东，他发现壶瓶山周围到处是茶园，于是，开矿的理想变成了制茶。从1888年开始，卢次伦从安徽请来祁门红茶的技师，采购周围湖南、湖北山民的茶叶，打造他心目的"红茶"，并在壶瓶山下的宜市（今名壶瓶山镇）修建规模宏大的"泰和合茶号"。1899年，卢次伦的宜红茶产量突破30万斤，约合3000担，卢次伦的宜红主要通过他在汉口开设的"泰和合茶号"卖给英国的怡和洋行。查《汉口租界志》"1901—1905年汉口主要洋行茶叶交易统计表"，其中1901年英国怡和洋行的交易量是14290担，如果以1899年"泰和合茶号"的红茶生产量比较，宜红茶可以占到40%以上。这个统计没有1899年、1900年的数据，这样的比较尽管不十分准确，但并不缺乏说服力。

卢次伦的"泰和合茶号"不仅为壶瓶山周围的茶农解决了茶叶的出

"宜红"的诞生地,卢次伦的"泰和合茶号"。(张言盛 摄)

路,而且带动了上万人的直接就业,除了制茶和管理人员,卢次伦还组建了一支100多艘船的运茶船队,一支1000多匹骡马组成的陆路马帮,他修建了300多公里的青石板茶道,疏浚了100多公里的溇河航道。毫不夸张地说,卢次伦改变了清末民初壶瓶山的南北世界。

1996年酷热的一天,我与石门、常德、长沙等地几位朋友,来到壶瓶山下的宜市(今名壶瓶山镇)漂流。参观过卢次伦修建的老房子,走过秋千般晃荡的吊桥,在吊脚楼里一番畅饮之后,我们躺在溇河河滩的鹅卵石上。月亮早早升起来,挂在壶瓶山上,河水轻轻地流向洞庭湖,没有一个人说话。100多年前,卢次伦也见过这样的夜晚。发酵制作宜红茶一次次失败,在汉口的洋行一次次被英国人欺负、压价、欺骗,壶瓶山周围的土匪一次次敲诈,这个从广东漂泊到武陵山脚下的乡间郎中,一定借着这样的夜色,独自流过泪。

卢次伦无论如何不会想到，随着局势的发展，"泰和合茶号"正处于后来不断崛起的哥老会的包围之中。哥老会起源于湖南、湖北交界处的湘西、鄂西大山，壶瓶山周围的桑植、慈利、石门、鹤峰、宜都、澧县，以及长江中游的南北两岸，都是哥老会的活动范围。频繁的抢劫、烧杀，当地土豪的里应外合和敲诈，地方政府的无能和无力，最终击垮了卢次伦和他的"泰和合茶号"。

1916年2月，哥老会再一次光临"泰和合茶号"。1917年，卢次伦决定关闭"泰和合茶号"。传说卢次伦离开石门时有万人送行。100年之后，2017年，当年我们一起在溇河河滩上看月亮的一位石门作家，根据"泰和合茶号"老管家的账本和日记，以小说的方式，再现了卢次伦光芒而清香的"宜红"人生。这个老管家是湖南石门当地人，后来去了台湾，临死前，他嘱咐子孙一定要保存好"泰和合茶号"的账本和他的日记，以便将"泰和合茶号"的历史告诉后世。

1929年冬，卢次伦在他的家乡因病去世。1929年，另外一件影响茶叶贸易的大事是，张学良下令收回苏联在中东路的一切特权，这条铁路连接俄国境内的赤塔和符拉迪沃斯托克（海参崴），直接影响茶叶的运输和销售。汉口茶市再度萧条。一个以汉口为中心，向全世界销售、运输茶叶的时代渐渐落下帷幕。

汉阳的烟囱

很多文章介绍张之洞在武汉兴办洋务，都会配一张经典的照片，并且有的还注明照片为1894年7月3日张之洞视察汉阳铁厂。照片上的"张之洞"身披风衣，站在龟山的北坡上，他的身后站着一个外国人，左手插在裤子口袋里，两个人都在眺望龟山下宽阔的厂房。当然，大多数文章里的配图只能看到前面身披大披风的"张之洞"，后面的外国人被剪掉了。他们站立的山坡下是一排长长的厂房，远处十几个高大的烟囱冒着黑烟或白烟，再远处是汉口集镇密密麻麻的房顶，烟囱、厂房与汉口之间依稀可见一线汉江的水光。对照片中这个背朝镜头、腰身粗壮的人，我无数次感到纳闷，因为"他"与58岁的张之洞在其他照片上呈现出来的形象区别太大，而且作为晚清重臣、一品大员，按礼制，去视察铁厂不可能不穿官服。研究晚清历史和湖湘文化的学者刘绪义很肯定地告诉我，照片上这个人不是"张之洞"。尽管如此，照片记录的龟山北麓这片热气腾腾的工厂，无疑是张之洞"整顿乾坤缔造皆从江汉起"的样板工程。

在汉江南岸，从龟山到赫山十余里的江边，在长江的南岸，还矗立着张之洞的许多作品。在徐秉书绘制的《1909年的汉阳府附近最新图》上，从赫山到汉江入长江的南岸嘴，排列着多家工厂以及与工厂相关的机构、

汉阳兵工厂的烟囱（武汉市地方志办公室 供图）

建筑。逆汉江向上看，依次是官钱局、钢铁厂、兵工厂、警察局。铁厂占地最广。从汉江边向龟山看去，先是江边三个铁厂码头一个兵工厂码头，然后布置有多个堆煤处，堆煤处之间布置有总公事房，再往上是翻砂厂、作砖厂、洋砖厂、储废铁处、出铁厂、钢厂、钩钉厂、修理厂。

挨着铁厂的是兵工厂，兵工厂边是东月湖。从江边往上，东月湖边有炮药厂、炮厂、煤气炉，在兵工厂与汉江之间还有操场、工匠住房、采办处、洋匠房、铸弹厂、马力厂、打铁厂、锅炉厂、钉铁厂、翻砂厂、委员住房。西月湖边有宝树庵。东月湖与西月湖之间是一道堤，从堤上往汉江边走可以看见武圣庙码头和泉龙巷码头。汉阳武圣庙与对岸的汉口武圣庙隔汉水相望，汉口的人从对岸武圣庙坐船过河来汉阳，赏花、踏青、上坟，汉阳人从汉阳武圣庙坐船去汉口逛街、购物。20世纪50年代，修建江汉一桥时，刚好选中了汉阳武圣庙与汉口的武圣庙这一条连线，很自然，两个庙都拆掉了。

龟山从长江边向月湖倾斜下来，山尾抵近东月湖和大堤。月湖原为汉水改道冲出的一片水域，算得上汉江故道的遗迹湖。《汉阳区志》记载，1724年，汉阳知府郭朝祚主持在月湖之间修了这道堤，这堤也就称为郭公堤。湖被大堤分出了东、西两个月湖，2000多米长、近20米宽的大堤两边柳树依依，长堤上3座石桥下小船来往，汉阳市民不仅多了一条通往汉口的通道，而且多了一个踏青游玩的好去处。郭朝祚是著名画家、书法家，1721年他曾在武汉附近的黄州府任同知，并在黄州赤壁上题写了匾额"东坡赤壁"，由此引发了"文赤壁"与"武赤壁"之争，1723年他从黄州到汉阳府任知府，1728年再次被提拔分守湖南岳常道。他留给历史的不仅有以雍正平定准噶尔首领叛乱为题材的美术名作《征西图》《雍正平准图》，更有"郭公堤"。有意思的是，1707年，郭朝祚的父亲郭世隆还在武昌做过湖广总督。现任湖广总督张之洞可能没有意识到，正是因为兵工厂的兴建，开启了东月湖和月湖堤的消失之路，从铁厂运出来的废渣，不断被倾倒到东月湖中，1912年人们终于看不见东月湖了，取而代之的是一条叫月湖新街的街道。

汉阳铁厂不是一个厂，而是包括生铁厂、熟铁厂、钢厂、钢轨厂等十多个分支机构、一百多个建筑项目，占地七百多亩，企业有外国工匠、技师60多人，工人3000多人，号称当时亚洲最大的钢铁企业。这个在中国现代化历程中具有举足轻重地位的企业，之所以落户汉阳，首先当然是张之洞任职的变化，其次则是汉阳的地理区位优势，第三是历史的选择。

张之洞早在两广总督任上就意识到国家的自强首要的是开辟财源，其次是杜绝外耗。他说的杜绝外耗是指在对外贸易中，不能全部依赖进口，不能只是输出原材料。在这个思路下，他首先看到的是铁，从枪炮、军械、轮船、炮台、火车、铁轨、电线，到民间日用，都离不开铁。铁是工业生产的基本生产资料，没有铁，现代化无从谈起。铁在工业化初期的地位，就如后来工业革命中的石油，没有石油，就没有汽车、飞机、化工、医药、塑料、食品、服装等今天的工业体系。

19世纪末，以机器为代表的工业革命之后，西方国家凭借先进的机器和制造技术，在国际贸易中占据绝对的优势，各种西方产品充斥市场，而国内有竞争力的产品只有丝、茶两种，并且在数量上不堪一击。以铁制品为例，据张之洞掌握的数据，广州每年进口洋铁四五十万斤，琼州每年进口100万斤，佛山每年进口1000多万斤，汕头每年进口200万斤，而内地出口的铁制品都是铁锅一类的初级加工品，就算初级加工品，1886年全国铜铁锡铅金属加工品出口值也只有11万多两，进口的各类金属制品约为240万两，出口额度不到进口的二十分之一。

张之洞希望改变对外贸易中一边倒的形势，让自我制造成为风尚，而途径只有一条，进口机器，用现代技术精炼。张之洞首先想到的并不是武汉，他设想在广东实现自己的计划。尽管广东当时的财政"饷繁费绌"，没有余力，但时不待我，张之洞知道有一个人不但熟悉西方科学技术，而且对军工也非常熟悉。这个人便是刘瑞芬。刘瑞芬做过李鸿章的幕僚，在李鸿章的手下负责军械转运，后来长年出使英俄等国，更主要的是刘瑞芬在某些方面的观点与张之洞相似，比如，他坚持漠河的金矿应该由中国人自己开采，不能交给外国人。从1889年3月，张之洞与在英国的刘瑞芬开始商量，经过几个月的电报往来，刘瑞芬促成了张之洞与英国蒂赛德公司的谈判，订购了两座熔炉，以及炼熟铁、炼生铁、压板、抽条、铁路制造等机械设备，总金额8.35万英镑。所有设备14个月内交清，分五次运到广东。至于厂址，张之洞看中了珠江南岸的凤凰岗，这个地方地势平坦宽阔，处于珠江两条水道的分叉口上，水运方便。他设想图纸寄到广东后，就马上建厂。

虽然张之洞心中的铁厂没有落户广州，但他看中的凤凰岗一带此后成为广州的著名工业基地，从20世纪50年代开始，广州造纸厂、广州重型机器厂、广州造船厂等30多家大中型工业企业陆续扎根凤凰岗一带，万宝牌电冰箱、五羊自行车等都产自这里。这里因此有了一条道路叫"工业大道"。历史似乎在告诉我们，1889年张之洞选择铁厂厂址时，并没有看错凤凰岗。

1889年8月26日张之洞的《调补湖广总督谢恩折》透露说，他24日收到了吏部任命他为湖广总督的通知，其实皇帝7月12日就做出了这个决定，但就在谢恩的同一天，张之洞还撰写了《筹设炼铁厂折》，可见吏部的任职调动并没有改变张之洞对厂址的选择，张之洞也没有因为要调走，就放弃了开办炼铁厂的想法。

当然，历史把张之洞的选择落实到了武汉，这个铁厂落地的计划是通过另一个计划，即修建铁路而实现的。修铁路是洋务运动中的大事，各地高级官员都十分关注。1881年台湾巡抚刘铭传提出修建由北京到沈阳，北京到甘肃，淮安经山东到北京，汉口经河南到北京的四条铁路，即所谓北线、南线各两条，考虑到经费不足，刘铭传建议首先修筑淮安到北京的铁路。李鸿章极力支持刘铭传的想法，但翁同龢委婉地表示了反对，1886年中法战争结束，李鸿章、左宗棠又提出兴修铁路。这一次李鸿章获得批准，将唐胥铁路延伸至芦台，1887年，30公里的唐芦线完工。唐胥铁路就是人们经常提到的用驴牵引火车的那条铁路，为了提高运煤效率，1879年开平矿务局修建了这条不到十公里的线路，当然，它并非一直用驴马牵引，第二年就改用机车牵引了。1888年李鸿章开始把这条铁路继续延伸到天津，这条80天竣工的线路成就了中国第一位铁路工程师詹天佑。正是李鸿章短程线路的不断成功，激发了修建铁路的热情，是否紧接着把铁路从天津修到通州，就浮上了桌面，翁同龢再次表示反对，海军衙门要求沿江沿海各个将军督抚各抒己见。

20世纪初法国、比利时工程师在汉口。(黄建 供图)

张之洞打破了僵局。他提出缓建通州到天津的线路，改建卢沟桥到汉口的铁路。这一建议，满足了保守派的意见，同时，洋务派修建铁路的主张又得以继续实施。张之洞建议，南北两线同时修建，北线从卢沟桥到河北正定，南线从汉口到信阳，中间的部分再"次第接办"。1889年8月，这个方案得到了皇帝的认可，张之洞被任命与李鸿章一起负责这条长3000余里、花费估计3000余万银两的铁路工程。

这是一项浩大的工程，但其意义非凡，张之洞称之"造端宏大，乃国家自强之远谟"。1889年9月，他在给皇帝的报告《遵旨筹办铁路谨陈管见折》中，说到了自己的压力、困难、决心以及计划。出乎很多人的意料，他的计划没有如何修铁路的具体内容，而是大谈"开非常之源，必当出万全之策"。在他看来，万全之策是储备铁，勘探路线可以缓，开工可以迟。在长达近3000字的报告中，张之洞说，铁路没什么复杂的，无非"耗为本","记利"为末,要舍得大量投入人力物力,不惜一切,不要在乎眼前的利益,所以"储才为先","制造为本"。他说的储才一是指铁矿,二是指勘探人才和冶金技术人才,他说的制造当然是炼铁、炼钢。然后不厌其烦地介绍了湖北大冶的铁矿,当然也提醒了用巨款购买钢铁的困难、风险、代价。张之洞云里雾里、绕来绕去,最终想说的一句话是,咱们要自己办铁厂,自己炼铁。他把一个关于修铁路的报告,变成了融开采铁矿、炼钢炼铁与铁路修建于一体的报告。

张之洞的学生胡钧在《张文襄公(之洞)年谱》"光绪十五年"条下说"公之由粤移鄂肇于此",实乃精辟之语。胡钧是湖北沔阳人,他的家乡长堉口,是汉江与通顺河之间的一个湖乡小镇,这里的河流最终都要向东、东南,穿过云梦大泽,从汉南、沌口进入长江。胡钧也是坐船从通顺河入长江,在武昌上岸,考入了两湖书院,后又留学德国。他深得张之洞喜欢,曾随张之洞到南京开办新式学堂,兼任过包括两湖师范学堂在内的多个学堂的"堂长",但他的专长却是经济研究,尤其是财政研究,他的《中国财政史》是20世纪中国财政研究的开山之作。

因为修铁路,推动了办铁厂的速度,铁厂开办不仅是张之洞从广东到湖北的开端,也是武汉近代化的开端。光绪十六年(1890)十一月,张之洞再次用三四千字的篇幅向朝廷汇报了他对铁厂选址和开采煤铁的思考。把铁厂建在汉阳的理由很充分,也很简单,汉阳龟山北麓这片土地长六百丈、宽一百多丈,容量足够大,且北临汉江,正对汉口,格局恢宏。湖南的煤、湖北的煤都可经长江进汉江,到达码头。比大冶有利的是船只返程不必空船,因为汉口有大量物质可以装载,比黄石有利的是地势宽阔,因为靠近龟山,地势比沿江其他地方高出一截,其他地方不是需要平山,就是需要大量填土。建在汉阳更有利之处在于靠近省城,官员监督、管理方便,上传下达,沟通联络高效。

虽然面临诸多困难，但张之洞的计划一直在按步骤推进。1889年张之洞提出在广东办铁厂时，就已经从英国、德国聘请了找矿工程师、冶金技术人员、化学人才，这些人1889年底到达广东后，张之洞安排中方学徒跟着西方专家开始勘探、学习。胡钧在《张文襄（之洞）年谱》中写道，1889年12月底张之洞到武昌后第一件事就是"派员分赴湖北湖南各县及川黔山陕诸省查勘煤铁矿"。勘探调查反馈的消息令人欣喜，大冶铁山的储量巨大，品质优良，阳新有炼钢必需的锰矿，湖北荆门、当阳、兴山、巴东等地有白煤，湖南宝庆、衡阳、永州各县以及四川奉节、江西萍乡的白煤、石煤、焦炭产量更大。这些地方无一不通水路，运输非常方便。更令人意想不到的是，过去张之洞在广东订购的钢铁厂设备，接替两广总督的李瀚章毫无兴趣。李瀚章向朝廷报告，铁厂的费用巨大，广东财政困难，而且，他认为火车和铁路才是当务之急，钢铁厂的事可以后再办。因此，他希望将铁厂迁到湖北或者河北，对这个提议张之洞求之不得。1890年张之洞成立湖北铁政局，设备一一到位，原来在广东的技术人员纷纷北上武汉，勘探调查接近尾声、厂址讨论尘埃落定，万事俱备，只等待开工的锣声敲响。

1891年发生了很多事。美国加州的铁路富豪利兰·斯坦福为纪念因伤寒去世的儿子创办了斯坦福大学，秋天开始招生。初夏的时候，荷兰33岁的青年人杰拉德注册成立了飞利浦公司，他父亲借给他1.8万荷兰盾，让他去做灯泡。爱迪生发明电灯已经10年，但所有人都在寻找更好的灯丝，杰拉德找到了比竹丝更稳定的碳丝，正设想制造出金属灯丝。也是在夏天，康有为的成名作《新学伪经考》在广州出版，他租借邱氏书室开办"万木草堂"聚徒讲学，所宣讲的内容超出寻常，令人震惊，一股要求改革的浪潮从广州开始萌发。当然，这一年扬州、芜湖、武穴、宜昌等地还发生了教案，新到任的张之洞应接不暇，亲自处理了武穴和宜昌的教案。

对张之洞而言，这些事件都无法与汉阳铁厂的开工相比。1891年8月，在汉水之南、龟山之北的临水空地上，张之洞亲自主持了汉阳铁厂的开工仪式。此举在武汉近代化的历程中树立了一块里程碑。汉阳铁厂整个工程包括土方工程、生铁厂、转炉炼钢厂、平炉炼钢厂、钢轨厂、熟铁厂、机械厂、铸铁厂、铁匠厂、钩钉厂等数个工厂，为了满足大量的施工需求，张之洞甚至在铁厂附近修建了一个砖厂，聘请外国专家指导制砖，与汉阳铁厂同时开建的还有大冶、江夏等地的煤矿、矿山铁路、码头。

1893年10月，亚洲最大的钢铁厂竣工，京汉、粤汉、津浦等铁路的修建有了钢轨基地。此后30年中，汉阳铁厂生产铁250万吨、钢55万余吨、3300公里的铁路钢轨。1911年以前，汉阳铁厂的产量为全国钢铁总产量的100%，换句话说，1911年之前，汉阳铁厂是国内唯一的钢铁厂，堪称中国钢铁工业的摇篮，正因为如此，1938年武汉沦陷之前，为保存中国钢铁工业的血脉，汉阳铁厂被迁往重庆大渡口。

汉阳铁厂的钢轨今天还能见到吗？是的。中国钢铁博物馆收藏着一根汉阳钢铁厂生产的铁轨，生产时间为1899年，这是今天能见到的最早的汉阳铁厂的钢轨产品。此外，中国铁道博物馆收藏着一根"1902汉阳铁厂造"的铁轨。在铁路线上，人们见到了两处还在使用的汉阳铁厂铁轨。2012年一名铁路职工在四川万源到白沙的货运专用线上发现了25米长的1902年汉阳造铁轨。2015年，陕西略阳县一市民向文物部门反映，在略阳钢铁厂的专用铁路线附近散步时，发现很多铁轨上刻有文字。经过文物专家鉴定，略阳县发现的铁轨也是汉阳铁厂的产品。

遗憾的是，无论是胡钧的《张文襄（之洞）年谱》，还是许同莘的《张文襄公年谱》，在1891年的记录中都没有留下汉阳铁厂的开工日期，胡钧说，"八月，炼铁厂开工兴造。添募勇营千人震慑地方"。许同莘说得更简单,"八月,炼铁厂开工兴造"。但毫无疑问,1891年的秋天,中国冶金工业迈出了一大步。

汉阳铁厂不是一个单一事件,而是张之洞宏大工业交响曲中的一个章节。汉阳铁厂开工之前,张之洞已经在龟山北麓下修建了汉阳兵工厂,在武昌江边开办了织布厂。张之洞将汉阳铁厂与汉阳枪炮厂并设一处,正是考虑到枪炮厂需要铁,而且两个厂都需要冶金、化学等技术人才,两厂并置一处,会省不少事。

早在1887年5月,张之洞就在广东着手筹建枪炮厂。当时因为经费有限,他购买了两套机器,生产毛瑟枪、马提尼·亨利、施耐德等步枪,以满足边防、海防的需要。但这种小打小闹既不是张之洞的风格,也无法真正提升水陆两军的装备水平。在广东的任上,张之洞经历了中法战争,对洋枪洋炮的精良,他再清楚不过。1889年离开广东之前,他计划在广州西北的石门修建枪炮厂,这个地方地势深奥隐秘,又面临北江,水路运输方便。长期购买军火不但耗费巨大,而且受制于外国军火商,漫长的海上运输也常常误事,况且军械技术日新月异,如果自己能够制造像连发毛瑟枪、克虏伯山炮等那样的先进武器,则一劳永逸。1885年,50岁的状元郎洪钧刚刚不顾压力娶了14岁的彩云姑娘(即赛金花),而张之洞所在的两广边陲,已经闻到了越来越浓的战火硝烟。一切都是最好的安排,当张之洞为枪炮着急时,洪钧受命出使欧洲。1887年底,洪钧带着年轻的赛金花到了柏林,历史记载洪钧在德国待的时间很短,他很快就去俄国拜见沙皇了,但就在这个短短的时间里,他替张之洞联系上了克虏伯工厂并促成双方达成了协议。克虏伯愿意卖给张之洞蒸汽机、锅炉、造枪造炮机器,合同金额30余万两。

张之洞未料到,自己的计划还来不及实施,就接到了到湖北任职的调令,而新接任的李瀚章对洋务并不如他弟弟李鸿章有热情,他以广东缺铁、煤、经费不足等为理由，希望将枪炮厂迁到李鸿章的管辖地域。张之洞闻讯后立即致电海军衙门，请求将枪炮厂迁移到湖北，理由是湖南、湖北都有煤、铁，湖北的地理位置特殊，将厂设在湖北，生产的枪支弹药可向全国分发。光绪十六年（1890）正月，海军衙门与户部同意将广东枪炮厂改移湖北，两个部门都看到了湖北有铁厂的优势，"铁厂为根……移厂就鄂，分济各省，事功亦有倍半之别"，并希望张之洞开拓风气，竭力筹办。在枪炮厂迁移湖北，甚至在铁厂迁移湖北的过程中，很多人都将李瀚章对洋务不积极列为主要因素，事实并非完全如此。对枪炮厂的归宿，张之洞一开始的想法有川陕鄂多个地方，光绪十六年正月初九日（1890年1月29日）张之洞致电李鸿章："粤定枪炮机器，仅能早快枪及陆路行营车炮。厂若在鄂，川、陕、中原陆师各省取用尤便。腹省军营于军火一事至今未能精求，此厂可开风气，于西路甘、川边防大有益。盖既不能铸台船大炮，则设厂沿海不如沿江矣，尚不独煤铁近便也。"显然，张之洞没有强调必须把兵工厂放在湖北。学者们在研究李瀚章、李鸿章、张之洞、盛宣怀等人的往来电文，以及他们与海军衙门的电文后，认为李瀚章对枪炮制造和钢铁制造的消极，只是因素之一，更重要的是主持海军衙门的醇亲王奕𫍽不愿意看到以李鸿章为首的淮军势力过于强大，而李鸿章在了解到醇亲王奕𫍽的态度后，不再主张将两个工厂转移到直隶，而是积极支持将两个工厂由粤迁鄂，避免因此而与醇亲王产生冲突。

清光绪十八年（1892）四月，在汉江南岸的月湖边，枪炮厂破土开工，同样，胡钧、许同莘编撰的年谱都没有记载开工的具体日期。这一年春节刚过，张之洞就选派了十名学生去比利时钢铁厂学习冶炼技术，四月，张之洞向湖北农民发放了美国棉花种子，期待收上来的棉花能够为湖北织布企业提供充足的原料，而六月汉江暴发大水，大水之后襄阳又暴发瘟疫和教案，与这些事相比，似乎枪炮厂的开工并不重要。但在枪炮厂开工的年底，汉阳铁厂的机器厂、打铁厂、铸铁厂以及大冶五十多里的矿山铁路纷纷竣工。光绪二十年（1894）六月，枪炮厂建成。

尽管清末，天津、上海、南京、山东等多地都在生产枪炮，清廷甚至号召每个省加紧生产枪炮，但龟山北麓的汉阳枪炮厂不管是数量还是质量，都独领风骚。"汉阳造"更是中国步枪中的经典，1944年中正式步枪出现之前的半个多世纪，中国的步枪主要枪型就是汉阳造步枪。"汉阳造"是德国1888年式5响毛瑟枪的改进型，去除了枪管的套筒，以护木取代。刺刀庭改在前护箍下方，改进了照门，通条改放在护木之中，等等。改进后的"汉阳造"获得了极大的成功。中国近代兵器工业研究专家对湖北枪炮厂与江南制造局的枪支做过比较。论枪式，湖北枪炮厂生产的较为统一，江南制造的比较杂。论枪管，湖北枪炮厂的枪支管体较厚、经久耐用。论扳手机，湖北枪炮厂的属于改进式，江南制造的容易裂。论来复线，湖北枪炮厂的是四条，较为适宜，江南制造的是六条，阻力大。论坐力点，湖北枪炮厂的坐力点在机簧管，减少了对人的冲击，江南制造的距人近、易伤人。论望牌座，湖北枪炮厂的用药水和锡焊接，江南制造的是钻眼固定、容易炸裂。论准头，湖北枪炮厂的准头在槽内，可以活动，不易偏差，江南制造的准头钉不能活动，容易偏差……论数量，人们根据枪支的编号，减去1909年前的产量，得出1910至1932年初的产量为463180支。最新发现的一杆汉阳造步枪生产日期为1938年2月，序号"乙4J6403"，人们据此推算出在汉阳生产的"汉阳造"步枪大约有876316支。

汉阳枪炮厂还有许多记录写入了历史，它仿造德国3.7生（"生"即当时对厘米centimetre的音译）的克虏伯陆路快炮和5.7生的过山快炮，1914年还试制成功了中国第一支自动步枪，1920年开始生产机关枪和手枪，1921年开始生产大正6年式7.5生的山炮，1924年开始生产7.5生的迫击炮和炮弹，1926年开始生产飞机炸弹，1927年开始生产手榴弹。

汉阳的烟囱并不都是飘散着金属的气味。1892年、1893年，在汉阳枪炮厂、汉阳铁厂的厂区，两个砖瓦厂先后矗立起来，1930年在厂区附近的月湖堤还出现了一个占地两万多平方米的五丰面粉厂。随着抗日战争的进程，汉阳很多工厂或者整体搬迁或者拆分到大西南的隐秘深山，一个个烟囱消失了。新中国成立后，原汉阳铁厂旧址上建起了武汉国棉一厂，又以汉阳铁厂为基础，在汉阳月湖畔、原张之洞创办的汉阳火药厂旧址上，复建了汉阳钢厂、汉阳轧钢厂。武汉国棉一厂是一家有5万锭的棉纺厂，这是武汉第一家国有棉纺厂。20世纪80年代，龟山北麓、江汉一桥往东、汉江往西的这片曾经的冶炼基地上，又树立起了高大的烟囱。

在一个没有高楼大厦的时代，山是城市的地标，随着建筑的不断增高，山似乎矮下去了。但19世纪90年代，人们形容龟山下的那些烟囱，高大超过龟山，这样的气魄今天很难想象。如今汉阳钢铁厂旧址上，建起了"张之洞与武汉博物馆"，500多亩的园区也列入汉阳文化产业集群，规划发展文化创意和电子商务等现代服务业。

里份里

　　武汉话里的"里份"是一个独特的词，其他地方使用得不多，更像是一个专属武汉的词。字典解释，"里"是会意字，始见于西周金文，古字形从田从土，本义是居住之地，引申泛指人群聚居的地方。"里"又是古代地方行政组织，引申指街坊、家乡。"里"与"份"组合在一起，问题就来了，《现代汉语词典》收入了"里弄""里巷"却没有"里份"。曾有一则短文，介绍"里弄"，大意是说"弄"并没有实际的含义，只是上海话发音带出来的一个助词，说话人本意说的是"里"。仔细品味，"里份"与"里弄"的本质一样，都是方言对"小胡同""小巷子"的称呼，两者都是近代开埠后东西方文化交流在居住方式和建筑风格上的反映，因此，并不是地名中带了"里"就叫"里份"，一些名称中没有带"里"的实际上也是"里份"，比如，《武汉通览》就说："淮盐巷……成了当时汉口最好的里弄。"比如，优秀里份建筑的代表"洞庭村""江汉村"以及"咸安坊"，它们以"村"或"坊"为名。

　　武汉的里份究竟是一种什么样的建筑？不少人说，里份是武汉特有的建筑或民居。至于这种独特的民居是什么样子，大多数人的描述不外乎石库门、百叶窗、红砖墙、天井、庭院、圆拱形的窗棂，以及从房子的

20世纪80年代中山大道与南京路交汇处的大片里份建筑,道路中间的建筑为著名学者罗振玉的学生、淮安人周作民创办的金城银行。(黎德利 摄)

形状、墙壁的颜色上凸显的异国风情。事实上,这些描述同样存在于介绍上海弄堂的文章中。比如,比较流行的上海弄堂介绍一般会说,弄堂就是小巷,是上海和江浙地区特有的民居形式,它由连排的老房子(包括石库门)构成,并与石库门建筑有着密切的关系。为了充分利用土地,设计师将欧洲的联立式住宅和中国传统的三合院和四合院相结合,创造出中西合璧的新建筑样式,即里弄住宅。

不难看出,介绍上海弄堂的文字同样适合介绍武汉的里份建筑。而且,上海的弄堂建筑与武汉的里份一样,大多以"里"命名,如兴仁里、敦仁里、绵阳里、吉祥里、斯文里,还有淮海路的宝康里,南京东路的大庆里,北京西路的珠联里,云南中路的老会乐里,淮海中路的老渔阳里等。同样,上海的里弄与武汉的里份,也都有以"坊""村"等命名的情形。

从建筑学的意义上看，不管是上海的里弄，还是武汉的里份，都是中国传统的低层院落式住宅，吸取西方建筑设计理念后的一种变形，当然这一变化是伴随近代天津、上海、汉口等城市对外开放而发生的。为了在小块的私有土地上建造密集、低层、独门、独户的住宅，设计师把原来的三合院、四合院住宅改变成联立式住宅。在联排式毗连的紧凑式布局中，单体建筑仍保持浓缩的三合院楼房格局，这样做到了高密度，有较大的面积、较多的居室，适合几代同堂的大家庭需要，而高墙闭合，带有天井的内部布局又延续了中国传统民居风格，迎合了富裕人家的需求，因而成为近代城市转型的一种符号。这种住宅大致可以分为新老石库门、广式房屋、新式里弄和公寓里弄几种类型。这些建筑由富商个人或富商合资开发，最先出现在上海租界，后来扩展到天津、汉口、南京等大城市，既自住，也供出租、出售。

建筑界学者在梳理近代以来外国建筑设计师在汉口的活动时发现，汉口所见的平安里、三分里、四成里、保安里等众多里份建筑均为比利时义品洋行设计。"义品洋行"其实是法国与比利时商人合资组建的一家银行，即"义品放款银行"，银行的总部设在布鲁塞尔，它最早在天津设立分行。这家银行主要从事与地产相关的金融业，也从事房地产开发以及房屋的设计。19世纪末20世纪初，在上海老城租界内外大规模的里弄建设中，沙逊洋行、怡和洋行、哈同洋行以及义品洋行是影响最大的四家地产商。今天上海思南路五十多栋洋房，都是义品洋行的代表作，这些房子以独立式别墅和新式里弄为主，被视为上海里弄建筑的地标。如今这里的老房子改造成了融合城市空间与人文风范为一体的新名片，读书人喜欢的"思南书局"以及风格独特的《思南文学选刊》都打上了"思南"的品牌。

义品洋行既是上海弄堂建筑的骨干力量，也是汉口里份的主要设计者。义品洋行在汉口设计的最著名的里份建筑不是平安里、三分里、四成里、保安里，而是泰兴里、同兴里。泰兴里是一条小巷子，建筑面积3000多平方米，始建于1907年，业主是叶澄衷。此时，义品洋行还没有在汉口设立分行，1912年它才在汉口、上海等地开设分行，经营房地产押款。"同兴里"的25栋住宅，业主是以买办刘子敬为首的十几位富商。这样就不难理解为什么上海的里弄与汉口的里份如此相似了。因此，从建筑的意义上说，里份并非汉口独有的民居形式或建筑样式。

义品洋行设计的同兴里（黎德利 摄）

武汉有多少个里份？不同的说法，数据不一样。有的专家说，武汉曾有大小里份700多条。也有专家说，新中国成立之初，武汉的里份总共有280条。还有人说，汉口共有164个里份，3308栋房屋。《武汉市志·城市建设志》提供了一张"1947年汉口市各大里份房屋业主调查表"，这个表注明了每个里份的业主姓名，每个里份包括多少栋房屋，并肯定地说："至1949年武汉三镇共有里弄208个，房屋3294栋，多为2—3层砖木结构住宅。"

武汉的里份建筑在武汉三镇都有分布，但以汉口最为集中，建筑成就、历史价值也最高。中山大道从汉正街到三阳路大约五公里，道路的两侧是汉口里份建筑分布最多的地段。汉正街附近的永茂里、瑞祥里，一元路附近的永平里，车站路附近的永贵里、德兴里、辅堂里、伟英里，花楼街附近的笃安里、方正里，友益街附近的平安里，江汉路附近的贯中里、上海村、永康里、四成里、保安里、保和里、贯中里、宁波里，吉庆街附近的二德里、鼎新里、退思里、德润里，黄石路附近的汉润里、辅义里，六渡桥附近的积庆里，天津路附近的联怡里，北京路附近的汉安里，洞庭街附近的同兴里、江汉村、洞庭村，一元路附近的坤厚里，前进五路附近的联保里，胜利街附近的咸安坊，清芬路附近的瑞庆里，保华街附近的保华里，大智街附近的月德里，胜利街附近的泰兴里、延昌里，保成路附近的慈德里、慎源里，兰陵路附近的宝善里、兰陵村，南洋大楼附近的永安里，水塔街的永康里，友益街附近的太平里、新成里，民权街附近的碧云里，保华街附近的保元里，等等。不严格地说，1907年拆除汉口城堡，修筑后城马路（即今日中山大道）之后，长堤街与中山大道之间、长堤街向东到黄浦路，中山大道向北到京汉铁路（今京汉大道）之间，新增的汉口城区版图上的建筑，大都是里份建筑与租界建筑。

就一个具体的武汉市民而言，不一定时刻把"里份"挂在嘴边，无论居住生活，还是逛街、路过，都只会当成再普通不过的一个都市小巷。20世纪80年代，春节前后在大智路附近的"五芳斋"排队买"宁波汤圆"，谁能想到"义品里"就在这附近。"五芳斋"的全名叫"上海五芳斋"，一种说法，"五芳"指五种花，比如桂花，当然汤圆中并没有五种花，无非借"花"说"汤圆"的香。传说"五芳斋"1858年创始于上海，1946年由江苏南通人引入武汉。也有人说，五芳斋汤圆的创始人是江苏苏州人沈氏，道光年间（1821—1850）沈氏在苏州城开了一家甜食店，五芳除了指桂花、莲子、芝麻等五种原料外，还对应沈氏的5个姑娘。不管怎样，即使从1946年算起，这种小吃在汉口也风靡70多年了。汤圆在江汉平原是很平常的小吃，不算稀奇，但既然人人都说五芳斋，我也抱着好奇的心态去尝试一回。印象中，那次排队排了一个多小时，春节期间还带回了老家，

让家里人见识一下。母亲没觉得有什么不同,只是认为它有芯子,包了芝麻等原料做成的馅。其实不同的还有很多,它的皮薄,馅里除了芝麻还有白糖、猪油。在当代都市生活中,大智路附近吉庆街附近的宵夜更有吸引力,当代作家池莉《生活秀》中塑造的来双扬就在吉庆街卖鸭脖子。大排档飘出的辣烟,穿梭演唱的民间艺人,闪烁变幻的灯火,最终将鸭脖子和宵夜变成了武汉符号。

辛亥革命时期,秘密革命团体共进会总部所在的宝善里。(黄建 供图)

"义品里"就在"五芳斋"的斜对面,夹在合作路与兰陵路之间。它的业主正是大名鼎鼎的"义品洋行",这个以房地产放贷为主业的银行,不仅在汉口设计了很多里份,自己也投资建设了10栋二层石库门楼房,即"义品里"。与义品里隔着武汉市第二十中学的里份叫宝善里,辛亥革命期间秘密革命团体湖北共进会的总部就隐藏在这里。1911年10月9日,孙武在汉口宝善里14号制造炸弹,辛亥革命领导人刘公的弟弟刘同叼着香烟走进房间,并把烟头扔进了装炸药的木桶,辛亥起义就这样暴露了。

义品里的北出口就是兰陵路,兰陵路在俄租界时代叫列宾街,因为军阀萧耀南而改为兰陵路,萧姓的郡望在兰陵。兰陵路上有由4栋两开间住宅、8栋临街三层楼房组成的兰陵村。兰陵村在里份建筑中,被视为高级住宅,因为住宅里有上下水系统和卫生设施。经过整修的兰陵村小巷,已成为游客逛街必去的地方,本土的牛肉面馆、面窝摊,西式的咖啡馆、酒吧,在这里都有。向北,与兰陵路平行的一条路,原来叫黄陂路、阿列瑟耶夫街，后因黎元洪为武汉市黄陂人，改名黎黄陂路。路长仅六百米，却有许多值得领略的建筑。黎黄陂路与胜利街交叉口上，有建于1913年的天主教遣使会首善堂；有怡和洋行修建的27栋小洋楼高级住宅，这个洋行正是汉口红茶经营量最大的那个怡和洋行；有建于1926年的唐生智公馆；有中共中央机关旧址纪念馆，1926年至1927年，中共中央机关由上海迁到武汉，在此办公。黎黄陂路与鄱阳街交叉口上，有八七会议旧址，1927年8月7日中共中央在此召开紧急会议，确定了土地革命和武装斗争的总方针，毛泽东在这次会议上提出了"枪杆子里面出政权"的著名论断；有1923年始建的文艺复兴式建筑汉口信义公所旧址，这个公所实际上类似于教会的驻汉办事处，为往来的教士提供住宿以及办事方便；有始建于1902年的俄租界巡捕房旧址，1928年3月18日，夏明翰准备转移时，因叛徒出卖被捕，他在这里写下"砍头不要紧，只要主义真。杀了夏明翰，还有后来人"。这里还有著名俄国茶商巴诺夫和他弟弟齐诺·巴诺夫共同修建的三角形公寓，这栋有220个房间的公寓从1901年修到1910年，房子建成后，委托在汉口设计过许多里份的义品洋行经营，供外国侨民居住。兰陵路与黎黄陂路之间，还有被称为汉口第一公馆的"涂坤山、傅绍庭公馆"，这两个公馆是姊妹建筑，透空的石柱围栏，立柱撑起的大阳台，红瓦坡顶，彩色琉璃窗，三角形窗檐，充满典雅庄重的韵味。涂坤山、傅绍庭为英商亚细亚火油公司买办和副买办。南昌人傅绍庭早年开设钱庄，1920年他与南昌地方政府共同出资开办了南昌裕赣商业银行，这个银行1925年并入江西银行。除了金融，傅绍庭也经营煤油。1913年傅绍庭就在南昌城的沿江路开设了"立丰煤油栈"，代理经销英国亚细亚煤油有限公司的天宝、铁锚、僧帽牌煤油、汽油。因为善经营，信誉好，傅绍庭深受英国亚细亚煤油公司的信任，取得了江西全省煤油代理权，很快成为江西商界领袖。南昌人对傅绍庭非常尊敬，因为他"性好公益"，不管是地方政府市政建设有需要,还是公益、慈善、教育等事业有困难,他都会率先捐助,慷慨解囊。

今天的黎黄陂路、兰陵路一带已成为著名的休闲街区,街面上随处扑入眼帘的是植物掩映的各种英文招牌、茶屋、咖啡厅、酒吧、餐馆,这里的氛围与昏黄的灯光一样,始终散发着闲情逸致。在这些欧美风情的潮流中,也有根深蒂固的武汉传统风味,比如兰陵路与胜利街交叉口上的"小桃园鸡汤"。"小桃园"的老板一个姓陶,叫陶坤甫,一个姓袁,叫袁德照。1946年,这两个黄陂人合开了一个叫"筱陶袁"的煨汤馆(后改为"小桃园")。煨汤并不算高难度的厨艺,只是小桃园煨汤的沙罐不加盖子,这倒是跟一般做法不同。这种小火煨出来的瓦罐汤,看起来表面有一层油,但喝起来并无油腻之感,因此深受欢迎。小桃园并不只有鸡汤,也有排骨汤、蹄髈汤等。其实,就喝汤而言,武汉人念念不忘的是排骨藕汤。武汉人的煨汤虽不能与广东人的煲汤相提并论,但它的确是武汉人一种很深的爱好,这从武汉所需要的沙罐可以得到说明。"沙罐"是宝庆人运输到汉口的主要土产之一。《资水滩歌》两处提到"沙罐","麻溪哪见担麻卖,沙罐出在沙塘湾","沙塘湾里沙罐好,宝庆汉口把名扬",可见武汉人对湖南冷水江沙塘湾"沙罐"的喜欢。资江边的沙塘湾,不仅打造毛板船,不仅出产煤、锑,更有烧土窑的习惯。79岁的李振庭2000年到2002年曾在沙塘湾王坪湾当村支书,王坪湾离资水不到一公里路程。在李振庭的印象中,沙塘湾的毛板船一直往汉口运输当地的沙罐,20世纪70年代,在乡政府企业办工作的李振庭还搭乘运输瓦罐的毛板船到过汉口。他所在的王坪湾当时有五座土窑,一座窑一年可以烧制出3万个沙罐,王坪湾每年烧制的沙罐总数达到十几万个,这些沙罐最后都运到了汉口。

卖汤圆的"五芳斋"附近,大智路口有一家谈武汉小吃必说的酒店"老通城",它以经营"三鲜豆皮"著名。20世纪30年代,在汉口谋生的

2006年即将拆除的老通城（黄建 供图）

汉阳人曾厚诚开了一家"通成饮食店"（后改为"老通城"），他卖的并不是豆皮，而是一般的包子、馒头、水饺、豆丝、糍粑之类的小吃，抗日战争结束后曾厚诚回到汉口，1946年"通成饮食店"重新开业时，他请来擅长做豆皮的高金安。孝感人高金安15岁开始在汉口叫卖豆皮。不过，他走街串巷卖的豆皮只是初级加工，豆丝皮上加鸡蛋、糯米和配料。高金安改革了做法，在豆皮里加糯米、猪口条、叉烧和瘦肉等配料，后来又把配料改为猪肉、口条和虾仁。豆皮也是江汉平原极其普通的小吃，老通城的做法与百姓家里的做法不同，它是先在铁锅里摊上一层预先磨好的绿豆、大米浆，然后刷上一层搅拌好的鸡蛋，铺上蒸熟的糯米，再放馅料，用油煎好后，撒上葱花，切成豆腐块，装盘。传说这样做出的豆皮调味均匀，味香爽口，外脆内软，油而不腻，但我的确没这种体会，20世纪80年代我走进这座城市时，街头卖的豆皮已经把配料改为肉丁、豆腐干了，回忆起来，我吃到的更多的是豆腐干。不过，20世纪80年代的老通城酒楼可谓风靡武汉三镇，人多、嘈杂。记得有一次在老通城吃午饭，整个楼层桌子挨桌子、椅子挨椅子,大厅里热气腾腾,每个人不是大声说话,就是开怀大笑。这也算一种奇迹,领略了什么叫人声鼎沸。一顿饭吃完,不知道坐在身边的人说了什么,也不知道桌子上其他人说了什么。

江汉路附近,是汉口里份另一个集中地带,中山大道以南有永广里、协兴里、积庆里、坤元里、怡康里、鼎余里、江汉村,等等;中山大道以北有永康里、汉寿里、联保里、华中里、宁波里、宝元里、企业里、福忠里、泰安里、慈德里,等等。在江汉路地段的变化中,有四件大事,起到了奠基性的作用,它们分别是刘歆生和周扶九的里份建设,汉口新市场和南洋大楼的修建。

1923年之前,江汉路还不叫江汉路,1923年江汉海关大楼竣工后,才改名叫江汉路,之前它叫"歆生路"。"歆生"即刘歆生,就是从武汉东西湖柏泉刘家咀走出来的刘歆生。1840年意大利传教士在东西湖柏泉的刘家咀修建了圣安多尼小修院,刘歆生从小跟着父亲在小修院帮忙做事,因此有机会学习西方文化和外语。汉口开埠之后,像刘歆生这样能说外语的人实在不多。1899年起,说一口流利英语和法语的刘歆生先后担任了法国立兴洋行买办、法国东方汇理银行汉口分行买办,工作之余,他还经营一家属于自己的钱庄。有了资金的刘歆生不仅为张之洞修筑张公堤捐助资金,而且在汉口城堡拆除后,大量购买从后湖露出来的土地。1918年刘歆生在水塔对面投资建造了生成南里和生成北里近200栋房屋。比刘歆生稍早一点,江西盐商周扶九在中山大道以北,修建了永康里及其周围的店铺、房屋约200栋。1917年广东南洋兄弟烟草公司的简照南、简玉阶兄弟在永康里对面兴建了南洋大楼。1919年刘有才等人筹集资金,在南洋大楼旁边修建了汉口新市场(即民众乐园)。到此,汉口城堡拆除后,长堤街以北、以东,呈现出一片新兴的汉口城区。

汉口新市场不同于里份建筑,它是汉口的一个地标性建筑。这是一个

汉口新市场即民众乐园（黄建 供图）

V字形建筑，一个边沿中山大道，另一个边则与南洋大楼隔着贤乐巷。两个临街、临巷的边，都是三层楼房，连接两个边的转角是高7层的穹形门楼。汉口新市场占地一万多平方米，其功能布置模仿上海"大世界"，设有三个剧场、两个书场、中西餐厅、弹子房、小型商场、阅报室、陈列室、室内花园、哈哈镜、溜冰场以及表演舞台等。花园里有鱼池、假山、雕塑、瀑布、喷泉、亭桥，等等。更神奇的是，这个建筑曾经有多个名字，中央人民俱乐部（1926）、血花世界（1927）、汉口民乐园（1928）、汉口特别市民众俱乐部（1929）、兴记新市场（1931）、明记新市场（武汉沦陷期间）、和记民众乐园（1945）、民众乐园（1949）、人民文化园（1966）、民众乐园（1979），名字变化的背后是时代的变化。汉口新市场建成后，迅即成为武汉最大的综合性娱乐场所，不仅带来了人山人海的人流，也带动了周围城市面貌的改变，茶馆、酒楼、旅馆、戏院、商铺、浴池，等等，都向新市场周围聚集。

辛亥革命后，长期在汉水与长江中下游流行的"汉调"获得了它在剧种中规范化的名称"汉剧"，但其在城市的表演仍然局限于戏园子、堂会、会馆。1919年这个局面改变了，汉口新市场为汉剧等戏曲的传播提供了豪华的舞台。据说汉口新市场开园当天，汉剧艺术大师、"余派"创始人余洪元就率领戏班登台表演，第二年，余洪元当选为"汉剧公会"会长，他在这个舞台表演了近两年。其他汉剧艺术大师吴天保、陈伯华、李万春也等都曾在汉口新市场演出。20世纪30年代，余洪元、吴天保、陈伯华在汉口新市场的演出曾经掀起汉剧艺术的三次热潮。

当然，在汉口新市场大舞台上上演的不仅仅有汉剧，京剧、楚剧、豫剧、越剧、评剧、杂技、相声、魔术等，不同的戏曲样式在汉口新市场都有自己的空间。早在1906年，京剧艺术家周信芳便随王鸿寿在汉口演出，1935年4月周信芳与孟鸿茂、富云霞合作，再次在汉口新市场表演了《追韩信》《投军别窑》等剧目。京剧大师梅兰芳一生多次到汉口演出，与汉口的汉剧艺术家有过广泛交流。他在汉口的演出并不都是安排在汉口新市场，比如1919年的演出就在汉口大舞台。汉口大舞台的投资者韩惠安（梁实秋夫人韩菁清的父亲）早年从黄陂到汉口经营食盐，成为大盐商后又出任湖北纱、布、丝、麻四局的总经理以及汉口商会会长，1914年他在汉口大智路修建了汉口大舞台。1919年梅兰芳第一次到汉口大舞台演出即是受韩惠安之邀。这一次他在汉口演出近两个月。1934年，被誉为20世纪30年代"四大坤旦"之一的京剧艺术家章遏云带着戏班从天津到汉口，与韩惠安签订了半年的租赁合同，章遏云亲自领衔出演《雷峰塔》《棋盘山》等剧目，共演了30天。这期间，章遏云邀请梅兰芳来汉口表演。这是梅兰芳第二次到汉口表演。梅兰芳在汉口大舞台表演结束后，又到汉口新市场演了三天，表演剧目有《霸王别姬》等经典剧目，与梅兰芳一起

汉口的一个露天剧场（黄建 供图）

来汉口的还有谭小培。据说演出盛况空前，汉口万人空巷，都想领略艺术大师的风采。章遏云在其自传中说，这一次承包汉口大舞台非常成功，赚了五六万大洋。其他艺术家如张君秋、俞振飞、程砚秋、荀慧生、尚小荣、马连良、谭富英、盖叫天、江妙香等也都在汉口新市场演出过。其中，程砚秋更是连续到汉口新市场演出两次。1928年12月3日到14日，程砚秋首次来武汉，大受欢迎，天天满座。连续表演12天，其中3天为鄂北工赈会义演。第一次表演结束不久，1929年2月21日，程砚秋第二次到汉口新市场演出，这次随来的也有谭小培等名角，演出了一个月。

在汉口新市场上演的不仅有艺术，也有历史上的大事，这便是顾顺章的叛变。1931年4月的一天，一支化妆成魔术杂耍戏班的队伍从上海出发，这支队伍的任务是护送从苏联回来的张国焘、陈昌浩去鄂豫皖苏区，护送小队的负责人是顾顺章。之所以这样化妆，是因为顾顺章会魔术，而且魔术水平高超。4月7日顾顺章与鄂豫皖苏区派来的交通员在汉口完成了交接，如果他按要求立即返回上海，后面的一切事情就不会发生了，但顾顺章找借口滞留武汉，并在汉口新市场看见了一张招聘魔术师的广告。这张招贴广告勾起了顾顺章的手瘾，他决心与汉口新市场签合同，登台表演。但很快，这个汉口新市场舞台上走红的魔术师就被特务认出，在观众的阵阵掌声中，顾顺章早已忘记了自己的身份，丝毫没有注意到台下警觉的眼睛。4月24日军警突然冲进了德明饭店顾顺章所住的房间，带走了他，顾顺章当天就叛变投敌。由于工作的特殊性，顾顺章掌握许多党中央机关的重要机密，危急时刻，地下党员钱壮飞截获了顾顺章叛变的消息并及时报警，上海中共中央机关得以紧急转移，但顾顺章的叛变还是带来巨大损失。有学者统计，顾顺章的叛变致使八百多位共产党员被捕，并直接导致恽代英、蔡和森等人的牺牲。顾顺章被押解到南京的第二天，就指认出了监狱中的恽代英，随后又带人抓捕了蔡和森。谁也不会想到，汉口新市场的大舞台上，一个魔术师的表演会引起一连串惊心动魄的事件。与汉口新市场的建筑时间相近，顾顺章所住的德明饭店也是1919年建成。这个饭店在大智路附近，过去，这个饭店是汉口的另一个大舞台，梅兰芳、程砚秋到汉口新市场演出就住在这里。当然，许多政要、名人都在这里住过，1949年中国人民解放军进驻武汉后，第四野战军总部以及武汉市军管会都在这里办公。

汉口新市场的后面，花楼街靠近江汉路方向的巷口，有一家小吃店，叫"四季美"，小店1922年就开业了，20世纪50年代小店搬到中山大道汉口新市场的旁边，它与新市场一样闻名。"四季美"的意思是一年四季都有美食，但在人们的印象和谈论中，它似乎只有一种美食即"小笼汤包"。这种小汤包一开始是江浙口味，1946年，从汉阳到汉口做面食的钟生楚应聘到"四季美"，他把汤包的口味由偏甜改为偏咸。钟生楚对如何擀出周边薄、中间厚的汤包皮，如何制作肉馅以及如何包出好看的汤包形

20世纪80年代民众乐园的内厅,依稀可见当初的模样。(黎德利 摄)

状,都总结出了一套完整的经验。作为消费者,对汤包最纳闷的是,为什么面皮子能包住汤,而且刚端出来的汤包,能清楚地看见汤在包子里晃荡。今天,这个神奇的现象已不是秘密,原来包子皮包的馅是"肉冻",不是通常饺子、包子里的那种肉馅,并且在包成包子时留了一个小口,馅料有一部分露出在外,这种独特制作会产生汤水。另一个神奇的是汤包的口像鲫鱼嘴的形状,跟包饺子一样,这个当然需要师傅的示范和个人长期的练习。第一次吃汤包都免不了一口咬下去,汤汁到处迸溅的尴尬,吃第二个时就知道先用筷子戳一个洞,汤就不会飞溅出来了。今天武汉街头的汤包店,为了避免消费者莽撞,专门提供了吸管,避免汤汁四射。中山大道上另一个著名的小吃是"蔡林记"热干面。武汉三镇到处都有热干面,但并不都是"蔡林记"。1930年黄陂人蔡明伟在汉正街与积庆里之间的满春路口开了一家面馆,即"蔡林记"热干面,到了20世纪50年代,蔡林记已成为知名的面店,每天可以卖出四五百公斤面,对一个面店,这是一个很大的数字。20世纪70年代初,蔡林记搬迁到江汉路口,也就是民众乐园的旁边,搬迁后的销售量居然每天可以达到1000公斤以上。早上来一碗热干面,对武汉市民几乎是一种习惯,但这种看似不起眼、没有技术难度的面食,外地人却做不出来。今天许多城市也有"热干面",甚至超市还有袋装的热干面,但只要吃过正宗的武汉热干面,立即就会感觉两者不是一回事。热干面的制作无非是和面、掸面、烫面、配料、芝麻酱,但每一个工序都来自操作者长期的经验积累,来自成熟的手感,因此要准确说清楚正宗热干面与其他地方的热干面到底哪里不一样,也很难。也许所有依靠代代相传的手艺都是如此。

长江以南的武昌,里份相对较少,据《武昌区志》记载,1937年至1938年间,徐家棚先后被炸毁民房2000余栋。其中包括德华里、宏安里、生成里、公议里、成善里、三德里、敬生里、公泰里、公兴里、和记里、积厚里、茂年里等里份建筑,这些里份都是武昌地区人口稠密的聚居区。今天,除了少数几个作为地名保存了下来,如徐家棚地区的公泰(太)里、和(合)记里,积玉桥地区的汉成里、华康里,其他的里份已经全无痕迹。

自1993年起,武汉市面向社会、单位、个人,征集对优秀历史建筑的推荐,到2019年已经公布12批次274处优秀历史建筑名录。这些建筑有反映武汉历史和民俗传统的民居、历史名人故居,也有代表性的作坊、商铺、厂房、仓库以及具有建筑艺术特色、科学价值、历史文化意义的建筑物。一批具有保护价值的优秀里份建筑也列入了这个名单,如兰陵村、上海村、江汉村、三德里、泰安里、福忠里、金业里、保元里、中孚里、鼎馀里、同兴里、昌年里、六也村、同兴里、汉安村、延庆里、首善里、等等。这些优秀的里份建筑有的正在改造，有的已经改造完毕，在市民日常生活的烟火味中融入了休闲、旅游、文创的元素，古老的里份已成为现代都市生活的载体。

武昌的山

同治八年（1869）的《江夏县志》说，江夏县湖中的山"九十有奇"。可以想象，从当时的黄鹤楼看武汉长江以南，满眼都是湖光山色。山是有生命的，在历史的进程中，一些山被推平，一些山被搬走，一些山只留下地名，供后人想象，一些山连地名都没留下来，这些山便永无痕迹。山的生命不只是往消亡的方向走，不同时代的人也依山靠山，兴庙宇楼阁、建亭台馆所，百姓攀登游览，文人往来行吟，于是山又沉淀了文化，山的生命又深厚起来。武汉长江以南的山莫不如此，尤其近代以来，风云激荡、波澜壮阔，哪一座山都少不了被历史风吹雨打一番。

近代武汉的长江以南是什么样子？1899年陆军预备大学堂绘制的《武汉略图》提供了一个参考。这张地图最东南的一角叫"油坊岭"，油坊岭就是后来的"流芳岭"，现在隶属东湖高新区佛祖岭街道。从蛇山下的阅马场到流芳岭，距离大约20公里。出武昌城宾阳门，过长春观，向东南延伸到油坊岭的马路两边是一片密集而高低不一的丘陵，洪山、钵盂山、马房山、元宝山、喻家山、傅家山、马鞍山、黄屯山。有些山，这张地图上没有注明名称。1912年《江夏（东乡）汉阳（南乡）图》（湖北陆军测量局绘制）对此进行了补充，在洪山旁注明了狮子山，在钵盂山旁注明了纱帽山,在卓刀泉旁注明了棋盘山,以及官山(即今天的关山)等。丘陵带的最宽处达到8到10里。丘陵带的北面是东湖、沙湖以及一直铺展到长江边武丰闸方向的湖泊湿地。这些水通过武丰闸与长江相通,丘陵带的南面则是以南湖、汤逊湖、青菱湖为主体的湖汊水荡,这些水都通过鲇鱼套进入长江。丘陵带的边缘蜿蜒曲折,湖泊绕着锯齿形的边缘,在丘陵之间贯穿往复,山在湖中,湖在山间。

1899年陆军预备大学堂绘制的《武汉略图》没有提供武昌城内的细节,武昌城内的山色风光,我们得另找线索,好在同治八年(1869)《江夏县志》有武昌"城池图",1883年湖北善后总局绘制的《湖北省城内外街道总图》,以及1909年徐秉书绘制的《武昌省城最新街道图》,都描述了武昌城内的山势。1869年的武昌城池图比较简略,黄鹤楼下的南坡,依次是武当宫、臬署、府城庙、学府,过鼓楼后依次是黄龙寺、制剑亭、阅马场、三官殿、龙华寺。山的北面则只是一些院抚等衙门机构。14年后,1883年,蛇山的南坡从黄鹤楼到宾阳门有了很大的变化,依次是凌云阁、土皇宫、鲁班阁、武当宫、臬署、崇文七铺、府城隍庙、西学、府文庙、东学、保甲总局、仁寿一铺,过南楼后依次是轩辕殿、黄龙寺、先贤宫、曾公祠、湖南会馆、演武厅、高观书院、天悦关帝庙。蛇山上以及蛇山北,依次是兴善庄、太白堂、官胡公祠、仙橐亭、崇文三四铺、蒲圻庙,过南楼后则是积善堂、大观书院、关帝庙、抚左卡房、衡善堂、前后所营铺、关帝庙、灵山寺、抚左千总、抚右千总、痘姥祠。26年之后,1909年,从黄鹤楼所在的江边向东又有了变化,蛇山南面依次是土皇宫、矿冶学堂、臬署、府城隍庙、府文庙、官钱局、轩辕殿、两广会馆、曾公祠、胡公祠、周公祠、绍忠祠、陆军医院、右路巡防局、江夏高等小学堂、拖水台。

显然,从1869年到1909年,蛇山的面貌在不断改变,有的消失了,

1869年的黄鹤楼（武汉市地方志办公室 供图）

有的重建了，有的迁移了，有的新添了。战争、炮火或者放火，以及意外的火灾，是改变蛇山面貌的一个重要因素。黄鹤楼在蛇山上消失或重现就是典型的例子。大多数资料关于黄鹤楼在太平天国战争中被毁都只是一句模糊的话，即在双方的战火中被毁。历史学家李庚其对此有另外的更加具体的解说，在太平军从江北的汉阳、汉口进攻武昌时，太平军的大营设在江北，但江北的大营怎么知道前线的攻城是否得手了呢，太平军想出的办法是以火为信号，黄鹤楼所处的位置是武昌城的制高点，一座名楼就这样被当成了发信号的烽火台，结果楼被毁了。李庚其是清史专家，曾作为"凤凰大视野"特约嘉宾，主讲太平天国历史，他关于太平军烧黄鹤楼发信号的讲课视频如今还能看到。从项羽火烧阿房宫开始，对敌方的建筑付之一炬，就成为常事，大火中名胜古迹不断化为瓦砾也成为宿命。

兴废，兴废，有废，就有兴。关于咸丰战火后黄鹤楼的重建，武汉出版社1988年5月出版的《武汉要览》给出的重建时间是"咸丰六年，毁于战火，同治六年重建告成"。这个时间比现在很多人写的时间早了两年。武汉大学出版社1999年8月出版的《黄鹤楼志》给出的时间和主持人分别是"同治七年（公元1868），由总督官文、李瀚章、巡抚郭伯荫主持，对毁于咸丰战火的黄鹤楼进行重建"。今天，大多数人在提到这一事件时，都一致认为1868年湖广总督官文、李瀚章、巡抚郭伯荫主持修复了黄鹤楼，这一次重建，动员了1000多"匠石"，花费了3万多两银子。官文和李瀚章都当过湖广总督，但问题是他们不可能在同一个时间担任湖广总督，怎么可能同时主持一个工程呢，除非前一个总督主持修建，工程未完成，后一个总督接着做完，如果真是两个总督接力做完这项工程，就该有相关的记录。

很长时间，人们对两个总督主持重建黄鹤楼的说法毫不怀疑。山东人丁守存写过一篇《重建武昌黄鹤楼碑记》，记录了这一次重建的来龙去脉。丁守存其实是一个名副其实的科技迷，1853年前他已经写出《西洋自来火铳制法》《详覆用地雷法》等著作，并造出了自动启爆的地雷和火炮，他本来一直在与太平军作战的前线负责监制石雷和石炮，因为发明创造有功，1864年被调到湖北督粮道，署按察使，后来加布政使衔。黄鹤楼重建后，这个技术官僚被请来创作碑记。丁守存一开始就说明了是谁给他布置任务以及写作时间："同治八年，岁在己巳，季春之月，湖广总督、一等肃毅伯、协办大学士合肥李公，湖北巡抚侯官郭公，以武昌重建黄鹤楼胜迹，大工蒇事，命守存为文以记之。"1869年3月，"湖广总督、一等肃毅伯、协办大学士"合肥李公给丁守存布置了写作碑记的任务，这个"合肥李公"只能是李鸿章,而不可能是他的哥哥李瀚章。1868年前后李瀚章的身份是江苏巡抚、浙江巡抚、署湖广总督,他没有"一等肃毅伯"的爵位,也没有"协办大学士"的官职。1867年因为曾国荃的弹劾,朝廷解除官文的湖广总督职务之后,李鸿章就被授予了湖广总督一职,只是他一直在围剿捻军,没有真正到湖北上任,于是朝廷又任命江苏巡抚李瀚章代理湖广总督,但李瀚章也没上任,他从江苏去了浙江当巡抚。1867年李鸿章在山东忙于与捻军赖文光、任柱所部作战,1868年在幽蓟燕齐等地与捻军张宗禹部作战,战事直到夏天才结束。硝烟散去后,李鸿章声望响彻北京,他被加太子太保衔授协办大学士,在北京忙了几个月,直到年底才回合肥过春节,春节后到武昌上任,所以《重建武昌黄鹤楼碑记》说"总督爵相李公已于正月持节莅止"。

重建过程,丁守存也说得很清楚。1865年的一天,湖广总督官文与湖北粮道唐训方登蛇山,到胡文忠公祠祭祀胡林翼,提出恢复黄鹤楼,于是开始募集资金。捐资最多的有彭玉麟、郭嵩焘等人,但因为"逆匪余烬复煽",湖北巡抚曾国荃一直在外作战,官文又突然被召回北京,而"江苏巡抚、今调浙江巡抚合肥李公,摄督篆未久,亦弗暇及",重建的事一直拖到李鸿章平息北方的捻军之后才得以再次提出来。这里有两点最值得注意,一是官文被召回北京,二是丁守存说浙江巡抚李瀚章无暇顾及。所以,真正主持黄鹤楼重建的不是官文、李瀚章,而是当时的代理总督郭伯荫等人,即碑记中说的"摄督篆巡抚郭公、护巡抚布政使香山何公相与顾而咨曰……"由于前期已经进行过资金募集,筹备充分,这项工程终于在1867年9月开工,10月12日上梁。1869年李鸿章在武昌上任没多久,就接到朝廷的通知,让他去贵州督办军务,而此时西北各地的回民起义让左宗棠应付不过来,李鸿章转而去陕西支援左宗棠,可没去几天,天津发生了教案,李鸿章又被派去天津处理教案,1870年8月李鸿章升任直隶总督,总算卸下了湖广总督的职务。从此时开始,他的哥哥李瀚章才真正接任湖广总督,但这个时间,按照《重建武昌黄鹤楼碑记》的记录,重建工程已经完工。合肥两兄弟都称"李公",前后任湖广总督,把后人折腾得不轻。

鸦片战争以来,蛇山的变化不仅仅是黄鹤楼的被毁和重建,还有新增的官胡公祠、曾公祠等祠堂建筑。历史上先有祭祀胡林翼的胡公祠,1871年官文去世后,总督李瀚章、巡抚郭伯荫经过请示,将官胡合祀,于是就变成了官胡二公祠。

1855年,太平军攻进武昌城,湖北巡抚陶恩培自杀,胡林翼代理湖北巡抚一职,开始执掌一方。1861年8月湘军攻克安庆,胡林翼因为首功,加太子太保衔,意味着他跨入了近臣、重臣的行列。遗憾的是,8月底,胡林翼突然病逝武昌。在近代历史中,胡林翼是一个现象,曾国藩对他的评价极高,说胡林翼的才华胜过他十倍。在与太平军多年的作战中,他们一直是战友,胡林翼是湘军坚强的后援,不仅为曾国藩提供了大量的军粮、军费、兵员、战船,而且在化解矛盾、团结将领上为曾国藩做了大量工作,因此,曾国藩这样评价他毫不奇怪。令人惊奇的是,除了曾国藩,其他的官员对胡林翼都有一致的好评,称他是"中兴诸贤之冠""中兴第一流人"。很多年后,蔡锷也认为胡林翼是"中兴名臣中铮佼者"。历史对胡林翼的叙述往往集中在与太平军的作战上,而对他在湖北巡抚上的作为叙述得较少。胡林翼在湖北的政绩曾国藩曾经有过总结,大意是说,以湖北这样的贫瘠之地,养活了一支6万人的军队,每个月至少需要银两40万之多,但湖北的商业、农业没有凋敝,吏治越来越好,都是胡林翼精心运作的结果。

对胡林翼的成长和性格的形成,后人做过分析。他年轻时深受岳父陶澍经世致用思想的影响,而且陶澍去世之前嘱咐他要以天下为己任。不管这些说法的真实性如何，年轻的胡林翼曾经在南京陶澍的总督府中生活过一段时间，陶澍对他的影响是必然的，并有胡林翼写给父亲的信为证："岳丈公退之余，辄与男长谈。岳丈胸中本极渊博，加以数十年来宦途阅历，上下古今，融会贯通，每及一事，旁证曲引，判断洞中窍要，于男进益，非浅鲜焉。"胡林翼此后推荐李鸿章，举荐左宗棠，协调多隆阿、鲍超、唐训方三个将领的关系，劝和彭玉麟和杨载福，不计名利，处处让功于官文，等等，无不都是以大局为重。在胡林翼之前，淮盐难以进湖北，而川盐的销售要么是走私，要么是官运官销，两种方式都有弊端，胡林翼改为官销一部分，商贩自销一部分，但总量不变。由此，既遏制了奸商走私，又不夺商贩利益，也确保了税收。胡林翼同时对漕运进行整顿，裁掉了粮食收购过程中的各种费用，减轻了农民负担，确保了粮食收购数量。胡林翼最令人称道的是对人才的重视。他在武昌设立宝善堂，专门引进人才，为了留住善于理财的阎敬铭，他推荐阎敬铭做湖北按察使，后来又推荐其担任布政使，甚至把自己的巡抚位置让给阎敬铭。

对胡林翼这样的人，后来的官员要在蛇山建一座祠堂祭祀他，是再正常不过了。而对于要建祠祭祀官文，就显得颇为勉强。官文被认为是一个不学无术的官员，他的功绩都来自胡林翼的谦让。1854年曾国藩曾短期署理湖北巡抚，他的政绩不在湖北，而在于对时局的力挽狂澜。曾国藩去世后，朝廷下令"辍朝三日"，追赠曾国藩为太傅，同时入祀京师昭忠祠和贤良祠，并在各省建立专祠，同治十二年（1873）蛇山上新建了一座祭祀曾国藩的祠堂，即曾公祠。

蛇山上最大的变化还是出现了新生事物，即新式学堂。很多新式学堂来自对书院的改造。1883年的《湖北省城内外街道总图》上有两个书院，一个是南楼附近的大观书院，一个是宾阳门附近的高观书院。光绪三十二年（1906），在张之洞的新式教育改革中，这两个书院分别改为了江夏初

179

等商业小学堂、江夏高等小学堂。这只是张之洞庞大的教育体系的一部分。

光绪十七年（1891）5月，张之洞把两湖书院40名商科学生分出来，成立方言商务学堂，次年落成。光绪十九年（1893）10月，张之洞把方言商务学堂改为自强学堂，分方言、格致、算学、商务四科，每科20人。光绪二十二年（1896）张之洞从两江总督回到湖广总督任上后，又修改了自强学堂章程，将算学归到两湖书院，格致、商务不再教学，增加英法德俄四门外语，光绪三十三年（1897）再增加日语，每门30名。他深知掌握语言"为一切西学阶梯"，培养大量外语人才，既可以大量翻译西方书籍，又可以弥补同文馆、制造局在翻译书籍上的不足。1898年2月，张之洞创办了两个新学堂。先在城东门外卓刀泉购地，创建农务学堂，作为"树艺畜牧"人才培养基地。再于铁政洋务局内开办工艺学堂，聘请了两个日本教员，一个教授物理化学，一人讲授机械科学，同时聘请两名制造工程师，传授机器制造。

到目前为止，张之洞所做的只是在传统书院的基础上，广开学堂，但到了光绪二十八年（1902），张之洞对教育的改革就有了现代教育的意味。3月，张之洞对武昌的学堂进行了一次系统性改革，在湖北设立了管理全省教育的学务处，将过去的书院、学堂按照大学、中学、小学三个层次进行整合，分文、武、语言、师范、农学等类别。将两湖书院改为两湖大学堂，自强学堂改为文普通中学堂。将武备学堂、防营将弁学堂改为武高等学堂。增设武普通中学堂，创建师范学堂、高等普通小学堂。将农务学堂迁到武胜门外的沙湖边，与试验场临近，并在工艺学堂开设工厂。把自强学堂的学生移入方言学堂，重新订立章程；把经心书院改为勤成学堂，满足年长而不能入学的生员的求学需求。设仕学院，培训在职官员，讲授中西政治。文普通中学堂的学生来自江汉、经心、两湖三个书院，三个书院的学生按成绩分入大学、中学。武汉的高等教育、中等教育、基础教育雏形已经清晰。

如此众多的对一个城市未来影响极大的教育机构，并非与山无关，而是紧密联系的。1902年10月，自强学堂从武昌三佛阁大朝街口迁到了武昌蛇山南坡的东厂口，这个地方后来成为武汉大学的办学场所。2007年9月著名经济学家张培刚在《张培刚自述往昔》中写道："1928年冬，我……决定以同等学力报考文预科插班生。现在，我还记得参加此次考试的情境。那年刚过完春节，农历正月初六（阳历大约2月初旬）凌晨，天尚未拂晓，吃完家里为我炒的一碗油炒干饭，就与同村出外打零工的堂叔、堂兄五六人一道，步行70华里到达黄陂县城，找旅店打地铺睡一晚。翌日清晨又步行20华里到京汉铁路横店站，再乘火车到达武汉。半月后我参加考试。那时武汉大学的校址还在东厂口，武昌的山洞还未打开，由胭脂路到东厂口必须先爬山，越过蛇山背脊，再行下山，真可谓费时费精力多矣。"可见此时武汉大学还没有搬出武昌城。

1932年武汉大学迁至珞珈山之后，原来的校址上建立起了医学院，1951年医学院迁到汉口航空路之后，这个地方诞生了一个中医进修学校，也就是后来的湖北中医学院（即湖北中医药大学），1979年中医学院迁到昙华林之后，这个地方成了湖北教育学院的一部分，2003年教育学院迁至东湖高新区。还是在这个地方，光绪三十三年（1907），张之洞的学生黄绍箕把张之洞开设商业学堂的计划变成了现实，湖北商业中学堂在武昌东厂口正式办学。早在1903年，张之洞与京师大学堂创建者、北京大学校长张百熙等人一起拟定的《奏定中等农工商实业学堂章程》就获得了朝廷批准，准许在武汉兴办中等实业学堂，但张之洞要办的事情太多，商业学堂一直没办成。黄绍箕曾参与过组建京师大学堂，1900年张之洞邀请他担任两湖书院的监督，他是张之洞教育改革的具体实施人。正是他建议张之洞成立湖北学务处，主持把两湖书院改为两湖大学堂。1904年，他撰写了中国第一部《中国教育史》。黄绍箕创办的这个商业学堂后来发展为湖北商业高等专科学校，2002年该校与湖北金融高等专科学校、湖北计划管理干部学院合并为湖北经济学院，搬迁到江夏区藏龙岛。

张之洞在蛇山南坡的足迹还有很多。1903年，武汉第一个幼儿园诞生在蛇山南坡的阅马场。1904年3月张之洞将蛇山黄鹤楼下的武当宫改为省图书馆，这是全国首家官办公共图书馆。不过，武当宫这个地方场地太小，不足以满足一个省级图书馆的需求，馆址几经变迁，1934年选址在蛇山南麓抱冰堂右侧修建新馆，这便是后来的湖北省图书馆。今天，湖北省图书馆已在武昌沙湖边修建了现代化的新馆，但老图书馆的主楼建筑仍然矗立在蛇山半山腰。据说，过去的高观书院就在这个地方。这项工程的主持者杨永泰，曾修建武昌城重要的三条马路，东厂口至大东门的熊廷弼路（今武珞路的前段），文昌门至通湘门的张之洞路，以及民主路。20世纪80年代，蛇山下的阅马场是武昌最热闹的地方之一，武珞路上熙熙攘攘，从汉口到武昌、从武昌到汉口，都需要在这里倒车。爬蛇山、登黄鹤楼，下山返程，也要在这里坐车。当然，密集的人流中，不少是大学生，他们大多冲着这里的几家古旧书店而来。那些淘书的学生，有一个是我，基本上我每周都会去蛇山脚下这几家旧书店，有时并不买书，但一逛就是一天。

武昌城里的山，蛇山以北的几座山虽然不大，却负载了丰富的历史内容。从蛇山向北，首先是胭脂山，再往北是花园山与崇府山（也叫崇福山），到了武胜门，一边是螃蟹岬（又叫黄龙山），一边是凤凰山。记得1980年代初，刚进武汉这座城，第一次到胭脂山，满以为这山与"女性""胭脂"有关，遗憾的是走进胭脂路，看到的只是繁华的街市，路两边以副食品店和服装布匹店居多。走到湖北中医学院附属医院住院部门

蛇山南坡的原湖北省图书馆（黄建 供图）

口，也没看见山，只是觉得在不断爬坡，从医院住院部大门看进去，大楼建在高坡上。转弯进中医学院，去找同学，居然发现学生宿舍在一个坑凹里，同学去操场踢球，出寝室门得爬几层楼高的台阶，这时也没意识到脚底下就是花园山。从中医学院住院部左拐，迎面有一个矗立在高坡上的大院，铁门边的牌子上写的是一个儿童福利机构的名字。以胭脂路为界，这个高坡应该算崇府山了。有一次，我顺着胭脂路，去崇府山一间民居参加聚会，几个诗人在那里海阔天空地论诗，而我则对身处的这片居民区发呆。山坡下的民居从高到低，七拐八弯，一律都是小小的房间，几乎每家每户都会把阳台接出去，变出一个小房间，或者在屋顶搭盖出一个小房间。在这里走路，头顶实际上是别人家的房间，挨家挨户一路走过去，过道里摆着煨汤的炉子，有的人家在做饭，有的则在招待亲友串门、聊天，年轻的男女站在过道上讲着笑话。几百米外就是胭脂路的喧闹嘈杂，这里却是一片难以置信的宁静、祥和的人间烟火景象，要知道这里过去可是武昌城的中心，不远处就是戈甲营，顾名思义，做兵器的地方，再往西，过了正街就是贡院，往南是著名的候补街，湖广两省没有实缺的官员在这里租房，等待什么地方突然空出一个官位，好去上任。还有一次，晚上去昙华林看望一位老师，在中山路湖北美术学院一带一大片平房里摸黑打听老师的住处。之前，只是每天听见学校的广播播报从桂子山到昙华林的校车班次，从没想过，怎么那么多华中师范学院（即今天的华中师范大学）的老师住在昙华林，昙华林所在的花园山与桂子山之间隔着十几里路呢。

很多年后我才试着去了解蛇山以北，武胜门、螃蟹岬以南这几座山。今天的胭脂山当然已不可见，只能凭建筑物的高度去感受，原始的胭脂山海拔近五十米，1869年的《江夏县志》里有它名字的真正来历，即"山脊皆石，色赤如胭脂"，这些像胭脂一样的石头今天也很难看见了。在1883年的《湖北省城内外街道总图》上可以清楚地看到，山的南面是多个抚署机构，很自然，这座山就成了官员们居住休闲的好地方，也是文人墨客吟诗作画的地方。范锴在《汉口丛谈》中说："白舫初在汉上，与黄谷原同居，其相莫逆如芝仙。后谷原屡徙于鄂，始克卜筑于胭山之东，予亦弃官隐东坡，与谷原相邻近。"范锴说的"胭山"即武昌"胭脂山"，他隐居的地方是胭脂山"东坡"，挨着黄谷原的园子。黄谷原是苏州人，清代著名画家，"清初四王"之一。清代画坛有一个在美术史上影响巨大的娄东画派，黄谷原是这个画派的核心人物。这群画家最推崇的大师是董其昌，黄谷原就深受董其昌的影响，他师法古人、由古而新，又倡导书画同源，以书入画，笔墨苍劲浑厚，皴法爽朗空灵。《清史稿》评价黄谷原的绘画"守娄东之法，尽其能事"，"画晚而益工，于吴中称后劲"。黄谷原本来得到了一个机会，补湖北潜江主簿，但他没去上任，而是在武昌胭脂山修筑了一个"小园"，并在这里居住了20年。启功先生说自己20岁时看见黄谷原的画作，觉得精妙绝伦、有望尘莫及之叹。在胭脂山住过的还有著名诗人陈沆。整个清代，湖北出过三个状元，第一个是黄冈人刘子壮，第二个是天门人蒋立镛，第三个就是黄冈浠水人陈沆。陈沆官至四川道监察御史，这个年轻的才子40岁去世在任上，同乡周锡恩在《陈修撰沆传》中概括了他短暂的一生。1815年夏天，陈沆应好友邀请，来武昌胭脂山避暑读书，他在《秦芝庭公子索题〈藏诗坞图〉》一诗中描写了胭脂山上朋友的居住地"藏诗坞"，"胭脂山上藏诗坞，一半种花半种树，半是诗人下榻处，入门见竹不见山。落叶时露斜阳殿，老屋却在山中间"。这首诗同时写道："黄公作图翠欲滴，公亦三年坞中客，胸有烟云非笔墨。"这个"黄公"正是隐居胭脂山的著名画家黄谷原，此时，黄谷原在胭脂山已经居住3年了。陈沆是嘉庆、道光时期的诗人，他的诗虽然语言质朴，但情深气雄。除了在胭脂山与朋友的唱和之作，陈沆在外省与武昌之间多次往来，写有多首以黄鹤楼为题材的诗作。

　　花园山比胭脂山的名气大。花园山并非一开始就叫花园山，据说这个地方是明代楚王府的一部分，本来叫"崇府山"，到了清代，一个姓刘的文人在此建了一个私家花园"刘园"，此后人们便称呼崇府山为"花园山"，但这个花园在咸丰年间的战火中被毁了。1883年的《湖北省城内外街道总图》上，从戈甲营到鼓架坡，依次是崇府山（山边是白云深处、老永安堂）、霭园、昙华林（山边有3栋洋屋、罗祖殿、浙江会馆）。1860年后，随着口岸的开放，花园山吸引了传教士，一下增加了许多洋房。新兴的洋房多半与教会、教堂、医院以及学校有关。1862年、1888年、1889年，意大利传教士先后修建了花园山天主堂、嘉诺撒仁爱修女会武昌圣堂、武昌圣家堂、花园山天文台。1864年、1868年，英国基督教伦

花园山壮观的西式建筑群（黄建 供图）

敦会传教士分别修建了基督教崇真堂和仁济医院。1870年基督教美国圣公会修建了基督教圣诞堂，1871年美国圣公会创办了文华书院，1890年美国圣公会修建了圣约瑟教堂，后增设中小学即圣约瑟学堂，这个位于崇福山南麓的教堂，1906年成为日知会聚会议事的地方。1890年基督教瑞典行道会在花园山修建了传教基地，俗称瑞典教区，其建筑包括主教楼、教堂、神学院、学校等。除了这一类建筑，还有不少名人私宅，如建造于1895年前后的清末北洋水师官员翁守谦的住宅（昙华林75号），共进会领导人刘公的公馆（昙华林32号），建于1901年的孙茂森花园（霭园旧址），以及石瑛故居、钱基博故居、晏道刚故居，等等。这些西式洋房、住宅以及遗址至少有50多处。

这样一座山，这样一大片房子，所经历的武汉乃至中国社会进程，何其纷繁、厚重。不过，它们经历的最重大事件，应该是辛亥革命，武昌首义之前的很多策划、密谋发生在这里。站在今天的角度，这一片房子对武汉影响深远的还有文化和教育，从这里滋生了武昌私立中华大学、武昌私立文华书院（华中师范大学前身）、仁济医院（湖北中医药大学前身）、武昌私立图书馆学专科学校（后并入武汉大学图书馆学系）、武昌艺专（湖北美术学院前身）、东路高等小学堂和文普通中学堂（武汉十四中前身）、崇文书局，等等。但如果要探寻一栋房子的沧桑以及历史风云的莫测，"霭园"算得上一个案例。

1883年的《湖北省城内外街道总图》上有"霭园"，到了1909年，《武昌省城最新街道图》上，崇福山以东的大片地区，只标明了"仁济医院"和"文华书院"，但宣统年间的《武汉城镇合图》上，从崇府山往东，先是三个庙宇，再是霭园、洋屋、昙华林。大多数资料说辛亥革命前进步青年秘密开会的孙茂森花园就建在霭园的旧址上，怎么到了1909年地图上还会有"霭园"呢？而更令人困惑的是，"刘园"的主人是谁，今天普遍的说法是"姓刘的文人"，或者"刘处士"修了这个花园，然后"学士吴百华"题写门额时命名为"霭园"，但在清代的官员中找不到"学士吴百华"。

黄鹤楼有一副经典的楹联"何时黄鹤重来，且自把金樽，看洲渚千年芳草；今日白云尚在，问谁吹玉笛，落江城五月梅花"，楹联的作者是清代著名文学家梁章钜（1775—1849）。梁章钜曾在多地为官，见多识广、阅历丰富，尤其熟悉各地掌故，但他又是狂热的"楹联"爱好者，他不仅自己创作楹联，而且还不遗余力收集各地名胜古迹以及亭园楼阁上的楹联佳作，并加以注释、解说、评点。在他一生所写的六七十部著作中，楹联著作就占六七部，后人把这些楹联著作统称为《楹联丛话》。正是在《楹联丛话》中，梁章钜收录了一副"湖北武昌城内刘园"的楹联，"把朝爽西来，杯底岚光飞隔岸；望大江东去，檐前帆影度遥空"。梁章钜说这副对联的作者是"通州刘纯斋太史锡嘏"。通州人刘锡嘏，字纯斋，乾隆三十四年（1769）进士，官至淮徐巡道兼河道。刘锡嘏这副"刘园联"也被多部楹联书籍收录。陆以湉在《冷庐杂识》中记录了这副对联并对刘园做了详细介绍。陆以湉是浙江桐乡县人，1836年中进士后在武昌县做过知县。陆以湉在书中说"丁酉岁，余屡游焉"，即1837年，他多次去刘园参观，并在刘园题诗纪念："一径穿云入，楼台漾碧虚。人为盘谷隐，地是辋川居。旧作藩王宅，今成处士庐。不胜怀古意，凭眺重踟蹰。"陆以湉的文章提供了关于刘园的珍贵资料，比如刘园的建造时间，"乾隆癸丑岁"，即1793年，当然这是指竣工时间。又如，"吴白华学使题曰霭园"。还有刘园3个门的空间布置与风光，第一个门西向，里面是一个用墙围绕起来，占地数亩的院子，院子里建了一个祭祀花神的庙，院子北面有供人喝茶休息的茶社，茶社门额写有"来鹤"两个大字。第二个门在东北角，向南，院子里有梅苔、鹤露山房、小天台、白华亭、佳山草堂，从佳山草堂向南可以眺望长江。第三个门进去是一条小路，路边有吸江、春草二亭。小路尽头是一栋3开间的厅堂，门楣上书"一池秋水半房山"。厅堂东有池塘，树荫环绕，凉意袭人，厅堂北是主人的内室。

事情总算明白了。不是"学士"而是"学使"，不是"吴百华"而是"吴白华"题写了"霭园"。吴白华即吴省钦（1729—1803），江苏南汇人，乾隆二十八年（1763）进士，字冲之，号白华。他曾在多个地方担任学政或乡试主考官、副考官，官至左都御史。因为做过和珅的老师，两人关系密切，和珅倒台后他被免职。1780年夏天他来到武昌，任湖北学政，他对武昌当然熟悉，创作过多首以黄鹤楼为题材的诗作。在黄鹤楼的楹联中，吴省钦的作品"城郭依然，只趁扁舟盘鹤影；江山如此，试携短笛落梅花"也被视为佳联。

2021年春，广州的一个拍卖会上挂出了一幅45cm×161cm的国画作品，这幅名为《霭园图》的画作上有"光绪乙酉秋九月，维善谨摹"的题识。作者"维善",即刘维善,字宝臣,又作葆丞,湖北江夏人,他正是武昌崇福山霭园主人刘锦堂的后人。此时,这位霭园后人已是著名的书画摹刻名家,黄冈东坡赤壁里的《景苏园帖》即为刘维善摹勒上石。1890年,张之洞的幕僚杨寿昌出任黄冈知县,他与著名书法家、学者杨守敬合作,精选苏东坡部分书法作品刻石,刘维善便被请来负责双钩上石。刘维善凭着自己的记忆,画出了战火毁灭前的霭园,让世人得以领略这一著名园林的精妙和魅力。1886年9月之后,近10位名人在这幅画作上题签、题跋,他们是邓琛、杨承禧、陈曾佑、樊增祥、王万芳、刘心源、周锡恩、彭汝琮、洪德埥、陈曾望等,每一段题签、题跋,都是对霭园记忆的一次丰富和再现。

《霭园图》上题跋的这些作者都来历不凡。邓琛过去算黄冈人,今天算武汉新洲人。他曾在山西蒲县、介休做知县,1846年、1881年,他曾两次主持新洲问津书院的秋祭。在题跋中,他写道"君之高祖姑,我之外祖母",《霭园图》作者刘维善是刘锦堂五世孙,这样算起来,霭园主人刘锦堂的妹妹是邓琛的外婆。邓琛小时候跟着母亲去武昌霭园看望外婆,有过在霭园居住和生活的经历。邓琛依稀记得霭园的风貌,在他的记忆中,霭园"跨出鹄山右。晴川列几案,大江横窗牖。鄂中富山水,奇秀得八九。异石聚数州,古木阴百亩。池馆带林泉,错置山腹肘"。在题跋中,邓琛极力支持刘维善拒绝洋人购买霭园地皮,"布路金珠谁可夺","多金不可夺,视之如瓦缶。贤哉五世孙,志节轶侪偶"。杨承禧,江夏人,1890年进士,曾任江汉书院山长、两湖书院教员,他纂修了172卷的宣统《湖北通志》,他的儿子杨潜斋(1910—1995)是我国著名音韵学专家、训诂学专家。

题跋作者周锡恩就是为状元陈沆写墓志铭的那位,因为"西夷以重金购遗址",霭园主人不为所夺的气节,他写了一首诗:"崇福山头野照多,故家乔木尚婆娑。可怜剩水残山里，奈尔孤花独石何。画壁尚思摹辋水，布金宁肯卖只陀。楚中名迹都销歇，愁听王孙感旧歌。"周锡恩（1852–1900），字伯晋，别号是园先生。光绪九年（1883）举进士，与主持京师大学堂的湖南才子张百熙有"北周南张"之称。张之洞毫不掩饰自己对后学周锡恩的赞佩之情："近今20年江汉人才为甚，博学雅才，余识其大半，殆罕有先于伯晋者矣。"1893年鲁迅的祖父周福清托人给主考官殷如璋送钱时，恰好副考官周锡恩也在船上。这一著名的科举舞弊案败露后，周锡恩态度鲜明，主张揭发。尽管事后的调查中有各种说法，浙江巡抚和刑部都主张大事化小，对周福清"拟杖一百，流三千里"，但光绪坚持要严惩周福清，改为"斩监候，秋后处决"。当然最后因为八国联军入侵等焦头烂额的事情，1904年周福清被释放了，此时他原来寄予希望参加科举考试的长子已经去世。周锡恩也因此卷入纷争并被调查，虽然没有查出什么结果，但他的仕途就此完结，于是告假还乡。

陈曾佑、陈曾望是状元陈沆的曾孙。王万芳则是张之洞的弟子，曾任翰林院编修。公元1900年，八国联军入侵北京，王万芳跟着皇帝逃命陕西，后因病告假回家。由他总纂的《襄阳府志》，至今堪称权威。彭汝琮是前四川候补道，1878年9月，彭汝琮向李鸿章建议创建上海机器织布局，这一计划被认为是为中国近代棉纺织工业的发端。樊增祥也是张之洞的学生。1870年湖北学政张之洞在宜昌视察时发现了青年才俊樊增祥，将其推荐到湖北潜江的传经书院做讲习，1877年樊增祥中进士并进入张之洞的幕僚团队，后历任渭南知县、陕西布政使、署理两江总督。樊增祥是一位高产的诗人，有诗集50余种，遗诗3万余首，而且也是藏书家和收藏家，藏书20余万卷。樊增祥又是一个十足的京剧票友，晚年闲居北平的樊增祥，还为梅兰芳改订了《贵妃醉酒》《霸王别姬》等京剧作品的道白与唱词。

有意思的是，湖北的樊增祥与湖南的易顺鼎一起被称为当时两湖诗坛的双雄，而在易顺鼎的众多著述中，有一种叫《霭园诗事》。易顺鼎把1905年在武昌居住期间自己的创作以及朋友的唱和之作，辑录在一起，取名《霭园诗事》，并解释说，1905年5月，他离开福建，由上海返九江，旋至鄂中，"假寓鲁髯之霭园山楼，霭园者，乾隆中富人刘氏园，在崇府山，土人呼为花园山，即以此园得名者也，余居此楼不出户庭，而揽城郭江山之胜。……与鲁髯唱和甚多，是为霭园诗事之始，既而陶斋尚书来登此山，又宽仲自襄阳来，棠孙自皖来，伯严自金陵来，狷叟、重伯、免份、沅生自湘来，晦若至都来。……余与节庵，伯严时侍抱冰向国师游谳赓和，是为诗事极盛之时也，因录唱和诗，起是年五月，迄是年十月，名曰霭园诗事云"。

要充分诠释这段话所包含的信息估计得一本书的篇幅，幸好，我们只关心与"霭园"相关的部分。在这里，易顺鼎很明白地告诉我们，1905年，武昌崇府山有"霭园"，而且他说此"霭园"就是过去的刘氏花园。同时，他也告诉我们，山楼主人叫"鲁髯"。鲁髯即汉阳人黄嗣东，晚年他号称鲁叟。黄嗣东历任刑部郎中、陕西候补道、暑陕安兵备道。1885年，他捐钱与樊增祥在长安县建了鲁斋书院。1891年郭嵩焘去世后，给他写墓志铭的居然是黄嗣东，可见当时社会对其才气的认可。他最有名的著作是100卷的《道学渊源录》。他的女儿嫁给陈三立的侄子陈覃恪，陈覃恪的父亲早逝，陈宝箴要求陈三立把陈覃恪视为己出，陈覃恪在陈氏兄弟里排行老四，国学大师陈寅恪排行老六。

其他的唱和诗人，陶斋尚书即曾任湖广总督的端方。仲宽即吴庆焘，清末湖北咨议局议长、著名书法家，他独自撰写的地方史志《襄阳四略》至今为人称道。棠孙即何维棣，四川候补道、书法家何绍基的孙子。伯严即陈宝箴的儿子陈三立。狷叟即张祖同，他的弟弟就是主持京师大学堂的那位著名大臣张百熙。在清末湖南的洋务运动中，张祖同参与创办了湘裕炼矿公司等多个工矿企业。重伯即曾广钧，曾国藩第三子曾纪鸿的长子、曾国藩的长孙，他出生于武昌，1889年中进士，授翰林院编修。奂份即叶德辉，1892年中进士，吏部主事，著名的目录学家、音韵训诂学家。沅生即席沅生，1905年清廷修建粤汉（广州至汉口）铁路，拟向美国借款并将铁路的修建权、收益权出让给美国。席沅生向总督张之洞发起请愿，要求收回粤汉铁路修筑权。粤汉铁路总公司成立后，张之洞推荐他为粤汉铁路公司协理，主司筑路事项。节庵即张之洞身边著名幕僚梁鼎芬。晦若即广西人于式枚，他担任过清史馆副总裁、《清史稿》总阅等职，是著名画家于立群的祖父。

1905年初，留日学生发起了请朝廷立宪的运动，3月维新运动积极分子黄遵宪病逝，4月"革命军中马前卒"邹容死于监狱之中，8月留日学生成立了同盟会，9月清政府废除了科举制，12月辛亥革命时期杰出的宣传家陈天华投海殉国。在这样一个剧变、动荡的年代，这些诗人在霭园雅集，仅仅是写了一些诗歌吗？易顺鼎借住霭园之前，这里就成立过秘密的革命组织"花园山机关"。1903年留日学生李步青租住了孙森茂花园（很多人认为这是在霭园旧址基础上建起的一个花园），以吴禄贞、万声扬、李步青、李书城等为骨干的一批先进青年在这里秘密集会，翻印、输入革命书刊，宣传发动、联络青年，扩大革命组织。

1904年5月，由于形势的变化，吴禄贞和大部分骨干离开武昌，这个以孙森茂花园为联络点的机构便撤销了。这一切，张之洞都是清楚的，吴禄贞就是他下令离开的。在霭园往来唱和的诗人中，曾广钧曾经加入新党，戊戌变法失败后，侥幸逃过惩罚。吴庆焘、叶德辉、张祖同是维新变法的激烈批评者。陈宝箴是湖南维新运动的支持者，端方1905年底秘密去海外考察，回国后力主以日本明治维新为学习蓝本，制定宪法。书生意气的易顺鼎两次独自渡海支持刘永福,还要求领兵被朝廷拒绝。1898年之后,陈三立与父亲陈宝箴都被革职。可以想象,这一批清政府的现任官员、曾经的官员,以诗歌雅集的方式来到霭园,饮酒、写诗、登高、品茶,他们每个人的心情都无比复杂。可以说,1905年的《霭园诗事》既是一部1905年武汉诗歌活动史,也是当年的政治活动史。"江声推不去,携客满山堂。阶菊围灯瘦,衣尘点酒凉。平生微自许,出处更何方。帘外听归雁,天边亦作行。"(陈三立《霭园夜集》)陈三立在霭园写的这首诗,"出处更何方"一句便鲜明凸显了这群人在时代转型关头的彷徨。陈三立在霭园的另一首《霭园公宴赋别分韵得菊字》说得更明白,悲愤、忧虑、痛苦、迷茫、无奈、无助,他们有各种理想,但又无法主宰自己的命运,他们的心是乱的。《霭园图》这幅画以及画上的文字、画外的诗人唱和,不仅仅是一个园林的历史,还是一个城市的历史,一个时代的心灵图像,其间错综缠绕的人与事令人晕眩。

武昌城外的山沿宾阳门向东,后来在山间小道基础上扩建出了武珞路、珞喻路。这条路的两边,除了蛇山的长春观、洪山的宝通禅寺,大多数山都支撑了一座大学,如珞珈山上的武汉大学以及众多的优秀历史建筑、马房山上的武汉理工大学、石牌岭的武汉冶金专科学校(即武汉科技大学)、桂子山上的华中师范大学、狮子山上的华中农业大学、喻家山的华中科技大学、南望山的中国地质大学,等等,它们都是山的风景之一。

The
Biography
of
Wuhan

武汉传

极目楚天

第五章

血与火的记忆

许多城市都经历过血与火的洗礼，许多城市都有血与火的记忆，但在历史的长河里，这些记忆的地位不完全相同，有的是艰难跋涉的印迹，有的则是开天辟地的里程碑。武昌起义在历史上的位置显然属于后一种情形，因为它拉开了推翻清王朝封建统治，终结2000多年君主专制的序幕。

今天，在武汉三镇的很多地方，都铭刻着这座城市的光荣与梦想以及为实现梦想而做出的奉献，"工程营""楚望台"就是这些历史印迹的代表。在1909年的《武昌省城最新街道图》上，从武昌城南的中和门开始，一条小路向北直抵蛇山脚下。路的左边是墩子湖与长湖，两湖之间以滋阳桥连通，这个墩子湖便是今天武昌的紫阳湖，而图上的长湖，1949年之后已被填平，但留下了一个地名"长湖南村"以保留城市的记忆。小路与滋阳桥头的相交处，注明了一个单位"工程八营"，这个地方今天还叫"工程营"。工程营的对面有"步队十五协"，"十五协"的北面是讲武堂和测绘学堂。中和门的右边是"陆军警察队"，"警察队"所在的位置即武昌城南的梅子山（梅家山），楚望台就在这里。元朝末年，朱元璋驻足此地，有人向他报告他得了第6个儿子。他当即决定将此地封给第6子朱桢。1381年朱桢到武昌就任楚王，此后，常常驻足梅子山遥望京都的朱

起义军占领楚望台军械库（黄建 供图）

桢为表达感恩之情，在这里修建了一个"封建亭"，后来改叫"楚王台"，最后变成了"楚望台"。这个地方离紫阳湖边的工程八营仅仅1000多米。

1911年10月10日晚，工程营的一栋营房里突然传出枪声，然后一群新军士兵在革命党人熊秉坤带领下，冲向1000米外的楚望台，占领了军械库，武昌起义拉开了序幕。许多辛亥革命的文献在讲述这段往事时，都如此叙述，把熊秉坤视为武昌起义打响第一枪的人。历史学家冯天瑜等考证，10月10日晚，工程八营真实的一幕是，一个叫金兆龙的战士睡觉时全副武装，绑腿未解，这一反常现象被查铺的排长陶启胜发现，当陶启胜要将金兆龙带走时，另一战士程正瀛开枪打伤陶启胜，陶启胜负伤逃走。因此，打响武昌起义第一枪的是程正瀛，而不是熊秉坤。熊秉坤后来在自己的回忆录里做了陈述，肯定了程正瀛开枪击伤陶启胜的事实。程正瀛不仅击伤了陶启胜，还开枪打死了前来抓捕的另外两名军官。工程八营的革命党人熊秉坤见事情已经无法挽回，便带领起义士兵朝楚望台军械库奔去。

前一天，孙武在汉口制造炸弹出事，武昌起义的计划已经暴露，现在，武昌城突然响起枪声，武昌城外的辎重队、炮兵营、工程队的革命党人听见枪声后迅速行动，发动起义，并向楚望台集结。10月11日上午，起义部队攻下了总督府和第八镇指挥部，第八镇"统制"张彪逃走。12日，起义军又收复了汉口和汉阳。

张之洞任湖广总督期间，学习德国、日本的经验，训练新式军队，以张彪统制陆军第八镇（相当于一个师）、以黎元洪协统第二十一混成协（相当于独立旅）。这两个掌握军队的将领都曾是张之洞的心腹。张彪在张之洞任山西巡抚时就担任他的侍卫，后来张之洞将自己的丫鬟以义女的名义嫁给张彪。从山西到两广再到湖广，张彪始终是张之洞的得力干将。张之洞在武汉实行新政，一系列重大工程都有张彪的身影，比如1904年到1905年间，张彪率领几千士兵参加修建张公堤，建造武昌的武泰闸、武丰闸，在蛇山下挖隧道。张之洞的实业项目，汉阳兵工厂、湖北制皮、制毡、制呢等工厂也都由张彪筹办或督办。张之洞之所以把这些项目交给张彪负责，不仅仅是他手下有士兵，更是因为交给了张彪，张之洞对工作质量、工作进度都放心。张之洞也是黎元洪进入清朝权力机关的引路人。早年在南京修筑炮台，黎元洪的工作能力就给张之洞留下了深刻印象。张之洞到湖北后，把黎元洪调到武汉负责监制快炮，并参与训练新军。他协助张之洞在武汉建立了中等、高等军事教育机构，并借鉴德国和日本的军事制度，训练出一支面貌一新的军队。张之洞对黎元洪的欣赏，也超出了军事领域，他把湖北近代工业的丝、麻、纱、布四局都交由黎元洪操办。张彪退出武汉之后，一直处于犹豫和摇摆之中的黎元洪被推举为湖北军政府都督，他站到了推倒清政府、废除专制、建立共和的行列。张之洞不会想到，他训练的新军成为了辛亥革命的主要力量。

武昌起义后，清朝政府派出多路部队向汉口集结。为了阻止清军南下，从14日开始，起义军与清军先后在汉口刘家庙、大智门、歆生路、玉带门，汉阳三眼桥、米粮山、锅底山、仙女山、扁担山、汤家山、十里

曾经的中和门即起义门（黄建 供图）

铺等地进行了一个多月的激战。在一个多月的阳夏战役中，黄兴先后在汉口满春茶园、汉阳古琴台、昭宗祠设立过司令部。阳夏之战为湖南、陕西、江西、山西、云南、浙江、贵州、江苏、安徽、广西、福建、广东、四川等十几个省宣布独立赢得了时间，而起义军则在武汉三镇付出了巨大牺牲，湖北新军及驰援的湘军牺牲4000余人，仅汉口玉带门一战就伤亡600多人。今天，武汉三镇与武昌起义有关的遗址、祠堂、墓葬、塑像、纪念碑、道路等近30余处，仅墓葬就有利济路辛亥铁血将士公墓、球场路辛亥首义烈士陵园、汉阳扁担山辛亥铁血将士公墓、伏虎山辛亥名人墓、石门峰辛亥志士墓五处。

从中和门直抵蛇山的这条小路，靠近蛇山的北段就是后来的黄土坡，靠近中和门的南段即后来的中和门正街，整条小路1952年改名为首义路。楚望台附近的中和门，1912年改名为起义门。到1949年时，城门上重檐歇山顶式的城楼已倒塌毁坏。1981年，武汉重修了城楼，城门楼上刻有叶剑英元帅题写的"起义门"三个大字。

在1794年的《江夏县志图》上，从蛇山向北到武胜门之间，就是武昌府、藩司、贡院、县学的所在地。1883年的《湖北省城内外街谱总图》上，蛇山以北这一块土地上的布局更加详细。从蛇山向北，紧靠山麓的是藩署、粮捕府署、武昌府署、臬司狱、府司狱、大关帝庙、小关帝庙，关帝庙旁边即都府堤。这条司湖边的小堤一直通向城墙边的雄楚楼。到了19世纪20年代，过去的小堤已经演变成小街。街边有两个院子如今已载入史册，一个是都府堤20号的中共五大会址，这个院子过去其实是一个学校，国立武昌高等师范学校附属小学。南昌起义之前，1922年春，陈潭秋来到国立武昌高等师范学校附属小学任教，在这里他以教师的身份，在工人、学生中开展革命活动。不久前，1921年冬，武昌模范大工厂的青年工人项英，在阅读《劳动周刊》后，翻过蛇山，来到蛇山南面的黄土坡，找到《劳动周刊》的编辑包惠僧，要求参加工人运动。在包惠僧的指导下，项英迅速成长为青年工人中的骨干，筹备成立江岸京汉铁路工人俱乐部时，包惠僧推荐项英到俱乐部担任文书。当陈潭秋到京汉铁路了解情况时，项英便向陈潭秋介绍，江岸机器厂有一个青年工人叫林祥谦，正义感极强，很受工友尊敬。陈潭秋与林祥谦进行了多次谈心，正式成立铁路工人俱乐部时，林祥谦担任了江岸分工会的委员长。

1923年2月1日，京汉铁路总工会计划在郑州召开成立大会，但吴佩孚派出军警包围了会场、代表住处，占领、捣毁了总工会，京汉铁路总工会当即决定转移到汉口江岸刘家庙火车站，由陈潭秋、包惠僧、林育南、项英、施洋、林祥谦等组成罢工指挥中心，从2月4日9时起，启动京汉铁路总罢工。2月4日上午9时罢工开始，到12时，长达1200多公里的京汉铁路，客车、货车全部停止行驶，全线车站、桥梁、道棚、工厂的3万余名工人停工。2月6日，陈潭秋等组织了声势浩大的示威游行。

林祥谦牺牲的地方，江岸车站。（黄建 供图）

2月7日下午，京汉铁路管理局局长赵继贤与汉口镇守使署参谋长张厚生带领军警，以谈判为名包围总工会，抓捕罢工领袖，并开枪屠杀工人，31岁的林祥谦被捕牺牲。晚上，34岁的律师施洋被捕，后被枪杀于武昌大东门。"二七"惨案中，京汉铁路全线牺牲52人，其中39人牺牲在汉口江岸。刘家庙火车站是京汉铁路进入汉口的门户，武昌起义后，清廷派出支援武汉作战的军队，通过铁路先运抵刘家庙火车站，到了刘家庙车站就意味着进入了前线，因此这里曾经是阳夏之战的主战场。在今天的武汉版图上，刘家庙位于二七路附近，刘家庙火车站后来改名江岸车站。在21世纪的城市改造中，随着江岸车辆厂的搬迁以及滨江商务中心的建设，这个火车站逐渐淡出了武汉的交通格局，但从摄影爱好者2011年拍摄的江岸车站中，仍然可以看见铁轨边的墙上写着"林祥谦烈士就义处"几个红色大字。

　　林祥谦牺牲的当天，汉口风雪漫天。在寻找丈夫的路上，林祥谦的妻子得知，丈夫的弟弟林元成已经遇难。挤进人墙，她终于看到了捆绑在电线杆上的丈夫，听见了林祥谦发出的最后喊声，"回去！""头可断，血可流，工不能上！"1953年，武汉二七纪念馆和纪念碑开始筹建，1955年工程破土动工，1958年正式落成。二七烈士纪念碑坐北朝南，高12.6米，碑身呈方柱形，正面镌刻毛泽东题写的"二七烈士纪念碑"七个大字。纪念碑所在的地方，正是1951年7月16日审判"二七惨案"凶手之一赵继贤的地方。1951年5月的一天，远在苏州的几位巡逻民警，听见一个巷子里传出赌博的声音，民警当即进门盘问，一个神色异样的赌博人员引起了他们的注意。此人叫赵世清，几经审讯，赵世清交代了自己的父亲叫赵继贤，曾经在京汉铁路局当局长。民警听说这个名字后大吃一惊，赵继贤不就是当年"二七惨案"的制造者吗？就这样，改名换姓以木材商身份躲藏在苏州的赵继贤终于落网并被押送到汉口惩处。

在武汉中国共产党早期组织最初的9名成员中，董必武、陈潭秋、黄负生、刘子通等人的身份均系学校教师，而且，黄负生、刘子通的入党介绍人都是陈潭秋。黄负生是早期无产阶级工人运动的宣传家。辛亥革命前夕，黄负生就认识革命团体"共进会"的成员刘寅、刘公，他们经常秘密聚集在一起，讨论时事，针砭时弊，探讨革命思想，黄负生也参与了刘公、孙武等人的炸药研制。刘公的住处昙华林与黄负生的家离得很近，这样他们约会十分方便，有时一天见三次面。刘公是共进会会长，在武昌起义之前的方案中，刘公被推为总理，蒋翊武为军事总指挥，孙武为军务部长。但起义计划因为孙武在汉口实验炸药暴露了，租界巡捕抓走了刘公的弟弟刘同等人。武昌起义后，黄负生与许多青年一样投入了推翻专制王朝的队伍，作为学生新军的一员，他参加了艰苦的阳夏之战。辛亥革命后，军阀混战，民不聊生，黄负生决心从事教育工作，继续探索救国之路。他不仅在武昌中华大学任教，同时也在汉口花楼街永进里的"致忠中学"以及汉口辅仁里的辅德中学兼课。俄商埠昌洋行买办、著名茶商刘子敬的父亲叫刘辅堂,因此他把自己的投资从铺面、学校到里份建筑都以家族字辈来命名,如辅堂里、辅义里、辅德里、辅仁里,等等,都带有"辅"字。辅德中学在刘子敬庞大的产业中,只是微不足道的一部分,但在法租界,辅德中学是一所有名的学校,它在武汉最早开展话剧表演,算得上武汉话剧事业的发源地之一。"五四运动"之前,辅德中学的师生就创作、表演了《郑成功》《茶花女》等剧,深受校内外观众的欢迎。

20世纪80年代的辅仁里(黎德利 摄)

  教书的过程中,黄负生与未来的青年运动领袖恽代英相识,他们一起创办了互助社,后来以互助社为基础,又创办了武汉最早的进步团体"利群书社"。当年的利群书社是一个团结进步青年、传播新思想、新文化和马克思主义的阵地。后来,"利群书社"成为武汉文化的一张名片,20世纪80年代,武汉地区知识分子群体最爱逛的书店便是华中师范学院大门边的"利群书社"。1919年,五四运动爆发,黄负生与恽代英、林育南等在汉口华商跑马场组织了万人国民大会,声援北京的爱国运动。1920年,董必武、黄负生、恽代英、刘子通、陈潭秋等编辑出版了《武汉星期评论》。这是一份当时重要的时事评论类周刊,它先后发表了黄负生、刘子通、陈潭秋合写的《汉口苦力状况》,李汉俊的《第三阶级的妇女解放运动》《第四阶级的妇女运动》,陈潭秋的《赶快组织"女界联合会"》,包惠僧的《武汉劳工状况及其活动》,林育南的《五七、五四与五一》,夏之栩(著名工人运动领袖赵世炎的爱人)的《佃户》,等等。这些反映劳工生活、妇女命运、青年运动的文章,在宣传马克思主义,促进工人运动、学生运动、妇女运动的发展等方面发挥了重要作用,《武汉星期评论》也因此很快成为武汉共产党早期组织的机关刊物。

《武汉星期评论》编辑部自然就成了武汉共产党组织的活动阵地。1921年,为了掩护开展工作,党组织需要一个固定而又不引人注意的活动地点。尽管黄负生在蛇山北面的莺坊巷有住房,但其他党员都是单身,只有黄负生在武昌有家有孩子,租房的理由充分,于是党组织以黄负生夫妻的名义租下了武昌黄土坡下街27号。黄土坡下街27号是一栋两层的小楼,比普通民居要大,除了黄负生一家,包惠僧和陈潭秋也居住在这里。这栋小楼既是《武汉星期评论》编辑部,也是中国劳动组合会书记部武汉分部、武汉社会主义青年团、马克思学说研究会、中共武汉地方委员会等机构的办公场所。

这栋小楼凝聚了一批热情探索真理、改造社会的进步青年。1922年春,毛泽东去上海经过武汉时,曾在这里住了近半个月。半个月中,他与陈潭秋和病榻上的黄负生有过多次谈话。毛泽东阅读了黄负生主编的《武汉星期评论》,把《武汉星期评论》与《湘江评论》的工作,把湖北的工运宣传家与湖南的工运宣传家,一起给予了赞扬,即"湖南有个蔡和森,湖北有个黄负生"。1922年4月,黄负生因工作繁忙,积劳成疾,在武昌病逝。在1945年6月召开的中共七大上,黄负生被追认为革命烈士。黄负生病逝后,其女儿黄铁(彝族撒尼人长诗《阿诗玛》的整理者、第一执笔者)被托付给"革命母亲"夏娘娘照顾,其子黄钢(报告文学作家、《永不消失的电波》第一作者)则跟随母亲去了安源。

陈潭秋工作过的国立武昌高等师范学校附属小学后来见证了另一件大

中共五大会址，过去门口的道路还不是水泥路。（黄建 供图）

事，即中国共产党第五次全国代表大会。1926年10月，一路北伐的国民革命军占领武汉。11月，国民政府迁往武汉，革命中心从广州转移到武汉。但1927年"四一二"反革命政变后，蒋介石于4月18日在南京成立国民政府，形成宁、汉两个政府对立的局面，对立的焦点，是要不要联俄联共。在紧急而复杂的形势下，1927年4月27日至5月9日，中国共产党第五次全国代表大会在武汉召开。陈独秀、蔡和森、瞿秋白、毛泽东、任弼时、刘少奇、邓中夏、张太雷、李立三、李维汉、陈延年、彭湃、方志敏、恽代英、罗亦农、项英、董必武、陈潭秋、苏兆征、向警予、蔡畅、阮啸仙、王荷波、彭述之等82人，代表全国五万多名中共党员出席了大会。这些代表中，有的曾经是夫妻（向警予与蔡和森），有兄妹（蔡畅与蔡和森），有师生（陈独秀与邓中夏），有父子（陈独秀与陈延年、陈乔年），有同学（向警予、蔡和森、李维汉、蔡畅、王若飞均为赴法勤工

206

俭学学生），当然也有很多一起战斗的战友……总之，一批热血青年以水果商、茶叶商、瓷器商等各种身份秘密来到武汉，他们要回答和解决如何从危急中挽救革命等迫在眉睫的重大问题。这次大会尽管没有完全实现这一目的，但大会第一次宣布蒋介石实行的是法西斯统治；第一次提出要争夺对民主革命的领导权；产生了党的第一个解决农民土地问题的文献；强调在南方坚持和发展革命根据地；第一次将"民主集中制"原则写入党章；第一次决定设立中共中央党校；第一次明确提出实行土地改革的原则，更重要的是大会在党的历史上第一次选举产生了由王荷波任主席的中央监察委员会。

不幸的是，会后不到一年，在武汉坚持工作的向警予被地下交通员宋若林出卖。1928年3月20日，著名妇女运动领袖向警予在汉口法租界三德里96号被捕。1928年5月1日，33岁的向警予牺牲于汉口余记里。宋若林先出卖的是夏明翰，1928年3月18日，夏明翰察觉到宋若林不可靠，返回旅社销毁文件时，宋若林带领军警闯入了旅社，夏明翰当场被捕。1928年3月20日清晨，28岁的夏明翰被枪杀于汉口余记里。差不多同一时间，这一天拂晓，向警予被捕。1958年，在汉口余记里夏明翰、向警予牺牲的地方，修建了黄石路中学，1993年这所中学改名为武汉警予中学。武汉人民对向警予这位杰出的女性铭记在心。武汉著名剧作家赵瑞泰根据向警予的事迹先后创作了话剧、楚剧、电视连续剧。1978年，武汉举行向警予烈士牺牲50周年纪念活动，赵瑞泰等人创作的话剧《向警予》同时由武汉话剧院首演。在这次活动中，他认识了蔡和森与向警予的儿女蔡博、蔡妮，并由此开始了对蔡畅、蔡和森家族的深入了解。蔡博向赵瑞泰介绍了叛徒宋若林的情况。新中国成立后，出卖向警予、夏明翰的叛徒宋若林被抓获，在审讯中，宋若林供出了其他潜伏特务的信息，因为有重大立功表现而被判处有期徒刑20年。蔡博告诉赵瑞泰，宋若林刑满释放

中共五大会址对面的毛泽东旧居（黄建 供图）

后，按照规定在浏阳接受群众监管。赵瑞泰前往湖南浏阳，在浏阳大山中的一间草棚里找到了宋若林。很多年之后，赵瑞泰还记得，宋若林见到从武汉来的人，第一句话是"我揭发！我揭发！"据宋若林说，当时，大多数中央委员都已撤出武汉，向警予坚守在武汉是在等待与夏明翰交接工作。在深入采访和查阅史料后，1984年赵瑞泰创作了电视剧《向警予》，这部五集电视剧1985年获得第五届中国优秀电视剧飞天奖。此后，赵瑞泰将话剧《向警予》改编为楚剧。2019年5月，作为向新中国成立70周年献礼的重点创作剧目之一，楚剧《向警予》在武汉剧院首演，并在一个月内连演17场。讲述向警予事迹的还有诗人刘益善。1979年，29岁的青年诗人刘益善创作了长诗《向警予之歌》，2008年这部沉淀已久的长诗作为中国作协重点扶持项目由武汉出版社出版，2021年再版的长诗《向警予之歌》获得了第六届中国长诗奖。一位杰出女性的短暂人生，就这样以忠诚和信任的名义不断在武汉演绎、讲述、流传。

国立武昌高等师范学校附属小学对面有一栋小楼，即毛泽东旧居。这是1927年上半年毛泽东在武汉从事革命活动时居住的地方。当时，毛泽东在武昌负责主办中央农民运动讲习所。这栋砖木结构的晚清民居，坐东朝西，面积四百多平方米，青砖黑瓦，四周为风火墙体，三进三天井。居住在这栋房子里的，先后在这栋房子居住过的除了毛泽东、杨开慧及儿子毛岸英、毛岸青、毛岸龙，还有蔡和森、彭湃、夏明翰、毛泽民、毛泽覃等共产党人。夏明翰牺牲前，曾在中央农民运动讲习所担任秘书和毛泽东的助手。这栋小楼见证了《湖南农民运动考察报告》的诞生，也见证了毛泽东第三个儿子毛岸龙的出生。

中央农民运动讲习所距毛泽东旧居大约两百米，讲习所原来是一个学校。张之洞在湖北办新式教育时，按空间方位设置了东、南、西、北、中五路高等小学堂，农讲所的校舍是其中的武昌北路高等小学堂。1907年，12岁的恽代英曾在这个学校读书。学校是一个晚清学宫式的院落，占地一万两千多平方米，有四排砖木结构的校舍和一个大操场。为了培养农民运动骨干，1924年7月至1926年9月，澎湃和毛泽东在广州共举办了6届农讲所，前后培养了七百多名农民运动干部。但这六届讲习所的学员主要来自两广地区，两广中又以广东居多。随着北伐的推进，为适应农民运动的发展，毛泽东提出在武昌开办面向湘鄂赣三省招生的农民运动讲习所，实际上1927年3月7日开学的时候，生员范围远远超出了湘鄂赣三省，八百多名学员覆盖了全国17个省。毛泽东主持制定教育方针和教学计划，亲自讲授《农民问题》《农村教育》等主要课程，并邀请周恩来、董必武、瞿秋白、李立三、恽代英、彭湃、方志敏、李汉俊、李达、郭沫若、张太雷等到讲习所讲课或做报告。1927年6月农讲所毕业典礼后，大多数学员被委任为农民协会特派员，他们如同撒向大江南北的一颗颗火种，在山乡平原点燃农民运动的熊熊烈火。八一南昌起义、湘赣边秋收暴动、黄麻起义以及湘鄂西等革命根据地，到处都有从农讲所走出来的学员。

1927年，在国立武昌高等师范学校附属小学开幕的中共五大，从4月29日起转移到了汉口黄陂会馆继续开会。这次会议未能解决的问题，在一百多天以后的另一次会议上得到了解决。1927年"四一二"之后，蒋介石、汪精卫集团先后在上海和武汉地区搜捕、屠杀共产党人、革命人士和工农群众，国共合作的统一战线破裂，大革命失败。1927年7月到9月，仅汪精卫的武汉国民政府在武汉屠杀共产党人和革命群众就有120多人。1927年8月7日，中共中央在汉口俄租界"怡和新房"召开了中央紧急会议，即"八七会议"，瞿秋白、李维汉、毛泽东、苏兆征、罗亦农、张太雷、邓中夏、邓小平等人参加了会议。"八七会议"总结了大革命失败的经验教训，正式确定了实行土地革命和武装起义的方针，并决定在湘、鄂、赣、粤等省发动秋收起义。中国革命由城市转入农村，走上了从农村发展和壮大力量，最后夺取全国胜利的道路。这是中国革命的一次转折，武汉见证了历史的这一转折。

武汉也见证了另一次伟大的转折，即以武汉保卫战为标志，中国抗日战争从战略防御进入了战略相持阶段。1938年6月至10月，中国军队近110万人、作战飞机约200架、舰艇30余艘，与日军25万余人、400余架飞机、100余艘舰艇，在武汉外围沿长江南北两岸，展开大小战斗数百次，大大消耗了日军的有生力量。武汉保卫战是抗日战争战略防御阶段规模最大、时间最长、歼敌最多的一次战役，日军虽然攻占了武汉，但其速战速决的战略企图并未达到，此役后，抗日战争转入了相持阶段。

今天，武汉很多街道、道路的名字都与抗战直接相关，张自忠路、郝

中央农民运动讲习所（黄建 供图）

梦龄路、刘家麒路、陈怀民路、胜利街、卢沟桥路，等等，其中，"陈怀民路"是为了纪念在武汉空战中牺牲的空军飞行员陈怀民而命名。

陈怀民是江苏镇江人，牺牲前是第4航空大队第21中队飞行员。在武汉空战之前，陈怀民多次与日军空军作战。1937年8月14日，在杭州笕桥上空，陈怀民第一次参加空战。1937年9月19日，陈怀民架机在南京上空击伤一架敌机后，追降中被弹出机舱，鼻梁骨断裂，胸部、肩部受伤，眼球几乎被摘除。1938年2月18日，日军出动12架重型轰炸机和26架战斗机直扑武汉，陈怀民和战友们奉命迎敌。在这场12分钟的空战中，中国空军击落日机12架，但牺牲了包括大队长李桂丹在内的5名飞行员。21日，武汉三镇举行追悼殉国空军将士大会，孔祥熙、于右任、冯玉祥及中共中央和八路军代表周恩来、叶剑英同两万余群众参加了追悼大会。

1938年4月29日下午2点40分，日机再次入侵武汉上空，中国空军立即升空迎敌。陈怀民击落一架敌机后，五架日机迅速将他包围，激战中，陈怀民胸部中弹，飞机油箱着火，但他没选择跳伞，而是驾机撞向敌机，据说这是世界空战史上与敌机对撞的第一人。陈怀民的妹妹和数百万市民目睹了陈怀民的飞机坠入长江的一幕。一个月后，陈怀民的未婚妻、一个银行家的女儿王璐璐来到武汉长江边，纵身投入了长江。

陈怀民路，有人说它原名叫南小路，有人说叫南小街。1938年8月13日，淞沪会战一周年之际，中国政府正式宣布收回汉口日租界，改为汉口第四特别区，并发布了街道新旧名称对照表，在《旧倭租界改定街名对照表》上，陈怀民路原名"上小路"，而非"南小路"。原日租界的"南小路"改为"郝梦龄路"，原"中小路"改为刘家麒路，原"山崎街"改为"卢沟桥路"。河北藁城人郝梦龄是抗战中牺牲的第一位军长。1937年10月16日，陆军第9军军长郝梦龄与第五十四师师长刘家麒在山西忻口会战中壮烈牺牲，1937年10月24日，郝梦龄、刘家麒的灵柩由山西运到武汉，公祭之后，郝梦龄、刘家麒被安葬于武昌卓刀泉。1983年，中华人民共和国民政部追认郝梦龄为革命烈士。2015年，刘家麒被列入民政部公布的第二批600名著名抗日英烈和英雄群体名录。

胜利街从江汉路向长江二桥方向延伸，它夹在沿江大道与中山大道之间，三条路都与长江的流向平行。它是一条很短的街道，不到四公里长，却是汉口中心一条重要的街道，因为它与南京路、北京路、天津路、合作路、兰陵路、黎黄陂路、黄兴路、车站路、蔡锷路、一元路、三阳路等多条街道相交。过去它贯穿的是原英、俄、法、德、日五国租界，因此有湖南街、玛琳街（四民街）、德托美领事街、汉中街、中街、大和街六段。

汉口新四军军部旧址（黄建 供图）

为庆祝抗日战争胜利，1946年，六段不同名称的街道统一命名为胜利街。与此同时，原来分为三段的中山马路改名为中山大道。

见证武汉血与火的还有两栋建筑，一栋是汉口胜利街332—352号的新四军军部，新四军在这里诞生。七七事变后，中国共产党同国民党谈判达成协议，决定将分散在南方8个省的红军和游击队集中改编成国民革命军陆军新编第四军，叶挺、项英分别担任军长、副军长，张云逸、周子昆分别任参谋长、副参谋长，袁国平、邓子恢分别任政治部主任、副主任。1937年12月25日，叶挺、项英在这里召开新四军领导干部会议，新四军在汉口成立。1979年3月5日，汉口新四军军部旧址正式对外开放，叶剑英题写了馆名"新四军军部旧址纪念馆"。另一栋建筑是与新四军军部一墙之隔的八路军武汉办事处旧址。八路军办事处是第二次国共合作时期中国共产党在国民党管辖区内设立的公开办事机构。1937年10月，董必武在汉口安仁里筹备成立八路军武汉办事处。12月，办事处迁至新四军军部隔壁。周恩来、董必武、秦邦宪、叶剑英、邓颖超等人都曾在此工作和居住过。在艰难的抗战岁月里，八路军办事处想尽一切办法，筹集前线急需的药品、枪支弹药、通讯器材，甚至粮食，然后克服险阻，运送到抗日根据地以及前线，同时还为抗日队伍输送了大量人才。

桥的世界

作为一个身处"江""湖"中，被水围绕的大都市，桥梁既是武汉必需的构件，也是武汉的风景，就如威尼斯水城，就如长江下游的江南小镇，水与桥始终是武汉的标志。范锴在《汉口丛谈》中说，明代袁焻在汉口集镇北面修筑长堤之后，长堤居民聚集，逐渐形成了一条繁荣的堤街（今名长堤街），而堤后的深沟人们称之为玉带河，从大桥口开始，涨水时，汉江分流其中，绕过汉口集镇，从堤口注入长江。在这条长10余里的小河上，每隔一里多或半里多，就有木桥横跨。范锴统计的木桥有20多座，如董家桥、广麟桥、天保桥、绳武桥、燕家桥、太清桥、指月桥、大通桥、长寿桥、卧龙桥、飞虹桥、玉皇桥、赵家桥、万年桥、永清桥、燕山桥、多福桥、裕麟桥、玉虹桥、宝林桥、三元桥、六渡桥等。

今天，除了保寿桥，这些桥绝大多数已不存在，极少数在地名中还可以窥见一丝过去的踪迹，如六渡桥、多福路（原名多福桥）、硚口。2014年，在汉正街的拆迁改造中，施工人员发现了一座大约3米宽的石桥，清理出来的河道有30米长，石桥有栏杆，上面刻有"保寿硚"三个字。有人猜测，保寿桥是石头做的桥，因此写成了"硚"，但"硚"在字典里并无"桥梁"的含义，它的含义就是地名，在四川有"硚头"，在武汉有

"硚口"。汉正街的老人说，20世纪50年代，保寿桥下还可看见河水，但后来河道被填平，桥成了路。保寿桥建于清朝康熙初年，1834年由山陕商人集资重修，准确地说是由山西陕西的水烟商人出资重修。历史上，陕西商人是水烟产业的引领者。清代初叶，烟草种植从山西传入陕西，陕西商人又将烟草种植引入兰州并发明了烟丝加工以及吸食方式，然后他们把水烟销售到长江中下游。当然，左宗棠治理西北时，军队里的湖南士兵在把水烟推广到江南的过程中，也起到了推波助澜的作用。他们把水烟作为礼品带回家乡，水烟不仅成为一种消费时尚，也成了富裕的象征。山陕商人把汉正街作为水烟销售中心，正如茶商、盐商曾经以汉正街为分销枢纽一样，看中的是汉口所处的汉江、长江交汇的优势。

在汉口，以前是桥名，后来成为地名的，还有三眼桥、花桥，等等。三眼桥是横跨黄孝河上的一座三孔桥，《1899年武汉略图》上可以清楚地看见，从大智门出发的一条马路，通过三眼桥跨过两个小湖，湖水与黄孝河相通，黄孝河从"土垱"向东北流，过三眼桥后折向西北，在黄孝河的西边有贺家墩、乌家墩。地图上的"土垱"是黄孝河靠近汉口城的码头，这个地方大致在今天中山大道民众乐园附近，在积庆里的后面，今天还有"土垱巷"。这条河是黄陂、孝感进出汉口的水路。1905年张之洞在汉口北面沿府河修建了张公堤，而汉口城堡外的京汉铁路也通车了，张公堤与铁路之间的湖泽地逐渐裸露并被开发，黄孝河也萎缩成为一条小小的沟渠，三眼桥的桥孔也被淤塞。1949年至1982年间，汉口城区面积不断扩大，黄孝河流域的20平方公里湖泊仅剩不足3平方公里，黄孝河的航运功能被大大削弱而成为城市的排水通道。从1983年底开始，武汉用8年时间，动员几万人，对黄孝河进行了系统治理。从新华路到竹叶山一段河道改为地下箱涵，对沿金桥大道经岱家山闸流入府河的明渠，则进行疏浚拓宽，并配套建设了沉淀、净化、泵站等系列工程。这项工程于1989年才全部建成，此后又进行过多轮整治，直至1991年彻底完成。三眼桥所在的河道也在暗渠的范围里，明朝修建的三眼桥被箱涵取代。花桥是黄孝河上的一座木桥，据说桥的栏板有雕花。20世纪60年代木桥被一座钢筋水泥桥取代。随着黄孝河改为地下箱涵，花桥也退出了舞台，今天只留下了地名，20世纪80年代花桥即成为汉口一个人口稠密的社区。

江南的武昌，也有许多桥如今成了地名，比如得胜桥、积玉桥、长虹桥，等等。得胜桥通向武昌城北的武胜门，恽代英的家就在这里。记忆中，20世纪80年代的得胜桥是一条热闹的小巷，五六米宽、七八百米长的小巷挤满了卖菜、卖糕点、瓜子、包子、馒头的商贩，更多的是卖油炸食品的小摊，走完小巷也不见桥的踪迹。其实，不仅当代人没见过得胜桥，明清时的武昌人也不一定见过得胜桥，因为得胜桥不在路面，而在路下，它是沿着小巷挖凿的一连串涵洞。积玉桥离得胜桥不远，它原名鲫鱼桥。在《1909年武昌省城最新街道图》上，出武胜门，沿"武胜门外正街"向北，一马路与武胜门外正街交汇的第二个路口即积玉桥。桥下有一条小河，从城墙延伸到四马路以外。1869年的《江夏县志》说"鲫鱼桥在县东北武胜门外"，可见这座桥在同治八年（1869）之前就有了，并非有人说的修建于公元1887年。传说桥下的河里鱼虾多，尤其是"鲫鱼"，也有人说桥下的河里有玉石，而"鲫鱼"与"积玉"的读音相同，因而"鲫鱼桥"后来改叫"积玉桥"了。在武昌人的记忆中，1938年这座桥彻底被毁了，今天这座桥的名字成了一个街道的名字。《1909年武昌省城最新街道图》在武胜门右侧的螃蟹岬，还标注了一座"多子桥"，人们把多子多福的愿望寄托在这座桥上，但它留下的记载更少，甚至连地名都没留下。

从武胜门向北，过积玉桥后，在"新河"上有一座"裕华桥"。裕华桥的建设者是裕华纱厂的老板。新河是一条人工河，上游的河口即今天武昌江边的新生路口，下游的出口即今天武昌热电厂门口，中间则是一段弧形的河道。新河从上到下分为三段，上新河、中新河、下新河。开挖这条人工河的起因是18世纪末这一带淤积出了一个沙洲即"新河洲"，吸引了大量往来商船在此停泊，并带动了岸上的商业繁荣，为了停泊更多船，开挖了这条人工河。1920年，徐荣廷、张松樵、苏汰馀等商人集资一百多万两白银，选址武昌新河洲兴建裕华纱厂，购纱锭3万锭、布机500台，徐荣廷任董事长，张松樵任经理。辛亥革命前，武昌人徐荣廷、四川人苏汰余都在川商刘象曦的"德厚荣"商号打工，来自武汉东西湖柏泉的张松樵则在俄商顺丰洋行打工。1902年，张之洞将经营不善的武昌纺纱、织布、缫丝、制麻四局交给顺丰洋行买办韦应南的应昌公司经营，张松樵因此从纱厂的财务做到厂长，并熟悉了纺织企业的管理。辛亥革命后，张松樵被推举为纱、布、麻三局的总管，黎元洪从应昌公司收回纱、布、丝、麻四局的经营权后，徐荣廷在黎元洪的支持下，创办楚兴公司，接管了纺织行业的四个局。1920年，徐荣廷、张松樵等人决定在武昌新河洲创办自营的纺织厂，他们用汉阳铁厂的废铁砂在新河边填出四五千亩的土地，用于修建厂房以及提供给管理人员和职工居住的华兴里、华安里、华康里。裕华桥就架在新河上，连接裕华纱厂与武昌的陆地。裕华纱厂后来改名为武汉国营第四棉纺织厂，与裕华纱厂隔上新河相望的是第五纺织厂、武汉印染厂。裕华纱厂的北面，靠下新河的是毛呢厂。这几个工厂与汉阳龟山下的国棉一厂、武昌余家头的国棉二厂等企业，共同奠定了武汉在中国近现代纺织工业中的重要地位。1957年9月、1958年9月，毛泽东两次视察武汉时都到过武汉国棉四厂（裕华纱厂）。历史上武昌长江边的新河早已填平，变成临江大道的一段。裕华纱厂、裕华桥以及裕华纱厂的3个里份老建筑，也已不存在。今天，这一片是武昌滨江商务区的核心，在下新河的临江口，两栋高200多米的主塔已拔地而起，它们构成一个巨大的"门"字，这扇气势恢宏的"江城之门"是未来武汉的一个新地标。裕华桥没留下地名,但人们走在上新河、下新河两条道路上,或许会猜想到这里曾经有一座桥。

武昌城南的巡司河上有多座桥。出望山门,便是王惠桥。在同治八年的《江夏县志》中,王惠桥最开始是一座浮桥,1492年知府冒政造舟为桥,其后经过1520年、1552年以及万历年间的3次重修或扩修。20世纪30年代武昌市政处将浮桥改建为钢筋混凝土桥,称为中正桥,新中国成立后改名解放桥。解放桥的附近还有熊廷弼主修的"新桥"。1710年额伦特任湖广总督后对新桥进行了重修,因此在1883年的《湖北省城内外街道总图》上这座桥的名字不叫"新桥",而叫"额公桥"。新桥并不在巡司河的主河道上,而是在夹河与巡司河交汇处。在武昌老人的印象中,这是一座木结构的风雨桥,桥身古色古香,有布瓦覆盖的桥顶,可以遮风避雨。它连接的是武昌城南最繁华的八铺街市场,去武昌城南的盐码头、米码头、竹木码头,都要经过这座桥。在巡司河的整治中,与汉口黄孝河的暗渠一样,这一段河道都改为了地下暗河,新桥、解放桥也不再需要,但这两座武昌南市著名的桥,今天仍以地名的方式折射着昔日南市的繁华和喧闹。

武昌城南另一座著名的桥当属长虹桥。长虹桥是城南驿道的起点,从武昌去湖南、广东、广西、云南、贵州都必经这里,后来,从汉口、汉阳、武昌去南湖机场,也必须经过这里。同治八年的《江夏县志》仅仅告诉后人,长虹桥在县东南五里,其他一概未提。而《洪山区志》则在"长虹桥"条下说长虹桥建于唐代,开始为宽10米、长30米的单拱桥。明万历四十七年(1619)熊廷弼修筑邑南堤时重修。但在《明史·熊廷弼传》等官方文献里,万历四十六年(1618)11月,熊廷弼已被重新起用,职务是大理寺左丞,兼河南道监察御史,宣慰辽东。万历四十七年(1619)4月,熊廷弼离家赶往北京,因为东北战事吃紧,杨镐在萨尔浒之战中惨败,熊廷弼的上任之旅是风雨兼程。因此,熊廷弼在修筑邑南堤时,将长

江夏湖泗河上的清代石拱桥浮山桥（王运良 摄）

虹桥改建成三孔拱桥，应该是他离开武昌去北京之前的事。而研究熊廷弼的专家在梳理熊廷弼的年谱时，列出的时间是万历四十二年（1614）熊廷弼46岁，在家乡开始主持修筑金口长堤（后称四邑公堤）。万历四十四年（1616）熊廷弼48岁，开始主持修筑大闸、邑南堤桥，改驿道等。这里的"邑南堤桥"便是"长虹桥"，显然，熊廷弼修建长虹桥在1619年之前。长虹桥所处的位置决定了它是兵家必战争之地，太平天国运动、辛亥革命以及1926年的北伐战争，都在长虹桥发生激战。1983年，武汉市人民政府将长虹桥列为武汉市第二批文物保护单位之一。同年6、7月，市建设局在对其进行排水工程维修时将拱桥两边的孔封堵，保留中间的孔作为排水通道，并对中间的通水孔加固，桥面设11米宽的沥青混凝土车行道及两边各1米宽的水泥人行道，道外设钢筋混凝土护栏。长虹桥并不在巡司河上，它架在晒湖水流进巡司河的汉港上，人们通过这座桥跨过岔河，从武昌到江夏以及更南的南方，巡司河岸边的这条路今天叫南湖路，路边有著名长虹桥大市场。

历史记载，至清代时，汉口有各式桥梁67座，汉阳有古桥25座，武昌城有39座。1949年，武昌还有11座古桥，汉阳还存有7座古桥，汉口还剩12座古桥。江夏是武汉保存古桥最多的一个区，在2007年到2011年的第三次全国文物普查中，江夏仍有36座古桥。

这些桥虽然很有意味，但毕竟都是湖泊、小河、沟渠上的桥，与后来武汉长江上一座接一座的"大桥"相比，它们都只能算"小桥"。"一桥飞架南北，天堑变通途"，大江大河才堪称阻断交通往来的"天堑"。在长江上架桥对古人来说难以想象，即使到了近代，在武汉大兴土木的张之洞也未能设想在长江上架桥。光绪十五年（1889）九月初十，张之洞在《遵旨筹办铁路谨陈管见折》中对皇帝建议，信阳到河南省城一段，黄河上不必修桥，"闻外国铁路遇有大河，则即以轮船数艘，上安铁轨，接渡火车，所延不过数刻，所省费实多，且可留此天险，以备不虞"。7年之后，粤汉铁路的修建与长江天险遭遇，这一次张之洞是否会考虑修建长江大桥呢。光绪三十二年（1906）七月初二，张之洞在《测勘粤汉川汉铁路折》中向朝廷汇报了他的设想，粤汉铁路到湖北后，"由武昌省城之北渡江至汉口，以接京汉一路。由武昌省城之南渡江至汉阳，以接川汉一路。川汉之路到汉阳，并可做桥过襄河，以与京汉一路接通……"张之洞叙述粤汉铁路过长江用的是"渡江"，而叙述川汉铁路过襄河（汉江）使用的是"做桥"。粤汉铁路前期勘探聘请的是美国工程师，后期复勘以及川汉铁路的勘测均由日本工程师完成。可见，张之洞与他的技术团队都未明确提出修建长江大桥。武昌江边的徐家棚即火车由"武昌省城之北渡江"的轮渡码头，今天，在这里仍可以看见保留下来的铁轨，以及江水中的水泥墩，这些水泥墩类似桥墩，用来承载铁轨，火车从岸边通过水泥墩上的铁轨上船，由轮渡运到汉口的刘家庙上岸。这种摆渡方式非常耗费时间，假如火车从汉口渡江到武昌，乘客得在汉口下车，从粤汉码头坐船到武昌后，再上火车。张之洞没能看到粤汉铁路从广州修到武昌，1909年他去世时粤汉铁路从广州才修到清远，总共72公里。两年后，时代变了。1912年孙中山来到武昌，他告诉武汉民众，民国政府要修建长江大桥，将武汉三镇连成一体。1918年他将在长江下挖掘隧道和建设多座长江大桥的计划写进了《实业计划》一书，这个计划是孙中山《建国方略》的一个重要组成部分，改良沿海港口，修建十几万公里的铁路，整治长江河道，建设内河商埠……即使历史走过了100多年，今天重新打开这幅蓝图，每一个人都能感受到民主革命先驱复兴中华的满腔激情。

真正实现在长江上修建大桥，是另一个时代的建设者。1954年1月，中央人民政府政务院第203次政务会通过了《关于修建武汉长江大桥的决议》，2月6日《人民日报》在头版显著位置发表了《武汉长江大桥准备兴工》的消息以及《努力修好武汉长江大桥》的社论，号召全国人民支援武汉长江大桥建设。在武汉桥梁博物馆的橱窗里，张贴着1954年2月6日《人民日报》的第一版，它提醒每位参观者，这座桥的地位与后来很多大桥的地位很不一样。说它的地位不一样，理由有很多，比如，它是长江上第一座公铁两用桥；比如，修建武汉长江大桥的议案是在毛泽东主持的第一届政治协商会议上讨论通过的。众所周知，1949年9月的这次重要会议是为成立新中国而召开的，在这次会议上决定的事项还有"首都""国歌""国旗""纪年"等。武汉长江大桥从开工前到竣工前，毛泽东于1953年2月、1956年5月、1957年9月，三次视察武汉，1953年这次视察他登上蛇山，询问了大桥的选址。今天，在武汉桥梁博物馆还保存着他在蛇山上与勘探技术人员交谈的照片。1956年，这一次他坐船在长江上视察了施工现场，也就是这次视察后他写下了《水调歌头·游泳》。1957年这次视察，他从大桥汉阳桥头步行到武昌桥头，在与工程负责人

这个角度拍摄的武汉长江大桥很独特（黄建 供图）

的交谈中，还对大桥栏杆的颜色发表了自己的看法。

武汉长江大桥的地位还在于，为修建这座桥，铁道部专门成立了一个机构——武汉大桥工程局。首任局长是志愿军铁道兵团第三副司令员兼总工程师彭敏。徐州人彭敏的原名叫周镇宇，一二·九学生运动后为了躲避抓捕而改名彭敏。在今天所见的资料中，彭敏毕业于扬州中学土木工程科。这个介绍会让不少人疑惑：一个中学怎么有"土木工程"专业？但的确是这样，扬州中学并非今天的"中学"概念，不仅有初中部、高中部、乡村师范科，在高中部设有普通科、土木工程科、机电工程科，也就是说它在普通中学之外有高等教育的设置。抗日战争胜利前，彭敏在山西从事

223

抗日救亡运动，担任过文水游击支队支队长、代理县长，1938年文水县抗日政府和抗日武装的办事处设在云周西村，彭敏和他的战友们以云周西村为中心，发动群众，开展抗日斗争，那时，云周西村是晋中平川的"小延安"，也是此时，云周西村七岁的刘胡兰开始接受抗日宣传和革命氛围的熏染。1940年担任山西新军工人武装自卫旅二十二团团长的彭敏，参加了百团大战。抗战胜利后，彭敏大多数时间都跟随战事的推进，从一个地方到另一个地方，指挥抢修铁路和桥梁。先是在东北，抢修北满铁路、陶赖昭松花江大桥，然后抢修津浦铁路、淮河大桥、洛河大桥、衡阳湘江大桥及湘桂铁路……抗美援朝时，身为志愿军铁道兵团总工程师的彭敏，负责运输线的维护和修建，据说，为避开美军的轰炸，他设计了一座特殊的大桥，桥面在水下，美军的飞行员看不见，但志愿军的驾驶员看得见。当然，在去东北之前，彭敏就开始发挥自己的专长了，1942年春，他参加了杨家岭中央大礼堂的修建。

　　武汉长江大桥的不同还在于它的建造过程有二十多名苏联专家参与。1954年7月，苏联专家组来到武汉帮助修建长江大桥，彭敏没想到，率队的专家组组长居然是自己的老朋友西林。1948年8月彭敏率队抢修陶赖昭松花江大桥时，年轻的工程师西林刚好是前来援助的苏联技术人员之一。陶赖昭松花江大桥是哈长线上一座关键桥梁，从哈尔滨、齐齐哈尔等地运往前线的物质都要经过这座大桥，这是彭敏负责抢修的第一座大桥。在西林等专家的帮助下，彭敏带领的东北军区铁道纵队第三支队用84个昼夜完成了抢修任务。在这个过程中，年轻的彭敏与年轻的西林结下了友谊。西林带给彭敏的不仅是老朋友重逢的兴奋，他还向彭敏介绍了一个苏联工程建设中从未使用的施工方法，这种方法的核心是向地下钻孔，然后在孔内放置钢筋笼，浇灌混凝土，使得一个个混凝土桩与地基融合为一体，然后建筑桥墩。在此之前，这类施工普遍采用气压沉箱法，由于气压沉箱需要施工人员在高压环境下工作，工作时间有严格限制，施工效率不高，且所需要的空气压缩设备等数量惊人。西林的想法尽管从未在施工中尝试，但彭敏决定把这一方法变成现实。他们在汉阳大桥局附近的凤凰山下开展实验，并在汉江大桥和汉水铁桥的施工中进行尝试，最后这一新工艺在长江大桥的施工中被广泛使用。这种叫"管柱钻孔法"的工艺，不仅缩短了武汉长江大桥的工期、节省了投资，而且把我国桥梁建筑技术推进了一大步，为在深水河流修筑建筑物基础开辟了新的途径，此后的南京长江大桥等许多大桥的基础施工都运用了这一技术。

1956年5月毛泽东视察武汉长江大桥的那一次，他问彭敏，以后没有苏联专家是否能自主造桥。彭敏肯定地说：能。这自信的回答来自通过建造武汉长江大桥，彭敏在大桥局培养了一大批技术人员。半个多世纪中，大桥局培养了中科院院士1名、中国工程院院士3名，全国工程勘测设计大师7名。如今，13000多员工组成的中铁大桥局，拥有各类技术人才8000余人，这支"建桥国家队"可以在江、河、湖、海各种地质环境下修建各类桥梁。几十年的造桥历程里，大桥局设计和建造了一千二百多座大桥，这1000多座大桥有世界首座六线铁路大桥——南京大胜关长江大桥，世界最长公铁两用大桥郑州黄河公铁两用大桥，我国第一座真正意义的跨海大桥——东海大桥，世界最长的跨海大桥——杭州湾跨海大桥，世界海拔最高的大桥——拉萨河特大桥。

当然，1000多座大桥也包括横跨在武汉江面上的十几座。武汉长江大桥通车后，30多年中，武汉的长江上再也没出现大桥飞架南北的壮观景象。1991年5月的一天，僵局被打破了。武汉第二座长江大桥开始兴建，1995年6月，武汉长江二桥通车。此后，武汉又修建了武汉白沙洲长江大桥（2000年9月通车）、武汉军山长江大桥（2001年12月通车）、武汉阳逻长江大桥（2007年12月通车）、武汉天兴洲长江大桥（2009年

今天武汉江面的桥都是索桥，图为武汉长江二桥、二七长江大桥。（侯国龙 摄）

12月通车）、武汉二七长江大桥（2011年12月通车）、武汉鹦鹉洲长江大桥（2014年12月通车）、武汉沌口长江大桥（2017年12月通车）、武汉杨泗港长江大桥（2019年10月通车）、武汉青山长江大桥（2021年4月通车），正在修建汉南长江大桥、双柳长江大桥。

从"桥式"看，这些桥都是"索桥"，只是有的是斜拉桥，如长江二桥、白沙洲长江大桥、二七长江大桥、青山长江大桥、军山长江大桥、天兴洲长江大桥、沌口长江大桥，它们都通过许多根连接到桥塔上的钢缆吊起桥面。有的是悬索桥，如鹦鹉洲长江大桥、杨泗港长江大桥、阳逻长江大桥，它们通过从悬空的缆索垂直下放吊杆，把桥面吊住。与这些桥不同，武汉长江大桥是"梁式桥"，它依靠多个桥墩支撑，在桥墩上架梁，铺设桥面。表面上，武汉长江上的十几座索桥似乎差不多，不外乎一根根倾斜的钢缆吊起桥面，或者垂直的吊杆吊起桥面，但它们仍然有内在的差别，比如，同样是三塔的桥，2011年时，二七长江大桥是世界上跨度最大（主跨616米）的，到了2014年，鹦鹉洲长江大桥是世界上跨度最大

（主跨 850 米）的三塔桥，而且它们一个是斜拉桥，一个是悬索桥。又如，同样是斜拉桥，青山长江大桥的桥面宽 48 米，是目前长江上桥面最宽的桥梁，它的桥塔是 A 型塔，二七长江大桥的桥塔是花瓶型，白沙洲长江大桥的主塔是钻石型。在 A 型塔中，青山长江大桥的桥塔是当时世界上最高的，高达 279.5 米，有 100 层楼房高。同样是公、铁两用双层桥，武汉长江大桥是梁式桥，跨度 128 米，天兴洲长江大桥是斜拉桥，主跨 504 米；武汉长江大桥是双线铁路，天兴洲长江大桥是四线铁路。同样是双层桥，杨泗港长江大桥没有铁路，上下都是公路桥，它是长江上首座双层公路桥，而且是世界上跨度最大（跨度 1700 米）的双层悬索桥。高度、宽度、跨度等一丝一毫的增加，都是对大桥承受力的挑战，也是对材料和工艺的挑战，这支"建桥国家队"，从一开始就是在不断的挑战中成长和成熟起来的。

新中国成立前，李文骥、茅以升等桥梁专家向中央人民政府提交《筹建武汉纪念桥建议书》的初衷，是希望用武汉长江大桥这个伟大的工程纪念新民主主义革命的成功。1957 年 10 月大桥竣工通车后，南来北往的人都会选择武昌平湖门第一个桥墩下或武昌桥头观景台，拍一张与大桥的合影，大桥纪念碑、四方八角重檐圆顶的桥头堡、米字形的桁架以及远处的龟山，都在相机的视野中。对很多人来说，在这里留影，与在天安门金水桥前留影一样珍贵。在武汉的户籍上，多了许多以"桥""大桥"命名的新生儿，武汉的商店多了许多叫"大桥"的产品，而一张圆头圆脑公共汽车从大桥经过的摄影作品，更是充斥各种作业本、笔记本、日记本。今天，武汉长江上的十几座大桥，每一座都是城市进步的纪念，都是江河变坦途的见证。不仅如此，游客还可以从汉口粤汉码头登上游轮，穿行长江上，站立船头，欣赏灯光装扮的一座座大桥，以及长江两岸建筑外墙上闪耀、变幻的光影艺术展演。

火车开往欧洲

2012年10月24日，从武汉开出了一列国际货运列车，终点是捷克的帕尔杜比采，这是武汉首趟到欧洲的国际货运专列，当时命名为"汉新欧"，40多个标准集装箱装载的是武汉富士康生产并出口到欧洲的电子产品。列车从阿拉山口出境，途经哈萨克斯坦、俄罗斯、白俄罗斯、波兰，最后抵达拉贝河畔的帕尔杜比采，全程一万多公里。

有意思的是，这趟列车的始发站是东西湖区的吴家山火车站，而不是我们通常以为的武汉最大的铁路货场所在地——江岸车站。因为两江三镇的地理格局，武汉有很多火车站，汉口站、武昌站、武汉火车站、武汉东站（光谷火车站），正在推进长江新区站、武汉天河站、武汉西站（新汉阳火车站）的修建。外地人常常因弄不清这些火车站的不同而下错车，武汉本地人假如出发前不仔细检查车票上的站名，也可能会跑错车站，该去武昌站上车，却跑到了武汉站，该去武汉站上车，却去了汉口站。疏忽归疏忽，匆忙归匆忙，至少这几个车站武汉市民还算熟悉，而东西湖有火车站，估计很少武汉市民听说过。

对东西湖我并不陌生，这片20世纪50年代围垦出来的郊区，在人们的记忆中以种植蔬菜为主。但东西湖的确有火车站，而且不止一个。汉丹铁路有31公里穿过东西湖，设四座车站，即慈惠的舵落口火车站、走马岭的朱家台火车站、新沟镇的新沟火车站、辛安渡徐家台的辛安渡火车站。舵落口火车站为三等站，担负着国家煤炭水陆联运及湖北省其他物资的转运任务。朱家台、辛安渡、新沟三个火车站都是四等站，过去都以客运为主兼办货运，随着公路运输的发展，客运业务逐渐萎缩，到2000年已完全停止客运。现在的辛安渡火车站是会让站，朱家台、新沟火车站只办理货运业务。

修建汉丹铁路的动机是丹江口水利枢纽，这项水利工程是新中国成立之初的重大水利工程，不仅有防洪、发电、灌溉、航运的巨大效益，而且是南水北调的起点，但工地处于大山之中，物质运输困难。1958年9月，丹江口水利枢纽工程开工，工程指挥部动员了湖北、河南近10万民工，直到1974年初期工程才全部完成。今天很多县城的人口也不过10来万，10万人一个月需要粮食200多万公斤、一个月做饭要烧掉1500万公斤柴火，这些都需要运输到现场，更不用说其他的建筑物资。修建一条从武汉到丹江口的铁路必需且急切，经过反复奔走，1958年10月，全长412公里的汉丹铁路开始从丹江口和武汉两端开建。

汉丹线的修建过程颇费周折，相当艰难，但得到了社会的广泛支持，比如，武汉的干部职工，甚至高校的师生都到铁路工地参加义务劳动。不仅如此，汉丹线的修建也得到了历史的馈赠。1906年，湖广总督张之洞在奏请修建粤汉铁路的同时，启动了川汉铁路的修建。1909年，由成都经重庆、宜昌至汉口的川汉铁路开工，但1911年清政府将铁路收归国有，导致四川城乡各阶层掀起声势浩大的"保路运动"，川汉线最终只完成了汉口至宜昌的路基，汉丹铁路的修建就利用了这部分路基，比如，长江埠至应城段，汉口到长江埠段。东西湖区境内汉丹线的路基，当然也是川汉线的路基，不过，在此之前，它被当作一段公路的路基。张之洞没能看到

229

他规划的川汉线变成现实,但他的心血并没白费,至少为汉丹铁路的修建做了部分铺垫。

汉丹铁路由汉西站引出,经武汉市硚口区、东西湖区,孝感市汉川、应城、云梦、安陆,随州市随县、曾都区,及襄阳市枣阳、襄州、樊城、老河口,最后抵达丹江口,全线设车站45个。1966年1月1日,汉丹铁路全线通车,到2010年,经过几次提速和改造后,汉丹线关闭了部分会让车站,只留下27个车站,车站少了,但线路的通行能力大幅度提升,具备了开行双层集装箱列车的条件。

朱家台火车站是保存下来的27个车站之一,这个站如今改名为吴家山火车站。汉江从蔡甸张湾进入东西湖后,在蔡甸运铎公园对面拐了一个"Ω"形大弯,有了这个弯道对江水的阻挡,弯道下面的一段汉江才显得相对平直,平直河道北面的大片土地是东西湖走马岭农场的菜地,主要种植豆类、莴苣、西红柿、红菜苔等蔬菜。江河边,渔民、农民普遍以台子、墩子为聚集地,台子以居住人的姓氏命名,朱家台便是走马岭的一个台子。明朝末年,毕姓首先来到这个台子居住,但到了清末,朱姓成了台子上的大姓。1950年,台子上120户人家中,姓朱的就有近百户。朱家台不仅出产蔬菜,也出烹饪鄂菜的人才。汉口百年老字号"老会宾酒楼"的创始人朱永泰(即朱荣臣)、鄂菜大师朱世奎都是朱家台人。朱永泰十八九岁时离开朱家台到汉口的茶馆、酒楼做跑堂,1920年,他与朱家台的同乡朱永福、朱永祥一起在汉口民族路开了一家饭馆。1927年,北伐军攻下武汉后,将张之洞修建的后城马路改名为中山马路(中山大道),1929－1932年间,又修建了民生、三民、民族、民权,四条总共长2728米的沥青路,这些路名都与辛亥革命和孙中山相关,后来在这几条路的交汇口树立了一尊孙中山铜像。朱永泰很敏锐,道路的变化必将带来红火的生意,于是他在三民路新开了一家饭店,即后来的"老会宾酒楼"。这个楼顶带小亭子的建筑与楼顶带圆塔的北洋饭店隔巷相对，它们与孙中山铜像一起，成为民国时代汉口六渡桥一带的风景。老会宾酒楼烹制的鄂菜湖北三蒸、东坡肉、明珠桂鱼、掌上明珠、全家福、蟠龙切卷、清炖甲鱼、焖甲鱼、红烧滑鱼、葵花豆腐等，深受市民喜欢。百姓的婚丧喜庆，名人的聚会宴请，都选择在老会宾酒楼，梅兰芳、胡蝶等文化名流都曾到老会宾酒楼品尝鄂菜。

朱家台火车站往南是惠安大道，往东是四环线，往西是武汉绕城高速。2008年9月，铁道部在《中长期铁路网规划》中提出，按照综合交通枢纽布局和城市发展规划，加强主要客货枢纽建设，在全国建设18个铁路集装箱中心站。这18个铁路集装箱中心站有一个选址在武汉东西湖，即武汉集装箱中心站，它是湖北省唯一一个集装箱中心站。武汉集装箱中心站位于朱家台车站和舵落口车站之间，由集装箱作业区、快运作业区、特货作业区和预留的铁路局货运基地四部分组成。集装箱中心站投资3.8亿元、占地2000多亩，年货运量650万吨，货物营运额逾20亿元。2008年12月，朱家台迎来了另一个重要的物流机构，经中华人民共和国海关总署、财政部、税务总局和外汇管理局四部委正式批复同意，设立武汉东西湖保税物流中心。保税物流园区设在朱家台车站的北侧，这是全国第四个保税物流中心。

朱家台不再是过去的朱家台。越来越多的物流园、工业园聚集在朱家台周围，如吴家山物流园、中铁特货吴家山物流基地、中铁快运、湖北临空国际快件监管中心、爱立德物流园、天黎九通物流园、湖北交运物流、食品产业园、科技园，等等，朱家台成了武汉货运最繁忙的地区之一，从早到晚，吴家山大道、惠安大道上各种货车往来不断。

2012年10月24日，汉新欧铁路专列的试运行为中欧班列的正常化摸索了经验。2014年3月，湖北省港口集团有限公司在武汉成立了汉欧

中欧班列驶出东西湖武汉集装箱中心站（肖艺九 摄）

国际物流有限公司，负责中欧班列（武汉）的运营。"汉欧国际"下设汉欧国际贸易有限公司、汉欧国际陆港有限公司、冷链分公司、汉欧国际供应链管理有限公司等分支机构。它集仓储、物流配送、国际贸易、国际货运代理等业务为一体，架构完整、功能齐全、专业过硬，既是武汉服务"一带一路"倡议的骨干企业，也是武汉扩大对外开放的重要窗口。

经过2012年的试运营，"汉欧国际"对中欧班列运营中的单证核验、数据交换、转关通行等许多环节不断完善，终于在2014年实现了常态化运行。2014年，"汉欧国际"发出中欧班列42列，把2142个集装箱货物运到了欧洲。中欧班列每年发出的列车次数和集装箱数，以令人意想不到的速度增长。2015年发出列车98列8736个集装箱；2016年122列11246箱；2017年161列14796箱；2018年174列15406箱；2019年195列16046箱。潜江的小龙虾、梁子湖的大闸蟹、武汉的鸭脖子、宜昌

武汉第 10000 列中欧班列（汉欧国际 供图）

的柑橘，以及东湖高新区的光纤、电子元器件、机械设备、汽车零配件，等等，都搭乘中欧班列到了欧洲。2020 年，在产业链、供应链遭受疫情冲击、部分断裂的困境中，汉欧国际积极组织货源，从 3 月到 8 月，向欧洲运送口罩、纱布、防护服、手术衣、护目镜、医疗器械等防疫物资 4000 余万件套、732 标准箱、2678 吨。武汉到贝尔格莱德、武汉到杜伊斯堡，中欧班列（武汉）在欧洲的抗疫战场上，传递着携手互助的真情和休戚与共、合作抗疫的信念。

与其他中欧班列一样，汉欧国际运营的中欧班列一开始选择的是从阿拉山口出境。新疆西部的阿拉山口口岸是丝绸之路经济带的关键节点，是国家重点建设和优先发展的一类陆路口岸。因此，大多数中欧班列都选择从这里出境。2017 年，经阿拉山口口岸的西行班列年度开行创历年新高，首次突破 2000 列。为缓解阿拉山口口岸出关满仓的瓶颈制约，汉欧国际另辟蹊径，探路二连浩特、满洲里。2017 年 8 月 29 日，一条新的出境途径打通了。编组50列、满载东风风神AX7乘用车的中欧班列从武汉吴家山车站开出，由内蒙古二连浩特出境。2022年2月22日，又一条通道写入了汉欧国际的历史，中欧班列（武汉）首次从满洲里直达芬兰赫尔辛基。

汉欧国际运营的班列不仅仅运输湖北的货物，甚至可以携手企业将中南半岛的货物运到欧洲。2018年6月7日，汉欧国际发出一列前往罗马尼亚的货运班列，车上装的是越南胡志明市生产的汽车零配件。这个运输过程比单纯湖北货物出境要复杂，先是与广西的物流集团合作，将越南的产品经凭祥友谊关口岸运到武汉，再从武汉出发到欧洲。这是一次大胆的尝试，第一次测试运行后，汉欧国际决定将"凭祥—武汉—欧洲"的线路常态化，越南的电子产品、服装、水果等运抵武汉，然后一路北上、西行，直达中亚、俄罗斯、东欧等国家和地区。

汉欧国际并不满足于班列向西，它们不断寻找货物班列向南的通道。2021年11月1日，汉欧国际开通了第一列"武汉—钦州—东南亚"铁海联运班列。货物通过列车运到钦州后，再改为海运，这种模式比过去从长江口出海的方式，节约了一周至两周以上的时间。2021年12月3日，连接昆明和万象的中老铁路全线开通运营，作为"一带一路"标志性工程，中老铁路为中国货物进入东盟国家提供了一条新通道。汉欧国际闻风而动，三个月后，2022年3月8日，装载湖北产一次性无纺布隔离衣的列车从武汉发出，经云南磨憨出境，前往老挝万象火车站。"武汉—万象"线路比传统海运方式可提升一倍以上的运输时效。除到达老挝万象外，还可通过拖车分拨到泰国、越南、缅甸等东南亚国家。湖北货物经由中老铁路出口的零突破，意味着湖北省外贸企业进入东南亚市场有了多元化物流方案，客户可以根据供应链管理的需要，自由选择江海联运、铁海联运或者国际铁路联运。中部陆海大通道更宽了，武汉的辐射和集聚力更强了。

武汉至杜伊斯堡中欧班列准备出发（汉欧国际 供图）

今天，中欧班列（武汉）已形成新疆阿拉山口、霍尔果斯、二连浩特、满洲里、凭祥、磨憨六个口岸进出境的格局，拥有30条稳定的跨境运输线路，辐射欧亚大陆34个国家、76个城市，开通了武汉至德国公共班列，武汉至捷克富士康、武汉至波兰冠捷、武汉至法国迪卡侬、武汉至乌克兰基辅、武汉至波兰罗兹烽火科技等特色专列，以及"日本—武汉—欧洲""日本—武汉—蒙古"集装箱海铁联运国际中转线路、"武汉—钦州—东南亚"铁海联运新通道。这是一个"联通欧洲、覆盖中亚、衔接日韩、连接东盟"的国际多式联运服务网络。在汉欧国际的走廊里，挂着一张彩色示意图，一条条带箭头的弧形线飞向欧洲、东南亚的城市，而它们的原点都是正在兴起的内陆开放新高地、国际物流中转新枢纽——湖北武汉。在过去的2021年里，中欧班列（武汉）累计往返411列，较2020年增加91%，运行总里程385万公里，相当于绕行地球赤道96圈。奔驰的列车，钢铁的梭子，在地球上环绕，编织着互联互通的新丝绸之路。

2022年，对武汉的中欧班列运营注定又是不平凡的一年，世界各地新冠疫情形势仍然严峻复杂，俄乌冲突对全球供应链带来巨大的不确定性，汉欧国际的员工们坐不住了，春节刚过，他们就马不停蹄，到各地去组织货源。3月13日、14日，汉欧国际拜访咸宁市、孝感市，协助咸宁市、孝感市外贸企业走出去。3月15日，汉欧国际拜访仙桃市，3月23日，拜访荆州市，4月1日，拜访宜昌市。一路走来，汉欧国际一行人只有一个心思，搞清楚各地外向型企业有什么要求，有什么货物可以搭乘中欧班列去欧洲。

路还真在脚下，只要腿勤，局面就变了。3月25日上午，中欧班列"长江号"首发仪式在咸宁火车站货场举行。班列装载着汽车配件、生活用品、电器、家具等驶向武汉东西湖吴家山货场，然后将开往俄罗斯。从走访企业到市场分析、运价测算、装车配载、报关报检、单证操作，汉欧国际用半个月时间，促成了此次班列的顺利开行，咸宁与欧洲经贸的运输渠道畅通了。主动出击的成效在哪里？中欧班列"长江号"3月单月发运30列，同比增长20%；一季度发运104列，同比增长60%，班列实载率均为100%。不仅班列发运量增加了，而且由于开辟了多个出境通道，3月班列的平均运输时效比过去缩短了2到3天，比如，武汉至波兰马拉的班列现在只需要9到10天，武汉至汉堡/杜伊斯堡的班列时间缩短至16到18天。这些数字看似枯燥，但它们是在疫情困扰和俄乌冲突局势下取得的，可见它们来得多么不易。

中欧班列"长江号"咸宁首发仪式之后,吴家山火车站发出的中欧班列(武汉)都将命名为"长江号"。从此,不管是去帕尔杜比采、戈茹夫、塔什干、贝尔格莱德的列车,还是夫里昂、杜尔日、明斯克、基辅、汉堡、杜伊斯堡、莫斯科的列车,它们铿锵的节奏都有长江奔流的音符。

光谷往事

"光谷"是一个含义宽泛的词。如果有人说,他正在光谷,他极有可能说的是在珞喻路与民族大道交汇的光谷广场一带。从光谷广场向北的路是鲁磨路,这条路穿过中国地质大学一直通向东湖。路的左边是南望山、中国地质大学、武汉邮电科学院、烽火集团,路的右边是喻家山、中国地质大学、华中科技大学。光谷广场向南的路是民族大道,大道穿过雄楚大道、南湖大道,直抵三环线。大道的两边有光谷步行街、中南民族大学、武汉纺织大学、中南财经政法大学、光谷软件园。珞喻路过光谷广场后,经过华中科技大学,贴着东湖风景区的吹笛景区,向东一直通向九峰山。

光谷广场过去是一个大转盘,不管从哪个方向来的车辆,到这里后都必须绕着转盘转,在转的过程中选择自己要出去的路口,很多车辆当然免不了不断转也没转出去的尴尬。随着车辆的迅猛增加,车辆在转盘转不动了,常常造成大面积堵车,加上修建地铁,施工占用部分道路,光谷转盘堵得更加严重。自2014年起,光谷转盘开始改建为光谷广场综合体。地下综合体深34米,直径200米,总建筑面积约14.6万平方米,相当于21个标准足球场的面积。地下综合体分为3层,地下一层是公共走廊、地铁9号线和鲁磨路隧道,四周有多个下沉广场和6个出口与地面连

光谷转盘的"飘带",图中右上方的山即南望山。(籍鹏飞 供图)

通。这样,今后南北方向的车辆,去地质大学、东湖,去民族大道、三环线,不再需要绕转盘转圈了。地下二层是地铁2号线南延线、珞喻路隧道。从此,东西向,街道口到关山一线,也不需要绕转盘了。地下三层是地铁11号线。三条地铁在这里集中换乘,两条隧道在这里交汇,综合管廊、地下走廊、综合商业体、地下物流车道等全汇于地下城。地下综合体的路面层是一个中心公园,绕公园一周,是一组连续钢结构的雕塑。雕塑形如一个网状结构的宽带,呈波浪起伏状,波峰高40米,直径90米,使用了1000多吨钢材。有人说这组雕塑是抽象的"星河",有"星际穿越"的科幻感,因为雕塑上装有近两万盏灯,在夜色中会发出多彩的光;也有人说,雕塑有"扬帆启航"的意境。

在我看来它更像一条银色的飘带,实际上是7条飘带以骨架为中心叠合起来,远远看去,又似翻腾起伏的龙,也如蜿蜒的江河。总之,连绵、律动、流畅、飞翔,给人无穷无尽的想象。当然,这个国内最大的单体钢结构雕塑，最贴切的象征物或许是"宽带"。南望山与喻家山之间、武汉邮科院与华中科技大学之间的这块土地，是"中国光纤"诞生的地方，有了光纤，才有了今天高效率的通讯网络"光纤宽带网"，所以光谷广场环岛上的雕塑，这个亚洲最大的车站广场上飘逸的网状建筑，还有比钢结构宽带更合适的名字吗？

如果在武汉要评选出一个最拥挤的地方，大致可以说，光谷广场是武汉长江之南最拥挤的地方，它的拥挤程度超过了20世纪八九十年代的汉正街。光谷广场也是武汉年轻人最多最集中的地方。这里交通方便，高校多、学生多，从业者以年轻人居多。光谷广场的步行街是一个多功能、全业态、复合型超级商业步行街区。它的规模和丰富远远超出了一般意义的步行街，号称世界城，购物消费、餐饮娱乐、旅游观光、休闲健身、商务办公、酒店居住，应有尽有。美食有日本料理、韩式料理、西餐厅、咖啡厅、麦当劳、肯德基以及名称繁多的特色中餐厅；休闲娱乐有冒险主题公园、KTV、电影院、艺术馆以及新一代5D恐怖鬼屋；逛街购物有各种大型连锁超市、购物中心、书店，等等。总之，在光谷广场，每个人都能找到自己喜欢的东西，每个人都能得到满足，当然前提是得有时间、有精力。

这个地方最值得铭记的是，中国第一根光纤的诞生。以及南望山下的武汉邮科院。南望山与蛇山、洪山、珞珈山、喻家山大致在一条线上，蛇山、洪山、珞珈山在南望山的西边，喻家山在南望山以东，磨山在南望山以北。在武昌，南望山的名气没有蛇山、洪山、珞珈山、磨山大，但南望山比蛇山、洪山、珞珈山、磨山都要高，它的海拔是139.5米，而蛇山的海拔只有85米，洪山海拔115.3米、珞珈山海拔118.5米、磨山海拔116.3米。传说南望山叫"来望山"，因山上最早的居民来自江西，兄弟俩一个叫张有来，一个叫张有望，一"来"二"望"，合起来就是"来望"。

在1869年的《江夏县志》中，这座山真正的名字叫"马岐山"，但县志的"疆域图"上标注的却是它的别名——来王山。1952年的"武汉市区全图"把这座山又标注为"南王山"。这座山的确与"王"有关，不过，不是君王的王，而是"蛮王"。公元47年，荆山一带的溇山蛮首领雷迁率众起事，汉光武帝刘秀派遣武威将军刘尚征讨，平息叛乱后将雷迁的族人迁徙到江夏。公元101年，南郡巫蛮对朝廷的税收政策不满，首领许圣率众起义，汉朝军队花费很大力气才将这次起义镇压，并将巫蛮迁到江夏。人们把这两支蛮族的后裔统称为"江夏蛮"。溇山蛮、巫蛮到了江夏后并未停止抗争，公元169年江夏蛮起兵反抗汉朝统治被州郡官兵平息，公元180年江夏蛮再次起义反抗东汉末年的黑暗统治，最终被庐江太守陆康（陆逊的堂祖父）所消灭。据说历代江夏蛮的首领陵墓都选择在马岐山，因此，马岐山叫"来王山""南王山"都有道理。在南望山的南麓，至今仍有江夏蛮王的陵墓，陵墓就在武汉邮科院社区大院北墙边，一个高高的土堆，土堆上的大理石碑刻着"蛮王冢"三个大字。经考证，这座幸存的蛮王陵墓，修建年代在东汉建武二十三年至光和三年，即公元47年到公元180年之间。南望山脚下有一条环山路，沿路向西，湖边就是白鱀豚馆，这里是世界第一头人工饲养成功的白鱀豚"淇淇"的家。1980年湖南岳阳渔民发现了搁浅的"淇淇"，当时没有专门的饲养条件，专家们只能将抢救回来的"淇淇"暂养在一个池塘里，直到南望山脚下的白鱀豚馆投入使用。1991年我和同事来这里采访时，圆形的饲养池周围还是泥泞地。

1951年，茅草丛生的南望山热闹起来。新中国急需大量邮电人才，邮电部决定在中南创建一所邮电学校，学校选址在南望山脚下。1954年的大洪水从武汉即将退去的时候，青年赵梓森从上海交大毕业来到武汉邮电学校当老师。1959年武汉邮电学校升格为武汉邮电学院，赵梓森也从一名中专老师变成了大学教师。十年后,赵梓森的身份又变了,这一回他成了一名工程师。1969年武汉邮电学院改为邮电部528厂,其任务是生产600路以上微波终端设备,并对大气激光通信项目展开公关,赵梓森被任命为项目组负责人兼光通信研究室副主任。

1966年著名物理学家高锟发表了《光频率介质纤维表面波导》的论文,提出利用玻璃纤维长距离传送讯号。但人们并不相信高锟的理论,甚至觉得这一想法很离奇。自贝尔发明电话之后,近一百年的时间里,人们已经习惯用"金属导线"传送讯号,一个人对着话筒讲话,声音被转换成电信号,通过金属导线,送到另一个地方后再把电信号转换成声音信号,两个人便可以完成通话。这种金属材质的电缆今天依然在使用,不过,过去从乡村公路到城市街道上的那种黑色电线已经少见,远距离的讯号传输大都改为了光纤。

这一变化,与赵梓森有关,与南望山下这个先是学校、后是工厂,然后在工厂基础上建立起来的武汉邮科院有关。赵梓森对"光通信"非常感兴趣,他读过高锟那篇著名的论文,当然,一开始他也不太相信,但就在赵梓森所在的邮电学院改为工厂后不久,1970年,美国康宁公司首次研制成功损耗为20dB/km的光纤。在这之前,康宁公司首先制造出了玻璃灯泡,将爱迪生的发明变成了现实,还发明了显像管,让电视机走进了千家万户。赵梓森知道康宁公司在材料领域尤其在特殊玻璃和陶瓷领域的实力,因此,康宁公司成功研制出光纤的消息像风一样将他心中对"玻璃"作为传导工具的疑虑一扫而光。

赵梓森知道,通讯领域的一场技术革命即将来临,他不能犹豫,必须立即着手。就在赵梓森和他的小组启动光纤攻关之时,1974年,邮电部在528厂的基础上,成立了武汉邮电科学研究院。赵梓森不失时机地向邮电部等提出了《关于开展光导纤维研制工作的报告》,并和项目组的同事一起，立即把一个简陋的清洗间改造成实验室。武汉邮科院的光纤制造，也是中国的光纤制造，就这样在南望山下开始了。1976年3月，项目攻关终于有了眉目。无数次实验失败之后，赵梓森带领项目组终于拉出了一根长17米、损耗为300dB/km的玻璃细丝。300dB/km意味着光信号在每公里传输中光功率要损耗300分贝，以今天光纤的标准看，这个损耗值无疑太大了，但这是中国第一根石英光纤，它是中国光纤通信历程中开天辟地的大事。经过不断努力，损耗值越降越低。1979年，赵梓森的团队拉出了中国第一根符合国际标准的、具有实用价值的低损耗光纤。3年后，武昌与汉口之间铺设了一条13.3公里的光纤光缆。线路虽短，但意义非凡，它不仅意味着武汉成为中国第一个使用光纤通信的城市，也标志着中国光纤通信的时代到来。

当然，正是光纤光缆的成功，不少人与我一样有一种误会，以为南望山下的邮电科学院只是研究光纤光缆。其实不然，光纤光缆只是邮科院的一个领域，邮科院还在另外两个领域拥有强大的实力，即光通信系统和光电子器件。通俗地说，光缆只是传输信号的导线，就像过去的电线，光电子器件则是光讯系统，比如，光纤通信需要通过激光发射器把信号发射到光缆，才能传输，这便是光电子器件领域的事情。而光通信系统则确保把光通信变成现实，比如，如果不对光缆中的激光信号进行调制、转换，光信号就不可能变成声音、文字、图像，等等，光通信就不可能完成，最常见的"光猫""路由器"就是这个系统的实例。一句话，在光纤光缆、光电子器件、光通信系统这几个领域，武汉邮科院的研发水平都处于世界先进行列。人们把"光谷广场"当成"光谷"的时候，不一定了解南望山下武汉邮科院的历史，以及赵梓森和他的项目组在光纤通信中的开创性探索，但这一点恰好是"光谷"的第一个内涵。

当人们声称去"光谷"，也可能是另一个含义，即他们说的是以"长飞光缆"为代表的光纤光缆、激光、光电子产业集中的关山以东、以南地区。1983年美国社会学家阿尔温·托夫勒的《第三次浪潮》风靡全球，阿尔温·托夫勒从科学技术的发展进步出发，提出以电子工业、宇航工业、海洋工业、遗传工程组成的工业群将把人类带入一个新的时代，一个区别于农耕文明和工业文明的新时代。他说的新时代也就是后来人们反复说的"信息时代"。阿尔温·托夫勒的《第三次浪潮》并不是通常的社会学著作或经济学著作，而更像一部科普性质的随笔或非虚构作品，他的目的是敏锐地梳理科学技术的前沿趋势，以及它们对社会、家庭、日常生活带来的后果，提醒人们重视革命性技术正在汇成新的潮流。《第三次浪潮》热也席卷到了武汉，当时的武汉市正在寻找发展突破口，希望赶上在改革开放中走在前列的沿海城市，经过多次咨询、调研、座谈，武汉市提出了开发高新技术，迎接新技术革命的对策建议。总而言之，就是要根据武汉市的财力、物力和基础设施条件，充分利用现有高校、科研、设计单位的优势，依托中小企业和校办工厂，发展新兴技术和新兴产业。关山以东的关东科技园、关山以南的关南科技园便是最早的高新技术产业基地。

很长的时间里，人们都以为"关山"就在华中工学院（现华中科技大学），因为到华工的公共汽车都有一个车站"关山口"，下了车就能看见华工大门。当然，华工门口没有关山，这座山早已不存在，而且它过去也不叫"关山"。同治《江夏县志》说，官山在县东30里，为长乐一里分支祖山。这里的"官山"即后来的"关山"。清代江夏县编户63里，"长乐一里"是其中一个里，这个里属"油坊岭"管辖。"油坊岭"是一个以榨油闻名的地方，后来，在读音的流变中，"油坊岭"成了"流芳岭"。传说明朝时为了防止移民逃回江西，地方政府专门在这座山上设卡，派驻官员监督，因此得名官山或关山。油坊岭在武昌东部的位置非常重要，可以说是武昌东大门的关隘。1854年10月，在攻打武昌的战斗中，曾国藩的部署是水陆并进，塔齐布的队伍由油坊岭向洪山进攻、罗泽南率队从纸坊向青菱河边的花园（今洪山区青菱乡花园村）进攻，他自己则率水师从金口向武昌进攻。这一仗，从兵力上曾国藩并不占优势，而且太平军占领武昌后已经做了防守准备。但湘军的运气好，他们的对手是石达开的堂兄石凤魁。此前，在占领汉阳、汉口的战斗中，石凤魁不断得到提升，变得膨胀无比，听不进任何不同意见。战局很快就明了了，曾国藩统率水师沿江而下，破鹦鹉洲，占领鲇鱼套，罗泽南攻下花园、塔齐布拿下洪山。石凤魁见大势已去，迅速逃亡蕲春。逃跑过程中又被油坊岭洪山一线塔齐布的湘军消灭几千人。武昌之战的启示之一是对武昌地理的再一次确认，通向武昌的陆路只有两条，东边油坊岭、洪山到武昌，南边从纸坊、青菱、八铺街到武昌，其他地方都是湖泊和沼泽地。有人说阳夏之战后，黎元洪也从武昌城到过油坊岭，他很喜欢这个地方，晚年退出官场后，他曾在油坊岭大量购置田产。

同治《江夏县志》中的"疆域图"，把"官山"画在鲁巷的东边，与喻家山相对，中间隔着一条便道。古人的画图更多只是描述大致的位置关系，1960年武汉市勘测公司绘制了一幅《武汉市地形图》，它理应比清朝的疆域图准确很多倍。在这张图上，关山在华工之南、"庄屋熊"之东，它并非正对着喻家山，而是对着喻家山的东半部，关山的东半部则对着喻家山与马鞍山之间的湖汊，东湖的这个湖汊一直延伸到华工门前的马路边。古代，这个湖汊上有一座"喻家桥"，供人们在喻家山与马鞍山之间通行，今天光谷大道向北穿过这条水道通向东湖隧道。如此说来，珞喻路对面的光谷大道及其两侧的地带就是过去"关山"的所在。1952年的《武汉市区全图》可以佐证，在这幅图上，华工门前珞喻路的对面有一座山，山南是"五角塘"。五角塘是过去洪山区关山村的一个地名，位置在今天光谷大道与雄楚大道、高新大道的交汇处。2015年起，武汉市对光谷大

五角塘立交，关山以此为界。（舒位芳 供图）

道进行快速化改造，这项工程采用高架桥梁及地面辅道，使光谷大道与珞喻东路、雄楚大道、凌家山北路、三环线形成互通，从根本上解决关山大道、光谷大道、光谷广场及珞喻东路的拥堵，乃至改善整个光谷地区的交通状况。这个宏大计划的枢纽就在五角塘。纵贯南北的光谷大道，横跨东西的雄楚大道、高新大道在这里交汇，五角塘立交则是这两条交通动脉的重要连结点。既然五角塘在山南，那么五角塘的北面就是关山。把这个位置关系替换成现在的空间格局，关山就在珞喻路与雄楚大道、高新大道之间，光谷大道的两侧。这个方位与我们很多人曾经的想象相距太远。

从 20 世纪 80 年代开始，随着迎接新技术革命、发展新技术产业的战略实施，曾经的关山以东、以南，悄然演变成了如今的高新技术核心区。1988 年 5 月，武汉邮科院与荷兰飞利浦公司等机构合资，成立了一家光纤制造公司，这便是后来在光纤光缆领域里无人不知的"长飞光纤"。"长飞光纤"选择的厂址正是过去的关山。从长飞光纤向北步行 800 米左右就

246

到了珞喻路，步行到华工体育馆也仅仅1100米左右。"长飞光纤"从成立时起，就不断参与创造中国光纤通信的发展史。1988年国内第一条省级光纤干线"武汉—荆州"光纤线路建成，1989年"合肥—芜湖"我国第一条四次群单膜直埋式光纤通信工程竣工，1993年"上海—无锡"国家一级干线光通信工程正式开通，1993年京汉广架空光缆干线工程正式开通……中国光纤通信从无到有、从起步到加速的许多重要节点，都打下了武汉邮科院、长飞光纤的烙印。

在30多年的历程中，武汉邮科院、长飞光纤积累了800多项发明专利，创造了3次获得国家科学技术进步奖的不凡业绩。2005年"非零色散位移单模光纤"项目获得国家科学技术进步二等奖，2017年"新型光纤制备技术及产业化"项目荣获国家科学技术进步二等奖，2018年"长飞光纤光缆技术创新工程"项目荣获国家科学技术进步二等奖。

在关山这个地方开疆拓土的不止武汉邮科院一家，不止"光纤"的光，还有"激光"的光。在赵梓森等人瞄准光纤攻关的时候，在南望山东边，喻家山下的华中工学院在院长、著名教育家朱九思的倡议下，成立了"激光教研组"，研究工业激光器。这个教研组后来发展出了华工的激光专业、激光实验室，激光器及应用研究在华工有条不紊地展开了。1982年，武汉邮科院将第一条光纤从武昌敷设到汉口时，华工激光实验室的第一台2000瓦激光器也试制成功。1986年华中工学院的激光实验室升级为国家重点实验室。与普通光源向四面八方散射不同，激光器输出的光始终射向一个方向，具有极高的强度和能量。激光神奇的特性，在许多领域都可以带来耳目一新的面貌，比如激光焊接，在激光的照射下，金属工件可以在极短时间内融化或气化，实现材料的快速连接。这种焊接还可以通过机器人或光纤实现操作。华中工学院的激光专业和激光实验室，就是关山的激光人才基地和技术之井。1985年，华中工学院激光专业一个毕业生响

光谷软件园（周超 供图）

应让技术走出实验室和论文的号召，从银行贷款10万元创办了楚天光电子公司。1993年，从武汉东湖创业中心孵化出来的楚天光电子公司，改制成为武汉楚天激光（集团）股份有限公司。就是这家公司开启了中国工业激光设备自主生产的新时代，他们生产的设备既焊接过心脏起搏器，也焊接过飞机、轮船；也是这家企业，申报专利400多项，在中国激光企业中拥有专利数量最多。1988年他们研制出了中国第一台激光焊接机，在此之前，这类设备无一例外要依靠进口。光谷的"激光"并不是一个单一的企业，而是一个企业集群，如锐科激光、帝尔激光、武汉激光、华工激光、团结激光，等等，它们各有专长，在工业激光、医疗激光、激光加工等1000多个行业领域均有建树，解决了许多困扰航空、航天、机械、电子、冶金、医疗等行业的众多难题。光谷的激光产业园有一个令人鼓舞的规划，到2025年，规模以上激光企业产值达到1000亿元，带动激光产业链上下游企业总收入超过5000亿元。20世纪80年代初，几个年轻人走进关山这片黄土地，他们心里想着如何让激光的能量穿透金属，更快地切割或者焊接，却未曾想到这光的魅力如此巨大，催生了一个新的高科技产业。

在武汉，人们说"光谷"，还有一个含义，那就是指"武汉东湖高新技术开发区"。武汉东湖新技术开发区成立于1988年，是中国首批国家级高新区、第二个国家自主创新示范区、中国（湖北）自由贸易试验区武汉片区。这片518平方公里的土地上，建有国家光电子信息产业基地、国家生物产业基地等16个产业基地，以及光谷生物城、武汉未来科技城、光谷光电子信息产业园等8个专业园区。518平方公里的土地上不仅有工业园、厂房，还有高密度的智力资源，武汉大学、华中科技大学等42所高等院校、56个国家及省部级科研院所、30多万专业技术人员、80多万在校大学生，都集中在这片土地上。

当然，这518平方公里并不是一次建成的，从1988年到2010年，东湖高新技术开发区的区域范围进行了多次调整、扩展，影响深远的是对洪山区、江夏区部分乡镇、街道、行政村的六次"托管"。1999年托管了洪山区的关山、曙光、钢铁、群英四个村，开发区面积增加了11.8平方公里。2000年托管了江夏区的关南、郑桥、茅店、周店、东山5个村，开发区面积增加了18.2平方公里。这两次托管后的东湖开发区便是许多人熟悉的关山以东以南的关东科技园、关南科技园、光谷软件园、大学科技园。

2005年，托管江夏区佛祖岭、汪田、九夫、泉港、宗黄、杨店、大邱、大舒、湖口、邬家山、同心、牌楼舒、大谭等13个村，56平方公里；2007年，托管江夏区的豹澥镇，92.6平方公里；2008年，托管洪山区九峰乡及其九峰、马驿、三新、保丰、群建、新农、新建、新洪、河刘、新跃等10个行政村，21.4平方公里；2010年，托管洪山区的花山镇、左岭镇，江夏流芳镇、五里界街，296.13平方公里。这些地方，过去很少进入武汉市民的视野。

第三次托管的佛祖岭等13个行政村都是江夏区豹澥镇下辖的村。这片区域大致在三环线以南，龙泉山以北，西南是汤逊湖，光谷一路、光谷二路、光谷三路南北向穿过这片区域。光谷三路旁边有一条小路——"九夫小路",路名来自"九夫村"的村名。九夫村的谭左湾以"谭姓"为大姓,1847年著名汉调艺人谭志道的儿子谭鑫培出生在这里。谭左湾至今保存着一栋谭家的老房子,这栋叫"走马转楼"的砖木房同时也是一栋戏楼,两边的厢房早已不存,但从周围收集上来的门窗上,还可以看见以汉剧故事为题材的浮雕。1853年谭志道带着谭鑫培离开这里便再没回到家乡,2009年武汉举办"京剧谭门故乡行"活动,谭鑫培的曾孙、81岁的谭元寿终于实现了寻根的梦想,他带着谭孝曾、谭正岩,祖孙三代回到了谭左湾。"九夫村"是汉调的家乡,也是京剧"谭门"的家乡。如今,在这片极具包容精神的土地上,有武汉本地的长江动力集团、武重集团、长飞科技园等企业,也有光谷航天城、金山软件、富士康等来自天南地北的企业,共同谱写着新时代的"汉调"。

第四次托管的是成建制的豹澥镇。豹澥东接鄂州市,北与洪山区的花山相连,西南与江夏区的流芳街接壤。在今天东湖高新技术开发区的版图上,这片区域大致在高新大道以南,武汉绕城高速以北,光谷四路以东、光谷八路以西之间,神墩一路、二路、三路,高新二路、四路、五路、六路东西向穿过,光谷四路、五路、六路、七路、八路南北向穿过。豹澥历史上也是著名的水乡,东面、南面是梁子湖、安湖洲、红莲湖、严家湖。这些湖泊通过鄂州的樊口与长江相通,在汛期,船只可以从东、南直抵豹澥,当地人认为现在已成为地名的"神墩",就是过去湖泊上为导航而修建的石墩,这个墩子在抗日战争中被日本人毁掉。豹澥当地人对自己的家乡不叫豹澥,而叫"桥上",豹澥历史上有马家桥、神灯桥、小桥、三眼桥、夜壶桥、保桥寺桥等众多桥梁,今天豹澥互通与武汉绕城高速之间的"三眼桥"社区是豹澥水乡的历史印迹。水乡豹澥现在打造成了光谷生物城,这个"城"里的企业都做生物产业,而生物产业必须以生物技术为

左岭附近的未来科技城（张璨龙 摄）

支撑，这就如生产一种药，必须得以对细胞、病毒等的研究为基础。用产业经济的话语来表述，生物产业是以生命科学理论和现代生物技术为基础发展起来的，专门从事生物术产品开发、生产、流通和服务的产业群，包括生物医药、生物农业、生物化工、生物能源、生物制造、生物环保和生物服务等。从2008年开建，到2018年，生物城建成了7大园区，集聚了1800多家企业，其中世界500强企业有8家，上市企业有50家。

通过2010年5月的第5次、第6次托管，原来洪山区管辖的九峰乡、花山镇、左岭镇都纳入了东湖高新技术开发区的范围。花山的东北是长江，西北是严西湖、北湖，东南是严东湖。同治《江夏县志》记载，县东北七十里有花山，今天这座山依然存在，就在严西湖东缘花山生态湿地公园附近，海拔83米，过去叫驼子店，一个从外地逃难而来的驼背的人在此处开了一家副食店，带动了其他人来此做生意，一片荒地逐渐繁华起来，驼子店的地名也就诞生了。在光谷向东推进的过程中，"花山"逐渐被一个新名字取代,即"花山生态新城"。花山生态新城,东至左岭镇,南接武汉科技新城,西临东湖风景区,北抵武汉北湖新城,是湖北两型社会首个生态城。光谷向东的边界在左岭,左岭新城是开发区东部的一个副中心,这是一个产值超过1000亿元、常住人口达10万人的副中心。如今左岭大道八公里范围内已经有国家存储器基地、华星光电、天马微电子等总投资超过4000亿元的战略性新兴产业落户。

从鲁巷到关山,从关山到佛祖岭、流芳,再到豹澥、花山、左岭,"光谷"在拓展的同时,也不断丰富了"光谷"一词的含义。从1988年开始,武汉东部这片湖泽之地,逐渐演变成中国高新科技的前沿阵地和展示舞台。2021年9月3日,武汉正式发布《东湖科学城建设发展规划》,提出以东湖科学城、光谷科创大走廊两大支撑,聚焦物质、信息、生命、材料、地球与环境五大科学领域,组建光谷实验室、江夏实验室、东湖实验室、洪山实验室、九峰山实验室、江城实验室、洪山实验室等七大湖北实验室,创建湖北东湖综合性国家科学中心和武汉国家科技创新中心。显然,"光谷"一词又被注入了新的含义。

大江大湖大武汉

武汉是公认的"百湖之市",人均水资源占有量约为全国平均水平的40倍,全球人均水平的10倍。以单个城市拥有的水域面积排名,武汉在全国大城市中可以排第一。换一种描述更形象,据2020年的数据,武汉的水面总面积为2117.6平方千米,武汉市国土面积为8569.15平方千米,水的面积约占全市整个国土面积的四分之一。可以说,武汉这座城市四分之一是水。这些水域主要是166个湖泊以及长度5公里以上的165条河流。江河纵横、湖港密布,也给武汉带来了丰富的湿地资源。在全球内陆城市中,武汉的湿地资源居于前三位。在1561.86平方公里的湿地上,有国际重要湿地1处、国家级湿地公园6处、省级湿地公园4处,市级以上湿地自然保护区5处。这么多的江河,这么多的湖泊,这么多的湿地,无疑令许多干旱、缺水的城市羡慕不已。

在1899年陆军预备大学堂绘制的《武汉略图》上,"汉口城"是长江北岸一个三角形小城,三角形以长江、汉江交汇处的龙王庙为顶点,刘家庙到玉带门的铁路为底边,另两个边是玉带门到龙王庙的汉江岸线、龙王庙到刘家庙的长江岸线。这个三角形的北面、西北都是"后湖",准确地说是"后湖湿地",即有湖泊、沼泽、滩涂以及田地。湖广总督官文曾经描写他从长江上眺望汉口的印象，"两岸秋深沙迹阔，长堤夏涨浪涛洪。……击棹乘舻帆上下，往来蔽日大江东"。在他的诗歌《汉口》中，汉口一片苍茫，最高的是帆、最广的是水。一百多年后，这片湿地演变成了今天汉口京汉大道以北的汉口城区。"汉阳城"则集中在龟山南北的山脚下，北面沿汉江到南岸嘴，南到鹦鹉洲尾，其它地方大都是湖泊、小河、丘陵。清中期著名诗人、"辽东三老"之一陈景元在《汉阳》中描述的汉阳是这样的景象："横空过雨天垂白，隔渚遥沙日乍浮。"今天古琴台、月湖、鹦鹉洲以西的大片扇形城区都是过去一百多年的发展结果。

江南的武昌，一百年前只是一座以蛇山为轴心的方城。紫金山到大堤口为北线，梅家山到巡司河入江口为南线，紫金山到梅家山为东线，西为长江岸线。武昌城外，以长春观、洪山、卓刀泉、鲁家巷、茶棚、油坊岭一线为分界线，分界线以北是沙湖、东湖水系，从紫金山到丰灯嘴蜿蜒的丘陵把沙湖与东湖隔开，沙湖与长江之间是狭长的皂角屯和东新洲（今名东兴洲）。分界线以南是南湖、汤孙湖（今汤逊湖）、青林湖（今青菱湖）水系，汤逊湖与南湖之间是壕沟、狮子山等小丘，南湖与青林湖之间是当时武昌南大门的主干道，出武昌城向南，经过板桥、李桥到山坡驿。在这些湖泊之间，点缀着山丘、湿地、水田、牧场，对这幅"武昌"图画，清代古赋大家陈沆有过生动的描述："百里苍烟浮远塔，孤城落日背寒江。"今天长江以南的武汉城区，除了一小部分是过去的"武昌城"，其他都是从湖泊以及湖泊之间的丘陵、湿地上崛起的。

毫无疑问，在这些湖泊中，长江以南的东湖是名气最大的。东湖的名气大，有很多原因，面积大是其一，正常情况下，东湖水面接近33平方公里，这个面积是杭州西湖的6倍。东湖的地形地貌，也是东湖成为知名湖泊的原因。东湖的地貌形态复杂多样，众多交错的岬湾，不仅把100多公里长的湖岸折叠出多彩多姿的风景，而且分割出100多个大大小小的湖

东湖边武汉大学浴场（武汉市地方志办公室 供图）

湾。东湖还有一道风景，这就是东湖南部从洪山、珞珈山、南望山、喻家山到吹笛山、团山、马鞍山的丘陵带，这一列丘陵实际上是一列东西向的皱褶带，在皱褶带上，珞珈山与来望山之间，喻家山与马鞍山之间又存在断裂，湖水沿皱褶蜿蜒，沿断裂渗透，形成多个半岛和湖汊。风筝山、磨山从南望山、喻家山的背后向北延伸，最后以断崖状突入湖中，山在湖中，湖绕山转。当然，东湖的位置也是它知名的因素之一。东湖是典型的城中湖，湖的周围是武昌区、洪山区、青山区、东湖高新技术开发区，武汉市的江南版图除了江夏区与东湖没有边界，其他区都与东湖有接壤的地方，这样独特的位置使得它成为许多市民的必经之地。总之，东湖比武汉市其他湖泊更出名，是因为得天独厚的自然条件。

东湖地质地貌独特，人文景观同样独特，屈原、楚庄王、刘备、李白、毛泽东等都曾在东湖留下足迹。当代作家刘醒龙在东湖绿道的"湖光阁"撰有《东湖赋》，文中对东湖的人文风光及其感受，有如此概括，"我居东湖十八年，六十里莎沙柳岸……蟠虺老虎尾，放鹰李谪仙。鄂王饮马池，关公卓刀泉。洪山宝通弥陀，磨山养叔神箭。昭烈帝，郊天台，中正亭，思旧庵，共和盘石黎大总统，都不及润之先生下东湖四十四番，会六十四国君贤，百年起宏图，极目舒楚天……若无东湖，不愿江南。"《东湖赋》是在武汉的人文历史背景下来看东湖，其中所概括的东湖人文、自然、景观分布在东湖绿道的不同地段上。"中正亭"就是东湖绿道上的"湖光阁"，1931年秋，湖北省主席夏斗寅修建了这个亭子，并把亭子送给蒋介石作为生日礼物。当年，此处是湖中的一个孤岛，亭子周围烟雾迷蒙，无风三尺浪。20世纪60年代，武汉市横跨东湖修筑了一条十里长堤，将磨山、湖光阁与梨园连成一线，湖光阁不再是孤岛，而成了一处代表性景观。湖光阁所处的湖中道只是东湖绿道的一部分。整个东湖绿道长达一百多公里，它通过驿站、栈道、廊桥、碑林等不同元素，把东湖的人文景观、自然地貌与休闲旅游融入巨大的湿地之中。这项工程被誉为武汉生态文明的名片，2020年获得了第十七届中国土木工程詹天佑奖。

当然，说东湖，就不得不说说袁说友的《游武昌东湖》："只说西湖在帝都，武昌新又说东湖。一围烟浪六十里，几队寒鸥千百雏。野木迢迢遮去雁，渔舟点点映飞鸟。如何不作钱塘景，要与江城作画图。"如果要找一首写东湖的诗歌，这首诗无疑会被当作典型之作，因为标题就声明写"武昌"的"东湖"，"只说西湖在帝都，武昌新又说东湖"一句则经常被引用来跟西湖相比。

南宋诗人袁说友的生活年代在1140年到1204年之间，这时的地名"武昌"或许指的是武汉下游的"鄂城"。到1221年时，鄂城境内的樊口、三江口、吴王城东、吴王城西等六处都驻扎了水军，这些驻军的级别与武昌县平级，为协调指挥与管理，朝廷下旨将"武昌县"升为"武昌军"，后改为"寿昌军"，这个寿昌军只管一个县，即武昌县，这里的"武昌"才是真正地名意义上的"武昌"。尽管唐代在武汉的武昌（即江夏）设置过"武昌军节度使"，后来宋朝沿用了这个做法，并且沿袭之初并不叫"武昌军"，而叫"武清军"。这个"武昌军"的主要含义是"武昌军额"，节度州的"军额"一般用来供节度使寄名，如福州的军额为"威武军"、苏州的军额为"平江军"，它们的名字并非代表当地行政区划的地名。由于鄂州（今武昌）的地位太重要，单纯的州名还不足以体现朝廷的重视，因此朝廷赐予一个"武昌军"的军额，这样鄂州就从普通意义的州变成了节制镇、节制州。这是一种制度上的重视，通常只有首都附近或者边陲要地的州镇才有这种地位。袁说友的时代，"武昌军节度使"节制的范围远远超出了后来地名"武昌"的范围，如常德、岳阳等都在节制范围内。不知道袁说友为什么不说"游鄂州东湖"或者"游江夏东湖"，其实，同一时期，他的另一首诗歌就直接写了游"鄂州"，"一带城头四望全，压云亭上更无边。手攀北斗轻飞肉，目盼南楼仅及肩。城郭千年高复下，江湖万里后还先。平生颇负昂霄志，便欲乘风送上天"。诗里的"压云亭"在鄂州城（今武昌）东北的蛇山上，亭子据说有十五米高。袁说友陪鄂州都统登蛇山，写了这首《同鄂州都统制司登压云亭》。

最早记载武昌"东湖"的文献是王象之的《舆地纪胜》，他说东湖在城东四里，上面有一个游览的东园。王象之编撰《舆地纪胜》的时间在1208年到1224年之间，而袁说友1204年就去世了，他不可能从《舆地纪胜》中得知这个湖泊的名字。稍后，福建编辑家祝穆沿袭《舆地纪胜》的体例，花费十多年时间在1239年刊刻了《方舆胜览》，他引用了王象之对东湖的记载。王象之、祝穆的两部地理志对"东湖"的介绍都列在"鄂州"（今武昌）的条目下，文字里的"城东"指的是"鄂州城"（今武昌）东。显然，在当时，人们都不说"武昌东湖"。

当然，诗人的创作不一定非得严谨到与朝廷、政府规定的区划、地名完全一致，况且南宋是一个动荡的时代，一切都不确定，而历史上"武昌"二字在长江中游的武汉与鄂城之间像云朵一样飘来飘去，本来就令人头疼。也许袁说友从另外的渠道得知了这个湖的名字，也许他写的是另一个湖，一切皆有可能，而一种可能便是，他游的是沙湖而非东湖。华中师范大学历史文化学院罗福惠教授在其编撰的《名人咏武昌》中，就认为袁说友这首写东湖的诗歌，其实写的是今日武昌沙湖。尽管如此，袁说友诗歌中的"烟浪""寒鸥""野木""渔舟""江城"等意向，放在今天东湖的身上，倒也十分贴切。这样的景象，在东湖风景区的鹄梦回塘、曲港听荷、东湖烟雨、璀璨岛、荷塘月色等景点，是再常见不过的冬日湖景。东湖也好，沙湖也罢，武汉人都应该向诗人袁说友致敬，是他把这个地理意义上的湖、方志文献上的湖，变成了诗意的湖、文学的湖。

同治《江夏县志》记载了3个东湖，一个"东湖"在武昌城内，滋阳湖北，传说明朝的楚王府专门在这个湖种植芦苇，采集笛膜，因此又叫歌笛湖。1920年4月，蒋兰圃、唐义精在歌笛湖畔创办武昌美术学校（后改名武昌艺专），这个学校即湖北美术学院的前身。湖南衡阳人蒋兰圃自幼喜欢美术，从张之洞创办的湖北武昌师范学堂毕业后，加入了张彪的新军，并成为共进会会员。在武昌起义中，蒋兰圃曾经是战斗在蛇山炮兵阵地上的一员。辛亥革命后，蒋兰圃卖掉了自己几百亩田产以及股票，聘请青年画家唐义精当校长，创办了武昌艺专，1938年武昌艺专迁到了四川江津。很显然，至少在1920年歌笛湖还是湖，这个好听的名字今天是紫阳路附近"歌笛湖"社区的名字。第二个"东湖"即《舆地纪胜》记载的东湖。第三个"东湖"，又叫郭郑湖，在县东北25里。今天的东湖以东湖隧道为分界，可以划分成东西两大水域，东湖隧道以西，武汉大学、中国地质大学以北，九女墩以南，就是郭郑湖；东湖隧道以东，从南到北则分布着喻家湖、后湖、落雁湖、汤菱湖、武家湖，武家湖已抵近高铁武汉站。在今天的地图上，一眼即可发现，这些湖泊中郭郑湖最大，这就很容易理解，很长时间里，人们说郭郑湖其实就是说东湖，说东湖指的也就是郭郑湖。

任桐的琴园是当时沙湖的著名游览景点（黄建 供图）

不管东湖分为多少个湖，不管它有过多少个别名，在权威的文献里，没有东湖曾叫"裹脚湖"的记载，但不少资料介绍，明朝的时候东湖也叫裹脚湖，至于这个奇怪的名字如何得来却只字不提。但今天的东湖的确有一个与"裹脚"相关的故事。从磨山出发，沿落雁路向北，过"田园童梦"之后路两边的村庄就是李家大湾。村子的一边是汤菱湖，一边是落雁湖。话说宋徽宗微服私访在李家大湾遇见李凤姐，先是宋徽宗试探李凤姐，再是李凤姐试探宋徽宗，双方互生爱慕，后来宋徽宗将李凤姐召进皇宫，封为妃子，李凤姐去了皇宫，衣服和裹脚一直由李家人保存在李家大湾。或许正是这个与"裹脚"有关的故事，有人就把李家大湾附近的湖叫"裹脚湖"。2016年，为给东湖绿道上的驿站和景点取名字，我曾几次来到李家大湾的施工现场，试图寻找知晓这个故事的老人，但当地人已经搬迁出去。这个故事据说是京剧著名剧目《游龙戏凤》的来源，但京剧《游龙戏凤》讲的却是明朝的事，故事发生在安徽贵池的梅龙镇：公元1519

年，朱元璋第17子朱权的玄孙、宁王朱宸濠在江西南昌起兵要推翻朝廷，明武宗朱厚照在侍卫和宦官的唆使下"亲征"叛军，实际上是借机游玩，就这样在安徽贵池梅龙镇遇上了李凤姐。朱厚照一贯贪玩、贪杯，后人对他有所谓"嗜酒而荒其志，好勇而轻其身"的评价。朱厚照被李凤姐的美貌深深吸引，不能自拔，但他运气好，在与李凤姐游玩时，哲学家王阳明身先士卒，打进了南昌，宁王朱宸濠不得不终止攻打南京的计划，返回解南昌之危，因此被活捉。更多人认为游龙戏凤这个故事发生在山西大同，但大同没有梅龙镇，贵池不仅有梅龙镇还有大同村。皇帝的事情向来说不清道不明，因此，同一件事会有许多版本，并在许多地方流传。不管怎样，如此美丽的湖叫裹脚湖，的确让人难以接受。

1869年的《江夏县志》并未将"东湖"标注在"疆域图"上，"鲇鱼""浒黄"两个分汛的图上也没有"东湖"，反而"沙湖""余家湖""郭郑湖"的名字，或出现在疆域图或出现在分汛图上。由此可见，当时的东湖并不出名，或者说"东湖"这个名字并不流行，人们更愿意称之为"郭郑湖"。直到1899年，陆军预备大学堂绘制的《武汉略图》上才有了"东湖"。但1926年，人们在任桐的《沙湖志》看见了一张"沙湖名胜全图"，这张示意图以沙湖为视点中心，标明了汤孙湖、梁子湖、晒湖、严东湖、严西湖、青菱湖，以及湖泊周围的山丘，却没有东湖。

任桐是浙江温州人，他一生最宏大的理想就是将武汉长江以南的湖泊全部纳入一个风景区进行规划和建设。有生之年，他在沙湖实现了这个庞大计划的一小部分，简略地说即一花园、一道路、一桥、一驿站、一湖志。一园叫琴园。1917年春，他在武昌城武胜门外五里多的小沙湖边买了一百多亩地，修建了一个私人花园——琴园。按照他描述的距离，琴园大致在今天武车路一带。在任桐自己画的图上，琴园与小沙湖之间隔一条便道，琴园的正西，是武昌商埠，从商埠再向西，就是长江边的粤汉铁路车站,即徐家棚车站。琴园的名字有两个来历,一是任桐字琴父,二是从琴园可以看见长江对面的龟山,龟山下有古琴台,这名字可以表达主人"琴父"向往古人志在高水流水的含义。琴园的修建过程一波三折,先是工匠把楼做成了西式风格,任桐让人拆了,白花了四千余金。第二年冬,任桐花五六千金修筑的花房连同数百种名花,在一场大火中付之一炬。第三次是刚修好的"桃源春晓"景点建筑莫名其妙地倒了,又浪费了四五千金。虽历经曲折,但琴园里的台、池、亭、榭、山终究一一落成。一条路分为两段,从琴园出发,先与长江平行向北,再折向东抵达沙湖上的"引胜桥",此段路叫琴园路。过桥后,小路延伸到待驾山,这一段叫湖山路。一桥即引胜桥。小沙湖向北逐渐瘦成一条小河沟,任桐在河沟上修建了"引胜桥",意思是过了此桥风景引人入胜。引胜桥是小沙湖与大沙湖相汇之处,两水汇合后继续向北,过北洋桥,从武丰闸出长江。一驿站名"湖山第一"。过了引胜桥就到了小沙湖对面的大沙湖,湖边地名叫"歌笛村",湖边的山即待驾山,任桐买下这片50多亩的土地,修建了名"湖山第一"的游览驿站,以及望书亭等附属设施。一志即《沙湖志》。任桐花费10多年时间,从石碑、家谱、地方志、墓志、寺庙中,搜集整理了与沙湖有关的历史、地理、人物、山川、名胜、风俗、特产、诗文、传说,并征集以沙湖为主题的游记,编辑成《沙湖志》。这是一项了不起的工作,堪称武汉历史上第一部"湖志"。据任桐好友的沙湖游记,任桐在"湖山第一"驿站对面的沙湖边还建了大量的旅游设施,将原有的湖堤重新打造,广种杨柳,修建金锁桥、雁桥、玉带桥,以及永嘉别墅、宛在楼,等等。

任桐念兹在兹的"沙湖"与今天武汉的"沙湖"并非一回事。他说的"小沙湖"才是真正的沙湖,而他说的"沙湖"实际上是今天武汉的东湖。《沙湖志》中的"沙湖十六景",很多并非沙湖的景点。"金冢桃花"

在珞珈山下。京剧名伶金月英曾在汉口庆安里的立大舞台演出。"立大舞台"在汉口众多戏曲舞台中名气并不大，但早期著名戏剧家朱双云曾在这个舞台活动。辛亥革命后，汉口天津路的新民茶园又邀请她来演出，深受武汉戏迷欢迎。金月英不愿意嫁给继父的儿子，但又深感愧对母亲，忧郁早逝，死前将自己演出得来的十万多银两交给母亲，以绝母亲养老之忧。任桐欣赏金月英的秉性，觉得她葬在珞珈山下的东湖边，是给湖山增色，因此特地修葺了金冢，并栽种桃树，命名为"金冢桃花"，取"桃花还结有情缘"之意。"沙湖十六景"中的"东山残碣"也是东湖故事。东山即东湖边的洪山，山石上有宋朝赵淳的榜书"东岩""云根""云扃"等十几处。赵淳是河南孟州人，在武昌担任过鄂州都统。1206年金国以20万大军进攻襄阳，赵淳以鄂州都统兼京西北路招抚使的身份，统率宋军万余人坚守襄阳，在力量对比悬殊的形势下，击退了20万金兵3个月的围攻，粉碎了金军的中路进攻。遗憾的是，这样一个冲锋陷阵的将领被宋朝当成"奸臣"，而且不在《宋史》里给他立传。

"沙湖十六景"之"卓刀饮泉""泉亭松韵"都是东湖故事。东湖绕珞珈山向南蜿蜒，到伏虎山脚下形成一个湖嘴，珞喻路从伏虎山与东湖之间向东穿过，卓刀泉南路起于湖边的珞喻路，从伏虎山与桂子山之间穿过向南。这个交叉口就是卓刀泉，历史上这里是武昌城东古驿道隘口，乃兵家必争之地。传说关羽在伏虎山下以刀凿地，于是有泉水涌出，"卓刀泉"的地名也跟着泉水流出来了。其实，按照关羽挖井的过程，它应该叫"凿"刀泉。卓刀泉水不但冬温夏冽，色泽淡碧，且味甘如醴，明朝第一代楚王朱桢饮过之后赞不绝口，下令筑井台、修石栏、盖井亭，朱桢还题写了井名"卓刀泉"，600多年过去了，这三个字至今仍然清晰。桂子山、华中师范大学与伏虎山、卓刀泉之间一路之隔，这里人如潮、车如水，因此，今天很难听到令任桐感动的松涛声、流泉声。因为关羽的原因，宋朝

早年的卓刀泉及其背后的伏虎山（黄建 供图）

时朝廷在这里建了一个寺，名叫"御泉寺"，后来太平军与清军的激战毁掉了御泉寺，1858年胡林翼发起捐资重建了寺庙，直到1916年重修，这个寺庙还叫"御泉寺"，1956年维修后改名为"古卓刀泉寺"。有一种说法，伏虎山曾经有老虎出没，这个难以证实，但今天，在这座山上可以看见许多如雷贯耳的人名，抗日将领郝梦龄、刘家麒，辛亥革命先驱黎元洪、蔡济民、吴兆麟，中共创立时期的思想家李汉俊，等等，他们都安葬在伏虎山。1911年10月10日，震惊中外的武昌起义爆发，吴兆麟是此次起义的临时总指挥。抗日战争时期，他因拒绝出任"和平救国军司令"而遭日军软禁。1942年10月17日，患有严重哮喘的吴兆麟在软禁中饮恨去世。蔡济民则是10月10日晚占领楚望台军械库的指挥，当攻打总督府不顺时，蔡济民在棉衣上浇煤油纵火，以大火为炮兵引导射击坐标。1919年1月28日，蔡济民在湖北利川被川军方化南杀害，时年33岁。李汉俊是中共创立时期最有影响的马克思主义播种者之一，他通晓日、德、英、法四国语言，1920年9月就翻译出版了《马克思资本论入门》，此书是"社会主义研究小丛书"的第二种，是《资本论》最早的翻译读本（该书现为馆藏国家一级文物，收藏于中国共产党第一次全国代表大会会址纪念馆），在此之前，1920年8月，他还校订了"社会主义研究小丛书第一种"，即陈望道翻译的《共产党宣言》。1921年7月23日，中国共产党第一次代表大会在上海法租界望志路106号召开，这个会场是李汉俊和哥哥李书城的家。会议期间，法租界警察上门盘问，李汉俊用流利的法语与警察对话，从容消除了警察的疑问。1923年1月30日，李汉俊带领学生和林育南、陈潭秋、施洋、林祥谦等赴郑州参加京汉铁路总工会成立大会，并组织参加了2月7日京汉铁路工人在汉口举行的"二七"大罢工，李汉俊由此遭军阀通缉。1927年12月17日下午，李汉俊在汉口日租界中街（今胜利街下段）42号被捕，当晚9时，在汉口济生三马路空场（今单洞口内）被杀害，时年37岁。1952年8月15日，李汉俊被追认为革命烈士。因此，伏虎山不仅是兵家必争之地，还是卧虎藏龙之地。

"沙湖十六景"中当然也有真正的沙湖景致，比如"沟口夕阳"。任桐说，傍晚待驾山的沟口，夕阳多彩，渔歌唱和，风景绝妙。沟口这地方的确有与沙湖相连的小河沟，20世纪80年代去湖北大学（当时叫武汉师范学院）只有一条路，即和平大道武昌车辆厂门口的学院路，那时的学院路两边还有菜地、粪池和坟包，学校门口三角路村密集的民房之间还有宽敞的水沟，这水沟一头连着沙湖，一头向徐家棚、青山方向流去。在任桐修建琴园之前，沟口这个地方是张之洞的农务学堂，它还有一个更响亮的名字——宝积庵。1898年4月，张之洞向朝廷申请开办农务学堂、工艺学堂、劝商所、劝工所，张之洞认为富国之道，不外乎农、工、商三件事，而对中国而言，农是根本大事。农务学堂创办之初借用武昌城内的大公馆，聘请著名农学家、考古学家罗振玉督办，王国维担任农书译述。1903

龙泉山，楚王看中的宝地。（王运良 摄）

年，农务学堂在武胜门外的宝积庵购地，张之洞拨给试验田 2000 亩，新学校 1904 年启用并更名为"湖北高等农业学堂"，张之洞参加了新学校的开学典礼。这一次他不仅留下了经典的题字"凡民俊秀皆入学，天下大利必归农"，而且还品尝了学校栽种的白菜，开玩笑说受过教育的白菜，好吃。宝积庵这个地方从这个时代开始，就与农业结下了渊源。在这里诞生过从美国番茄改良的"武昌大红"番茄，推广过爱字棉、脱字棉等棉花品种。即使到了 20 世纪，这个地方还有湖北的油菜科研机构。1931 年，宝积庵这片农田和芦苇荡迎来了一个新学校，湖北大学的前身，湖北省立教育学院，学校开始借用的房子就是任桐的琴园，直到现在，湖北大学的校园里依然有地名"琴园"以及"琴园社区"。

"沙湖十六景"实际上是武汉长江以南方圆两百里湖泊风光的归纳。"九峰晨钟"是东湖高新技术开发区政务中心附近的风景。今天在九峰山顶已经听不见晨钟，山上的正觉寺早已不存在，但伫立山顶可以看见小米武汉总部、光谷科技会展中心。"虎岩云啸""兰岭香风""夹山咏雪"说的都是灵泉山。灵泉山三面环水，山南、山东是梁子湖，山北、东北是巡司河、安湖洲，此处碧湖白沙、香风满野、芳草闲庭，是一片怡然自乐的好天地。传说此山对天气变化很敏感，唐昭宗时宰相李蹊在此凿地得两泉井，两口井都能感应天气变化，一口井跟晴天有关，另一口井与阴天有关，一井冒气则天晴，另一井冒气会下雨，于是就有"灵泉"一说。唐代以前，它叫江夏山、夹山，今天叫龙泉山。过去，这座山以不断有隐士定居而闻名，蛰伏待机随时准备出山的，决意已下辞官归田的，躲避追杀隐姓埋名的，等等，纷纷选择龙泉山。龙泉山其实在汉代就有名气，山下有樊哙的墓地。公元前201年刘邦封樊哙于鄂县，但龙泉山樊哙的墓地是否为真则很难说，《史记》《汉书》均无樊哙葬在哪里的记载，河南舞阳县郭庄村、安徽六安市魏庵村、陕西城固县黄家村等十几个地方都号称有樊哙墓地，究竟哪一个是真，谁也不知道。又有人说晋代荆州刺史陶侃也葬在龙泉山，但根据《晋书·陶侃传》，他应该葬在长沙。到了明代，楚王看中了这里，把这里确定为陵区。从楚昭王朱桢开始，前后有九个楚王葬于此地。这当然是真的。

"梁湖放棹"则是武汉南端梁子湖的风光。梁子湖面积409平方公里，在湖北省的湖泊中排第二，其中武汉境内面积近220平方公里。在武汉市100多个湖泊中，梁子湖的独特不仅在于面积最大，还在于它的成因，武汉市大多数湖泊都属于"河成湖"，即由于河床摆动、堵塞、宣泄不畅而潴水成湖，梁子湖却属于"构造湖"，它是第四纪以来新构造运动的成果，由于断裂凹陷，蓄水成湖。历史上，梁子湖也叫"东湖""樊湖"。樊湖这个名字据说就来自樊哙，当代梁子湖广为人知的是"武昌鱼"和大闸蟹，任桐就描写过梁子湖上阻拦螃蟹逃跑的竹栅栏和捕鱼人敲击船舷的鱼榔。

周苍柏的海光农圃（黄建 供图）

"青山夜雨"说的是武昌北端的青山矶，长江从此处开始向东南拐弯，东湖、严西湖、北湖、严东湖被这个大弯道包围在长江以南。20世纪50年代开始，在这片弯道以南、湖泊群以北的江湖泽地上，崛起了著名的冶金企业——武汉钢铁公司。

任桐的《沙湖志》对"汤孙湖"的记载很简单，只是说它的东北经常莫名其妙地起风，掀翻船只。其实，汤孙湖（今名汤逊湖）才是武汉城中最大的湖泊，面积47.6平方公里。汤孙湖通过巡司河与长江相连，它曾经的面积大到200多平方公里，由于巡司河淤积以及人类的活动，从一个巨大的湖泊中分离出了南湖、晒湖、黄家湖、青菱湖。1934年张学良被任命为武汉行营主任。张学良喜欢驾驶飞机，在1934年的汉口防空展上，他自己驾驶飞机在夜间进行飞行表演，当然他也重视机场建设，1935年张学良主持修建了占地4000多亩的武昌南湖机场，机场位于巡司河与南

1951年周苍柏与周小燕在东湖合影（黄建 供图）

湖之间宽阔的湖滩上，这是对武昌南部湖泊湿地面貌的一次大规模改变。从20世纪90年代开始，南湖迅速发展成为常住人口20多万的大型社区，汤孙湖周围的人口则达到六七十万之多。人口的密集、经济的发展对湖泊产生了巨大影响。从2020年开始，武汉启动了对包括汤孙湖、南湖在内的巡司河流域大规模治理，以新兴技术改善水质和湖泊生态，堵截排污口，疏浚河道，建设湖岸、河岸景观，以及打通湖泊之间、湖泊与长江之间的调蓄渠道。

任桐的琴园1931年被大水淹没了，1938年武汉沦陷后，日军彻底毁掉了琴园。他的《沙湖志》对长江以南武汉湖泊地理的描述并非都是准确的，但他提供了一幅了解长江之南武汉湖泊的示意图。如果要在历史上评选出一个最爱武昌之湖的人，任桐无疑是其中一个。任桐不仅把自己的人生和财富都投入了他理解的"沙湖"中，建造了一个花园，编撰了一部《沙湖志》，更难能可贵的是，他梦想把整个武汉的湖都规划建设成为风景区。

任桐的花园修在沙湖，准确地说是小沙湖、内沙湖，真正在东湖修花园的是周苍柏。周苍柏是武汉本地人，美国留学回国后到汉口上海商业储蓄银行任职并当上了行长。20世纪20年代末，周苍柏在东湖边今天省博物馆一带（从今天的南山宾馆到长天楼）买下一大片土地，规划并修建了周家别墅、植物园、果园、动物园、学校、养殖场、种植场、加工厂（磨坊、碾坊）等门类繁多的项目。这个花园本质上是一个农场，名字就叫"海光农圃"，整个农场的园艺、养殖、种植都聘请专业人员管理。

周苍柏的理念一开始就不是要建一个私家公园，而是建一个面向社会的学习、实习基地。周苍柏的女儿，著名音乐教育家周小燕回忆，很小的时候，她的父亲就告诉她，整个农场是要送给老百姓的。不过，周小燕曾与兄弟姐妹经常在这里游泳、划船、摘水果，"海光农圃"早已刻进她的童年记忆。周小燕生前多次回到东湖边回忆当年的美好时光，2008年，91岁的周小燕再一次来到东湖为周苍柏先生的铜像揭幕。周苍柏的话并非说说而已，1949年周苍柏把"海光农圃"交给了人民政府并改名"东湖公园"。今天，在原来"海光农圃"的苍柏园，布置了"周苍柏纪念室""周小燕纪念室"，参观者可以通过珍贵的照片、实物等，想象当年的"东湖公园"。东湖边也有真正的私人房子，比如民主革命家、爱国进步人士张难先在珞珈山下修建的"思旧庵"。张难先讨厌辛亥革命后的官场风气，不想同流合污，于是选择珞珈山下"筑土为庵"。他愿意住简陋的木板房，与隐士一样过看山感旧、开荒种菜的日子。武汉老字号"曹祥泰"的传人曹琴萱修建的则是真正的别墅。曹琴萱将父亲的"曹祥泰"品牌光大后，成了武汉著名的商业资本家。1932年，他在珞珈山下开始修"曹家花园"，1935年建成。这个房子大致位于今天东湖边风光村附近，挨着武汉大学。

长江以北，汉口的湖，最大的当属后湖，但后湖并不只是一个湖，而是一片巨大的湿地，包括湖泊、河流、故道、沼泽、滩涂以及田地。据潘新藻先生考证，明朝汉水改道后，原来的汉水河道形成多处故道，其中一段就是旧襄河，旧襄河是汉口后湖的主体。今天汉口武汉博物馆附近的"后襄河公园"即旧襄河故道的一部分。后湖当然不仅仅是狭义的汉水故道，在张之洞修筑府河边的张公堤之前，汉口北、汉口西北府河水系的水，都向东、向东南穿过汉口，从黄浦路、谌家矶、阳逻方向进入长江，这些水也是旧襄河水系，它们潴积成广阔的后湖泽地，正所谓"淤后襄河二百年，平芜十里望茫然"。没有张公堤的时代，汉口京汉大道以北都是后湖，当然它还有潇湘湖、黄花地、平湖之类的别名。明朝农民起义领袖陈友谅对潇湘湖深怀好感，有诗赞之，"马渡沙头苜蓿香，片云片雨渡潇湘。东风唤醒英雄梦，不是咸阳是洛阳"。陈友谅就葬在武昌蛇山，他是见过大江大湖的人，比如他家乡的洪湖，他作战的鄱阳湖，等等，但唯有后湖让他有幡然醒悟的惆怅。

在后湖被开发成为城市之前，它是汉口市民郊游散心的去处，是文人墨客荡舟吟诗的载体，是商人官员洽谈议事的僻静之所。到了清朝后期，后湖边的茶社、酒楼、游船越来越多，成为汉口著名的文雅之地。到了夏天涨水后，有人会在傍晚喊一艘小船带上酒菜，邀三朋四友，畅饮放歌到天亮。到后湖游览的人，不少都怀有一个愿望，在天气好的时候，看见东北方向的武湖。武湖是黄陂区与新洲区共有的一个大湖，虽然它现在的面积是21平方公里，但它曾经连着长江，有237平方公里之广。武湖的最低海拔仅15.6米，周围的水无疑都会向这个低洼地汇集，汉水、滠水、府河等都有经武湖入长江的记忆。过去，武湖以水上军事训练基地闻名，东汉末年、三国时期、东晋、南朝、宋朝、元末、明朝，一直到民国，都有人在武湖训练水军。当然也有诗人的足迹，关于祢衡之死的多种说法中，有一个就是他被杀于武湖，很多诗人写过武湖的烟波。今天，武湖有了新故事，以武湖和谌家矶为原点，武汉市正在打造长江新区，这是武汉建设国家中心城市、长江经济带核心城市、国际化大都市的重要举措，未来，它将是武汉三镇之外最亮丽的"第四镇"。

很显然，不是每个到后湖喝茶的、踏青的、郊游的人，都能看见武湖，但这不影响后湖茶社的繁荣，并且在鳞次栉比的茶楼酒肆中，竞争出了知名度高的店家，其中有一家名字很奇怪，叫"第五泉"，文人经常到这里聚会。茶社的老板是一个其貌不扬的老头，收藏有徐渭、八大山人等著名书画家的真迹，他把这些名人字画挂在茶社，让客人有"品茶贪野趣，读画忆高贤"的多种收获。著名的茶社还有湖心亭、涌金亭、习习亭，等等。后湖也是"教坊歌舞"集中的地方，这些"教坊歌舞"当然不是宫廷的"教坊歌舞"，而是民间的"教坊歌舞"，老百姓在这里喝茶看戏、欣赏歌舞演艺。因此，后湖也是汉口最早的戏园子、戏码头。咸丰年间黄孝花鼓戏进城，最先演出的地方就是汉口土垱（即统一街）的贤乐茶园，土垱是黄陂、孝感货物从后湖进汉口的一个码头，著名汉剧艺术大师余洪元经常在贤乐茶园表演。著名的戏园子"天一茶园"也在土垱，1901年京剧艺术家盖叫天在"天一茶园"演出过《定军山》。1906年，京剧艺术大师周信芳第一次到汉口演出就在天一茶园。后湖的观灯为一大盛事，从元宵居然可以一直延续到清明。浙江余姚诗人周乔龄1817年正月初一即告别家乡和亲人，以病老之躯"南游于楚"，到秋天才返回浙江。他把这次九个月旅游所创作的诗歌结集为《楚游草》，其中关于汉口后湖观灯的诗别有韵味，"湖田麦秀欲齐腰，湖肆茶香履舄交。傀儡登场筝聒耳，春情多上柳眉梢。万林火树架新桥，蹴踏香尘市语嚣。自古繁华襄汉口，清明以后试灯宵"。这首诗里的后湖市民生活，生动而丰富，后湖不是单纯的湖，是有河、有湖、有田的湿地。田野上麦苗青秀，大堤边垂柳摇曳，小楼重阁依堤而起，茶楼飘香、酒肆喧闹、戏台弦歌，后湖的烟波与人间的烟火一同弥漫。

张之洞修建后湖大堤，防洪是目的之一，另一个重要目的是为汉口扩张储备土地。张公堤修筑之后，汉口的版图一步步从京汉大道向外扩展。1953年解放大道动工，1955年解放大道江汉路至黄浦路通车，1994年黄浦路至二道桥、2000年二道桥至张公堤建成。这条从张公堤西端，向东贯穿至汉施公路的40多公里主干道，将汉口从中山大道扩展到解放大道两侧。1983至1988年，经过5年努力，武汉市建成了由解放大道宗关向东北延伸至二七路的建设大道。从1991年开始，在古后湖与旧襄河湿地上再一次开辟了发展大道与长丰大道，最终将汉口推进到了张公堤边。最开始的那个两江交汇处的汉口仅仅5平方公里，后湖开发为城区后，有人计算面积达116平方公里，扩大了22倍。

从河流地理的角度看，长江以北的汉阳（包括今天的汉阳区、蔡甸区、汉南区、武汉经济技术开发区、东西湖区）的湖泊都是古云梦泽的水体。唐宋时期云梦泽完全解体，江汉平原上的河流向东南方向漫流的面貌改变了，每一条河都有了自己相对固定的河床，四处流窜的水在平原上、山丘间、高台下边聚集为大大小小的湖泊。汉江边南湖、官湖、墨水湖等来自汉江入江口的多次变化，而西部九真山以南的湖，大多都是云梦泽遗迹，过去都叫太白湖。今天蔡甸的沉湖国际湿地即是旧太白湖的一部分，通顺河、东荆河等河流沟渠至今仍与这些湖泊通连。嘉靖《汉阳府志》记载中，汉阳境内，有桑台河泊所、蒲潭河泊所、平塘河泊所、马影河泊所、三沦河泊所等7个河泊所，管辖着约160多个湖泊的渔业税收，可见当时的湖泊之多。

这些湖泊有两个与李白相关。"太白湖"的名字据说就来自李白。太白湖过去是广袤两百多里的大湖，涨水季节，湖水从九真山一直漫溢到汉

马鞍山南北正在建设的中法新城（范凌峰 摄）

南的南部、西南部，以及沌口的长江边。洪水退去后，枯水季节再分出一个个小湖泊。太白湖在《水经注》中就有记载，可见这名字与李白游湖没有关系，不过，李白一定非常高兴他的名字与这个湖名之间的渊源。李白在武汉的足迹很多。传说他在武昌东湖看过别人放鹰捕鱼，并写过《观放白鹰二首》，但翻开李白的诗歌，"八月边风高，胡鹰白锦毛"，这哪里写的是南方呢，分明是北国风光。另一种说法似乎更加合理，即李白在东湖边释放了一只被夹子夹住的苍鹰，台子后来被称为放鹰台。这些都只是传说，但李白游览汉阳的郎官湖不是传说，公元758年秋天，李白在流放夜郎的途中，经过当时的沔州治所汉阳，又遇到老友张谓，便与沔州牧杜公和汉阳县令王公一起游南湖。李白在《泛沔州城南郎官湖》的序言中说"方夜水月如练，清光可掇"，应张谓邀请，李白给南湖取名字，他把这个

273

湖叫"郎官湖",并赋诗一首:"张公多逸兴,共泛沔城隅。当时秋月好,不减武昌都。四坐醉清光,为欢古来无。郎官爱此水,因号郎官湖。风流若未减,名与此山俱。"平心而论,这首诗明显是应付尚书郎的命题作文。也是这次夜游,李白另一首给汉阳王县令的诗《宴游郎官湖赠汉阳王县令》则真诚多了:"南湖秋月白,王宰夜相邀。锦帐郎官醉,罗衣舞女娇。笛声喧沔鄂,歌曲上云霄。别后空愁我,相思一水遥。"酩酊大醉的张谓,娇小的舞女,湖上的笛声,即将离别的伤感,全在船上、湖上,也在诗里。这样的真实只有李白能做到,在唐朝的诗人中,张谓以写"饮宴送别之作"而著名,但对这次与李白的夜游,他一个字也没写,可见真诚不是每个人都做得到。

汉阳城前的南湖被李白改为了郎官湖,但汉阳还有一个"南湖",为避免与武昌南湖混淆,2005年汉阳南湖改名为"知音湖"。知音湖不一个湖,而是一个由后官湖、三角湖、百镰湖、皮四湖、筲箕湖、王家湖、东湖、高湖等多个湖泊构成的水系,水体面积约37平方公里。西到九真山,东到江汉大学,南到东风大道,北抵马鞍山脚下,都是知音湖水系。这片水养育过钟子期,也滋润着知音文化。知音湖周围从2014年起启动了一个超大的项目,即中法生态城,把马鞍山南北30多平方公里的地域打造成产业创新、生态宜居、低碳示范、和谐共享、中法合作的示范区。这是中法两国为应对全球气候变化、环境保护等挑战,共同探索城市可持续发展的一个范例。从马鞍山沿知音湖大道向南1000多米就是知音湖,湖边有一个醒目的指示牌"火神山医院"。2020年1月24日开始,3000多名建设者、4000多辆施工车紧急开进知音湖边,到2月2日上午,他们用10天建成了一座1000张病床的现代化医院。整个施工过程,网络24小时直播,5000多万人观看实时进度,这些云监工亲眼看见了这一奇迹的创造,整个世界也为这一不可思议的速度而惊讶。火神山医院的建设速度

金山大道横穿东西湖（董希浒 供图）

是对同舟共济、众志成城抗疫精神的生动诠释。从此，知音湖的历史内涵中，不仅有古人对心灵相通的珍重，还有当代人对生命至上的追求。

九真山以南的古太白湖早已不存，从山下的小夆湖，向南到东荆河边的小官莲湖，十多个湖泊在历史上都与太白湖一脉相连。九真山顾名思义指九个真人。传说有九个仙女在此结庐炼丹，后来到此隐居的人一是因为这里山水清丽，二是此处宋代就有了可供修行的"九真观"。当然，好山好水并非专为神仙隐士所造。在湖泊密布的汉阳，类似九真山这样的丘陵山地，也是普通百姓赖以生存、生活和发展的靠山。宋朝著名词人、音乐家姜夔（白石道人）的姐姐就生活在九真山。姜夔多才多艺，却一生漂泊流离、贫苦交加。如果在历史上要找一个对汉阳最有深情的著名文人，则非姜夔莫属。姜夔是江西鄱阳人，他的祖父和父亲都是进士出身，而他一生4次参加科举考试都名落孙山。姜夔的父亲姜噩绍兴三十年（1160）中进士，隆兴元年（1163）到汉阳任知县。1168年父亲去世后，姜夔就跟着姐姐生活长大。姜夔的姐姐住在九真山南，左边是太白湖，右边是云梦泽。春天涨水的时候，水漫千里，到了冬天，则水去沙露，衰草如云。1186年秋天，他跟外甥在湖里荡舟采菱角，打火把抓兔子，扎栅栏捕鱼。这是他在汉阳度过的最后一个秋天，冬天他就去了湖州，他的老师、南宋诗人萧德藻在湖州等他，尽管他们1185年才认识，但一认识就成了忘年交，后来萧德藻将自己的侄女嫁给姜夔。多年以后，姜夔在作品中反复回忆起汉阳的生活，"九真何苍苍，乃在清汉尾。衡茅依草木，念远独伯姊。春来众芳滋，春去众芳萎。兄弟各天涯，啼鸠未料理"。姜夔对汉阳的怀念不仅仅因为姐弟之情，而是整个汉阳几十年生活在他人生中占据的地位太重了，诚如他自己所说"一月三见梦，梦中相与娱。日日潮风起，怅望武昌鱼"。在湖州，萧德藻向他介绍了杨万里，杨万里又把他介绍给范成大，姜夔的诗名迅速远扬，但他个人的生活困境并未得到改善，一直依靠亲朋好友接济。公元1221年姜夔去世，好友吴潜等捐资把他葬在杭州。吴潜是嘉定十年（1217）的状元，1221年吴潜才刚刚踏上仕途，并无多大实力，但他给了一个著名诗人应有的尊严。

　　汉江以北的东西湖，汉水、府河、汉北河由西向东穿过坡岭、岗地和残丘，在陇岗平原、河漫滩、湖积平原之间形成东、西两个大湖，给这块土地带来一个简单明了的名字——"东西湖"。1949年，这里仅有5.6万人，但这片湖荒地的面积有近500平方公里。其实，四五千年前就有人在这里生存，码头潭遗址就是证明，这个屈家岭晚期的文化遗址处于滨水的岗地上，岗地前的小湖据考证为一处古河道，湖水与附近的黄狮海大约1000米，与金银湖相距也就5000米，过去它们与流入金银湖的泾河以及远处的府河都是连通的。

　　1957年，围垦东西湖的计划得到中央政府的批准，从河南等地先后调来十多万民工，组成围垦大军。围垦的方案是从南、北、西三面修筑起防洪大堤，与东面的张公堤连起来，最后形成一个环。然后，在围起来的

武汉江南的生态绿心（侯国龙 摄）

湖地上纵横挖沟，排出沼泽地上的水。今天行走在东西湖的土地上，最常见的地名是沟，从一支沟到二十四支沟。在围垦出来的耕地上，建成了6个畜牧农场、5个粮棉场、2个蔬菜场和1个养殖场。十几万围垦大军都留了下来，成了东西湖人。如今很多当时参与围垦的河南人，已经有了第三代。在东西湖文化馆的门口，有"豫剧协会""老年豫剧戏迷协会""豫剧班"之类的招牌，在东西湖的公园，也能听到此起彼伏的豫剧演唱。几年前，我第一次到东西湖文化馆办事，听见楼上传来地道的豫剧，恍惚了一阵，以为自己到了河南，镇定下来后才明白，这声音来自当年的围垦大军。

从20世纪90年代开始，这片过去的沼泽地，后来的农场，发生了神奇的变化，武汉最早的啤酒"行吟阁"啤酒出自这里。我是喝了"行吟阁"牌啤酒，才知道有个地方叫"东西湖"。那个时代去东西湖非常不容易，记得第一次到东西湖啤酒厂采访，从市区上张公堤的土路，在漫天的灰尘与农田中花了大半天时间才到达。1997年，东西湖修建了一条著名的横穿湖区的大道，金山大道。这条路今天依然是武汉市主干道中比较霸气的一条大道，它标志着东西湖开始涅槃。1992年，这个以种菜为主的区成立了一个吴家山经济开发区，经过八年时间的发展，2010年，这个开发区出乎意料升级成了国家级开发区。2013年，吴家山经济开发区更名为武汉临空港经济技术开发区。不得不说，这是一片神奇的土地，到处都可以看到奇迹。比如，2007年，武汉金银湖湿地公园名列首批"国家城市湿地公园"名单，在全国这是唯一一个入选的省会城市公园。又如，已成为旅游景点的"武汉园博园"，这个地方当初是一个垃圾填埋场，20世纪90年代去东西湖都可以看见张公堤边这个巨大的垃圾场。在承办第十届中国（武汉）国际园林博览会的过程中，武汉市用先进的生态修复技术与封场治理技术，用三年时间完成了生态修复，使原来的垃圾场成为今天的绿色园博园。该项目在2015年获得"C40城市气候领袖奖"。每次到东西湖，我都会有一种猜想，东西湖发生的变化都与围垦有关，能够把沼泽变成农场、变成现代化城市的人，还有什么事做不成。

从2015年开始，大江大湖的武汉，有了一个新的地理空间图景，江南的东湖，通过景中村改造、绿道建设、环境治理，打造世界级城中湖典范，成为武汉的生态绿心。沿长江主轴实施一批牵引性项目，努力建设世界级城市中轴文明景观带。而江北以武湖为核心的长江新城，被规划为城市发展最高成就的展示区、全球未来城市的样板区。长江新城、长江主轴、东湖绿心，"一城一轴一心"就是现代化、国际化、生态化大武汉的呈现。未来，对"两江三镇"的描述，将是一种新的叙事模式，即"一城一轴一心"。

大事记

商

距今约3500年到距今约3200年，夏商文化向南传播，商人在武汉盘龙湖畔修建城邑即盘龙城，盘龙城被视为武汉之根。

春秋战国

春秋战国时期，长江以北的汉阳境域先属郧国，后入楚国。长江以南的武昌境域属楚地，设有封君夏侯。

秦

武汉长江以北、以南境域属南郡。

汉

长江以北的汉阳北部属安陆县，汉阳南部滨江一带属江夏郡沙羡县。公元前201年，设江夏郡，属荆州，辖沙羡县，长江以南的武昌地域属江夏郡沙羡县。25年，长江以北的沌口首置沌阳县。198年祢衡在江夏被杀，所葬沙洲后被称为鹦鹉洲。

三国

223年孙权在蛇山上建夏口城。

晋

313年陶侃屯兵汉阳临嶂城，迎战杜弢。

南北朝

420年刘裕下令将江夏郡移至夏口（今武昌），设立郢州。

隋

589年隋文帝将郢州改名鄂州，管辖江夏、武昌（今鄂州）、永兴（今阳新）、蒲圻四个县。同一时间的汉口、汉阳属沔州管辖，以长江为界。

唐

758年李白游汉阳。806年唐朝设武昌军节度使，管辖地域包括湖北省中东部、河南淮河以南、湖南洞庭湖流域、汨罗江以北（鄂、岳、蕲、黄、安、申、光等州）。后牛僧孺申请将汉阳从沔州划归鄂州管辖。830年诗人元稹接替牛僧孺任武昌军节度使。

宋

1134年岳飞驻扎鄂州（今武昌）。1170年陆游去夔州经过武昌。1177年范成大从四川东下，经过武汉。1346年朱元璋攻占江夏（今武昌），1370年朱元璋下令在武昌修楚王府（1379年建成）。

明

1465年至1487年间，汉水改道。1635年袁焻修汉口集镇长堤，汉正街开始兴起。

清

1858年中英《天津条约》签订，1861年划定英租界。1864年汉阳知府钟谦钧、知县孙福海主持修筑汉口城堡，由硚口至今一元路，全长十余华里。1889年张之洞到武昌就任湖广总督。1895年至1898年德国、俄国、法国、日本先后在汉口划定租界。1899年汉阳、江夏分治，设夏口厅。

1905年汉口后湖长堤竣工。1907年拆除汉口城堡，沿墙基筑成后城马路（今中山大道），汉口地域扩大。

民国

1911年武昌起义爆发。1912年夏口厅改为夏口县。1927年广州国民政府迁至武汉，武昌、汉阳、夏口三地合称武汉。1929年武汉市改称武汉特别市、汉口特别市。1930年汉口特别市改称汉口市。1936年粤汉铁路通车。1945年汉口市政府成立。1946年武昌市政府成立。

后　记

从1983年进武汉读大学，我在武汉生活的时间接近40年了，从未想到要写一本关于武汉的书。2021年春天，湖北省作协主席李修文给我打电话，他认为以他对我写作风格的了解，可以承担《武汉传》的写作。对这个项目，我开始并没有信心，但还是着手拟定了创作计划。我最早拟定的计划是2021年6月到7月完成提纲，7月到8月完成资料收集和采访，9月到11月写作，12月完成修改。但计划随着疫情的变化而不断调整，直到2022年5月19日才交稿。这个时间离出版社期望的时间晚了差不多5个月。

"城市传记"不是纯粹的文学创作，也不是专门的学术研究，既有地方志和城市史的味道，又有纪实、散文、非虚构的元素。我对这种新的类型写作并不熟悉，也无尝试。而且，与别的城市不同，历史上的武汉三镇鼎立，直到1927年三镇才首次统一行政建制，因此，《武汉传》实际上是《汉阳传》《汉口传》《武昌（江夏）传》的合一，如何把三个镇的历史统一起来讲述，具有极大的难度。这是我第一次系统审视我生活了几十年的这座城市，穿行于历史中，每时每刻都能体会到发现、考证、叙述的艰难与愉悦。正是在这个过程中，我个人对武汉这座城市的了解与认同获得了前所未有的丰富与强化。这本书只是从"我"的感受与视野出发而讲述的武汉故事，只是我讲好武汉故事的一次努力，而讲好武汉故事必须有广大叙述者的参与，基于多角度的感受与认识共同梳理武汉记忆，共同书写武汉的城市文明史。

本书写作中，作家李修文、中国古典文学专家谭邦和教授、中国近代史专家何卓恩教授、文博专家祁金刚等提出了宝贵的建议。责编李黎从提纲、采访计划的提出，一直到设计、校对，付出了艰辛的劳动。武汉多位摄影工作者热情提供图片资料。湖北省作家协会、武汉市地方志办公室、汉正街工委、蔡甸区委宣传部、江夏区委宣传部、盘龙城遗址博物院、东西湖区文化馆、东湖高新区管委会宣传部、黄陂区文联、中铁大桥局、新洲区文联、汉阳区作协等单位给予了大力协助。搜集资料和采访还得到了湖北省赤壁市以及湖南益阳市、安化县、新化县、石门县等地作家、茶文化专家、梅山文化专家的帮助。武汉市委宣传部、武汉市文联一直关注着本书的写作和出版进展。

特别要说明的是，本书原来附录了一个较长的"大事记"，现在根据出版要求进行了精简。与此同时，原来附录的参考书目也予以省略，但这些关于武汉的各种文献，从地方志、行业志、风物志到学术著作、非虚构作品、文集、年谱，等等，都对本书的写作提供了极大的帮助。

在此一并感谢。

李鲁平

2022 年 11 月 8 日

图书在版编目（CIP）数据

武汉传：江汉交汇的大都市 / 李鲁平著 . — 北京：外文出版社，2022.12
（丝路百城传）
ISBN 978-7-119-13010-1

Ⅰ.①武… Ⅱ.①李… Ⅲ.①文化史－研究－武汉 Ⅳ.① K296.31

中国版本图书馆 CIP 数据核字 (2022) 第 013804 号

出版指导：陆彩荣
出版统筹：胡开敏　文　芳
责任编辑：李　黎
特约编辑：杨　耘
装帧设计：冷暖儿　魏　丹
印刷监制：章云天

武汉传

江汉交汇的大都市

李鲁平　著

©2022　外文出版社有限责任公司
出　版　人：胡开敏
出版发行：外文出版社有限责任公司

地　　址：	北京市西城区百万庄大街 24 号	邮政编码：100037
网　　址：	http://www.flp.com.cn	电子邮箱：flp@cipg.org.cn
电　　话：	008610-68320579（总编室）	008610-68996182（编辑部）
	008610-68995852（发行部）	008610-68996183（投稿电话）
印　　刷：	北京盛通印刷股份有限公司	
经　　销：	新华书店 / 外文书店	
开　　本：	710mm×1000mm　1/16	
装　　别：	精装	
字　　数：	300 千	
印　　张：	18.25	
版　　次：	2022 年 12 月第 1 版第 1 次印刷	
书　　号：	ISBN 978-7-119-13010-1	
定　　价：	89.00 元	

版权所有　侵权必究　如有印装问题本社负责调换（电话：68995960）